厚積薄發

以厚積薄發四字篆印一方
贈高等教育出版社

李崇淮
二〇〇七年初秋

生也有涯

学无止境

任继愈

教育部哲学社会科学研究后期资助项目

后现代档案学理论研究

Research on Postmodern Archival Theory

○ 徐拥军 等　著

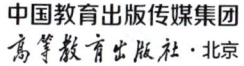

中国教育出版传媒集团

高等教育出版社·北京

图书在版编目（CIP）数据

后现代档案学理论研究／徐拥军等著. -- 北京：
高等教育出版社，2023.5
ISBN 978-7-04-059621-2

Ⅰ．①后… Ⅱ．①徐… Ⅲ．①档案学-研究 Ⅳ.
①G270

中国国家版本馆CIP数据核字（2023）第007173号

HOUXIANDAI DANG'ANXUE LILUN YANJIU

| 策划编辑 | 王玉衡 | 责任编辑 | 冯晓川 | 封面设计 | 张 志 | 版式设计 | 马 云 |
| 责任绘图 | 邓 超 | 责任校对 | 商红彦 吕红颖 | 责任印制 | 朱 琦 |

出版发行	高等教育出版社	咨询电话	400-810-0598
社　　址	北京市西城区德外大街 4 号	网　　址	http://www.hep.edu.cn
邮政编码	100120		http://www.hep.com.cn
印　　刷	涿州市京南印刷厂	网上订购	http://www.hepmall.com.cn
开　　本	787 mm×1092 mm　1/16		http://www.hepmall.com
印　　张	14		http://www.hepmall.cn
字　　数	250 千字	版　　次	2023 年 5 月第 1 版
插　　页	2	印　　次	2023 年 5 月第 1 次印刷
购书热线	010-58581118	定　　价	48.00 元

总　序

哲学社会科学是探索人类社会和精神世界奥秘、揭示其发展规律的科学，是我们认识世界、改造世界的有力武器。哲学社会科学的发展水平，体现着一个国家和民族的思维能力、精神状态和文明素质，其研究能力和科研成果是综合国力的重要组成部分。没有繁荣发展的哲学社会科学，就没有文化的影响力和凝聚力，就没有真正强大的国家。

党中央高度重视哲学社会科学事业。改革开放以来，特别是党的十六大以来，党中央就繁荣发展哲学社会科学作出了一系列重大决策，党的十七大报告明确提出："繁荣发展哲学社会科学，推进学科体系、学术观点、科研方法创新，鼓励哲学社会科学界为党和人民事业发挥思想库作用，推动我国哲学社会科学优秀成果和优秀人才走向世界。"党中央在新时期对繁荣发展哲学社会科学提出的新任务、新要求，为哲学社会科学的进一步繁荣发展指明了方向，开辟了广阔前景。在全面建设小康社会的关键时期，进一步繁荣发展哲学社会科学，大力提高哲学社会科学研究质量，努力构建以马克思主义为指导，具有中国特色、中国风格、中国气派的哲学社会科学，推动社会主义文化大发展大繁荣，具有十分重大的意义。

高等学校哲学社会科学人才密集，力量雄厚，学科齐全，是我国哲学社会科学事业的主力军。长期以来，广大高校哲学社会科学工作者献身科学，甘于寂寞，刻苦钻研，无私奉献，开拓创新，为推进马克思主义中国化，为服务党和政府的决策，为弘扬优秀传统文化、培育民族精神，为培养社会主义合格建设者和可靠接班人作出了重要贡献。

本世纪头 20 年，是我国经济社会发展的重要战略机遇期，高校哲学社会科学面临着难得的发展机遇。我们要以高度的责任感和使命感、强烈的忧患意识和宽广的世界眼光，深入学习贯彻党的十七大精神，始终坚持马克思主义在哲学社会科学的指导地位，认清形势，明确任务，振奋精神，锐意创新，为全面建设小康社会、构建社会主义和谐社会发挥思想库作用，进一步推进高校哲学社会科学全面协调可持续发展。

哲学社会科学研究是一项光荣而神圣的社会事业，是一种繁重而复杂的创造性劳动。精品源于艰辛，质量在于创新。高质量的学术成果离不开严谨的科学态度，离不开辛勤的劳动，离不开创新。树立严谨而不保守，活跃而不轻浮，锐意创新而不哗众取宠，追求真理而不追名逐利的良好学风，是繁荣发展高校哲学社会科学的重要保障。建设具有中国特色的哲学社会科学，必须营造有利于学者潜心学问、勇于创新的学术氛围，必须树立良好的学风。为此，自 2006 年始，教育部实施了高校哲学社会科学研究后期资助项目计划，旨在鼓励高校教师潜心学术，厚积薄发，勇于理论创新，推出精品力作。原中央政治局常委、国务院副总理李岚清同志欣然为后期资助项目题字"厚积薄发"，并篆刻同名印章一枚，国家图书馆名誉馆长任继愈先生亦为此题字"生也有涯，学无止境"，此举充分体现了他们对繁荣发展高校哲学社会科学事业的高度重视、深切勉励和由衷期望。

展望未来，夺取全面建设小康社会新胜利、谱写人民美好生活新篇章的宏伟目标和崇高使命，呼唤着每一位高校哲学社会科学工作者的热情和智慧。让我们坚持以马克思主义为指导，深入贯彻落实科学发展观，求真务实，与时俱进，以优异成绩开创哲学社会科学繁荣发展的新局面。

教育部社会科学司

目　　录

第1章 导论

后现代档案学理论，泛指自20世纪90年代以来，受后现代主义思潮影响，档案学界提出的新的研究领域、主题，产生的新的档案观念、思想。它是对以希拉里·詹金逊（Hilary Jenkinson）、西奥多·谢伦伯格（Theodore R. Schellenberg）为代表的古典档案学理论、现代档案学理论的批判和创新、解构和重构，并对当代档案事业的发展和变革产生巨大的影响。

1.1 研究背景

1.1.1 后现代主义思潮冲击档案学理论

自20世纪60年代起，随着科学技术的飞速发展和资本主义社会的高度发展，西方社会进入"后工业社会"或"信息社会"。相应地，在思想、文化领域，西方兴起了"后现代主义"（postmodernism）思潮。后现代主义是对现代化价值观的反思，对工业文明弊端的批评，对当代社会问题的忧虑；也是人类对真实世界和未来社会的一种探索。作为一种社会思潮、文化现象，后现代主义已经渗透到社会生活的各个领域，深刻地影响着当代的哲学、政治、法律、经济、文学、艺术、宗教、建筑、心理，等等。

档案作为一种社会现象，档案工作作为一项社会性工作，档案学作为一门社会科学，无疑也深受后现代主义思潮的影响。加拿大档案学家特里·库克（Terry Cook）指出："后现代主义影响档案界的方式有两种。第一，后现代主义者花很多时间和精力去弄清历史真相，他们对于档案馆在社会中、在保存集体记忆中的地位和作用的评价，在一定程度上影响档案工作者的看法。第二，无论我们喜不喜欢，我们生活在后现代社会里。而'一个人若想了解一定历史时期形成的档案，就必须了解当时的政治、经济、社会和文化环境'，而且'任何特定阶段的档案理论都反映了当时的文化思潮'。现今社会的文化主流是后现代主义。档案工作者必须开始探寻其影响档案界的途径和原因。"①

20世纪90年代以来，受后现代主义思潮的影响，档案学者开始反思、批判传统档案观念，试图构建新的档案观念。他们抛弃了希拉里·詹金逊关于"证据的神圣性"②的信条，认识到档案除了有作为证据的作用，还具有记忆的功能、情感的价值；他们思考档案与身份认同、档案与权力的关系，更加关注此前被忽视的弱势群体、边缘人群、少数种群的档案；他们质疑基于文件单向线性运动认识的文件生命周期理论（the records life-cycle theory），基于结构主义提出了文件连续体理论（the records continuum theory）；他们主张档案工作者应该从被动的文件保管者转变为积极的知识提供者和社会记忆构建者，档案工作应该从"国家模式"向"社会模式"转变；等等。

近年来，受后现代主义思潮的影响，档案学界提出了许多新的研究领域和研究主题，产生了许多新的档案观念和思想。例如，档案记忆观、档案与身份认同观、档案信任论、档案与社会正义论、档案多元论（archival pluralism）、社群档案（community archives）、档案情感价值、档案第五维度。这些新的研究领域和研究主题，新的档案观念和思想，可以统称为"后现代档案学理论"。

作为档案学演进的一股重要潮流，后现代档案学已成为继古典档案学与现代档案学之后的又一创新性理论样态，对当代档案事业的发展和变革产生了重要影响。首先，较古典档案学而言，后现代档案学的研究对象超越了古典档案学关注的馆藏档案，将其扩大为拥有记录功能的一切数据、信息，并且深入地探讨为谁记录、如何保管、怎么利用与政治、权利、记忆等相关的命题。这使得档案学的研究内容更加饱满、理论思考更加彻底。随着研究对象的扩展，后现代档案学没有局限于固化的档案管理程序优化，而是更多地探讨了档案与政治、档案与信任、档案与正义、档案与记忆等涉及思辨方面的理

---

① ［加拿大］特里·库克著，刘越男译：《电子文件与纸质文件观念：后保管及后现代主义社会里信息与档案管理中面临的一场革命》，《山西档案》1997年第2期，第7~13页。

② ［加拿大］T.库克著，黄霄羽译：《1898年荷兰手册出版以来档案理论与实践的相互影响》，国家档案局、中央档案馆编：《第十三届国际档案大会文件报告集》，北京：中国档案出版社，1997年版，第147页。

论命题。其次，较现代档案学而言，档案的连续性运动、"后真实"语境下档案与权力的关系、档案与文件价值的重新界定、传统档案管理原则的更新等话语构成了后现代档案学家的重要表达。比如，档案的数据化是后现代社会信息化与网络化趋势下发展的结果，这意味着现代档案管理中强调的价值抽象普遍化、线性进步观、绝对真理观等理念已不合时宜。再比如，后保管范式呼吁档案工作者超越被动的保管员角色，从"中心"走向"边缘"。这无疑带有鲜明的后现代主义的批判与反思、解构与建构、去中心化色彩。①

1.1.2　后现代主义思潮影响档案工作

受后现代主义思潮，以及受此冲击而产生的后现代档案学理论的影响，20 世纪 90 年代以来，世界各国的档案事业进入创新、拓展的变革时代。例如，西方发达国家基于文件连续体理论开展电子文件管理工作；由国际档案理事会发起，并由联合国教科文组织（United Nations Educational, Scientific and Cultural Organization, UNESCO）大会通过的《档案共同宣言》（*The Universal Declaration on Archives*）强调，"档案守护并服务于个人和团体的记忆，在社会发展中扮演重要的角色"②；联合国教科文组织实施了以保护珍贵文献遗产为目的的"世界记忆工程"，各国档案界都在积极推进各种记忆工程建设；西方档案界和一些民间组织建立了有关少数原住民、艾滋病患者、同性恋人群、私人的档案库或项目；各国档案事业从档案收集到档案服务的"社会化"趋势越来越明显；等等。这些档案工作的变化，反过来又为后现代档案学理论的成长提供了实践土壤。

上述档案学理论与档案工作实践的创新要求档案工作者革新档案工作思想理念：从被动到主动，提升档案工作的服务属性；从一元到多元，丰富档案工作的业务内涵；从主流到边缘，拓展档案工作的服务对象；从政府到社群，凸显档案工作的社会价值。要求档案工作者拓展档案工作对象范围：使档案参与社会记忆建构，参与社会信任建设，参与文化创意服务开发，参与社会公众情感培养，参与社群身份认同与权利维护。要求档案工作者创新业务方法：引入新的全宗理论，拓宽档案收集渠道，革新档案鉴定方法，探索社群参与式的档案管理模式。要求重新定位档案机构的职能作用：使档案馆成为社会记忆的宫殿，成为社会文化的宝库，成为社会情感的纽带。要求重新定位档案工作者的职业角色：使档案工作者成为社会记忆的建构者，成为文化服务的创新者，成为社会正义的维护者。

---

① 闫静、徐拥军：《后现代档案学理论的思想实质研究》，《档案学研究》2019 年第 4 期，第 6~14 页。
② 《档案共同宣言》，《中国档案报》2010 年 11 月 18 日。

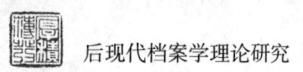
1.2 研究目的和价值

1.2.1 研究目的

本书的研究目的在于深入、系统地分析和回答以下问题:(1)后现代档案学理论产生的理论背景和实践背景是什么?(2)后现代档案学的理论体系和思想实质是什么?(3)后现代档案学理论主要包括哪些内容,或者包括哪些思想、观点?(4)后现代档案学理论的理论贡献是什么,对档案工作产生哪些影响?(5)在当代中国语境下对后现代档案学理论有何反思?

1.2.2 研究价值

本书的研究价值包括:(1)理论意义。本书首次比较深入、系统地总结和梳理后现代档案学理论,为目前处于分散、模糊状态的后现代档案学理论提炼出一条较清晰的思想脉络、较完整的内容框架。这将为当代档案学理论创新提供重要的方向指引。(2)实践价值。科学、完善的后现代档案学理论将为当前和今后相当一时段内档案工作的创新提供重要的理论指导,促进档案事业可持续健康发展。

1.3 研究内容

本书的研究框架和内容包括:

第1章 导论。进行全书的研究设计,说明本书的研究背景、目的、价值、内容、思路和方法,归纳本书提出的主要思想观点、创新与不足之处。

第2章 后现代档案学理论研究综述。以文献综述方式,梳理国内外后现代主义档案学理论研究发展史。

第3章 后现代档案学理论的产生背景。从理论和实践两个方面分析后现代档案学理论产生的背景。

第4章 后现代档案学理论的体系与思想实质。总结、提炼当前后现代档案学的理论体系;分析、归纳后现代档案学理论的思想实质,剖析其基本立足点、活力源泉、认识论和方法论基础,以及后现代档案学理论的悖论和局限。

第 5 章　后现代档案学理论的主要内容。解析后现代档案学理论的几个主要研究主题、理论，包括档案记忆观、档案与身份认同、档案信任论、档案与社会正义、档案多元论、社群档案、档案情感价值、档案第五维度。

第 6 章　后现代档案学理论的理论贡献和实践影响。论述后现代档案学理论在对档案价值的重新认识、对档案工作属性的重新定位、对档案学理论的重新思考等方面的理论贡献；分析后现代档案学理论对档案工作实践的影响，对档案工作者和档案机构在思想理念、对象范围、工作方法，以及自身职能、角色定位等方面提出的新要求。

第 7 章　当代中国语境下对后现代档案学理论的反思。基于当代中国语境，充分借助马克思主义唯物史观分析后现代档案学理论谬误，澄清一些不符合具体国情的思想认识，破除其中可能影响中国档案事业发展的思想迷障。

1.4　研究思路和方法

1.4.1　研究思路

本书的总体研究思路是"为什么（why）—是什么（what）—怎么办（how）"，即：首先，分析后现代档案学理论为什么会产生（第 3 章　后现代档案学理论的产生背景）。其次，论述后现代档案学理论到底是什么（第 4 章　后现代档案学理论的体系与思想实质；第 5 章　后现代档案学理论的主要内容）。最后，提出后现代档案学理论要求档案学界、业界怎么办（第 6 章　后现代档案学理论的理论贡献与实践影响），以及如何评价后现代档案学理论（第 7 章　当代中国语境下对后现代档案学理论的反思）。其中也隐含了"理论—实践""现代—后现代"的逻辑。

1.4.2　研究方法

本书的主要研究方法包括：

一是文献研究法。本书撰写过程中，广泛调研了国内外与本书主题相关的图书、论文及其他各种文献，掌握已有研究基础，了解当前研究前沿。

二是比较研究法。本书注重将后现代档案学理论与古典档案学理论、现代档案学理论进行比较，突出后现代档案学理论的解构和重构之处；也重视通过中外档案学理论、

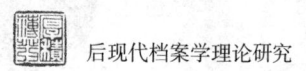

档案工作实践的比较，学习和借鉴外国先进经验与做法，并坚持构建中国特色的档案学理论体系与档案工作实践体系。

三是案例研究法。本书在论述过程中大量地引用、穿插了中外档案工作中的实际案例。

四是跨学科研究法。本书综合运用了哲学、社会学、历史学、管理学和档案学等学科的研究方法。

1.5　主要思想观点

本书提出了如下主要思想观点：

第一，后现代档案学理论，泛指自 20 世纪 90 年代以来，受后现代主义思潮影响，档案学界提出的新研究领域和研究主题,产生的新档案观念和思想,主要包括档案记忆观、档案与身份认同、档案信任论、档案与社会正义、档案多元论、社群档案、档案情感价值、档案第五维度等。它是对以希拉里·詹金逊、西奥多·谢伦伯格为代表的古典档案学理论、现代档案学理论的批判和创新、解构和重构，对当代档案事业的发展和变革产生巨大的影响。

第二，后现代档案学理论产生的理论背景是后现代主义思潮对档案学理论的冲击，实践背景是受后现代主义思潮影响世界各国档案工作发生的一系列变革，档案事业从"国家模式"向"社会模式"过渡。

第三，理论批判是后现代档案学理论的基本立足点，包括对理性主义档案观、科学主义档案观、机械主义档案观等的批判与超越。思维革新是后现代档案学理论发展的活力源泉，体现在档案理论从宏大叙事转向微观表达，从主流话语转向边缘声音，从权威建构转向权力解构等。多元主张是后现代档案学理论的认识论和方法论基础，包括以差异性为核心的认识论，以多样性为核心的方法论，以及档案多元论与后现代档案学多元宇宙观的提出等。虚无倾向是后现代档案学理论的悖论与局限，体现在技术决定论对档案学理论的过分消解、不确定性引发的档案学虚无主义倾向、激进而软弱的档案学批判立场等。

第四，档案记忆观的核心思想是：档案是建构社会记忆的不可替代要素，档案工作是建构社会记忆的受控选择机制，档案工作者是建构社会记忆的能动主体，档案记忆促进身份认同。档案与身份认同的核心思想是：档案既是身份认同的判据，也是身份认同的结果，它构建了社会存在的逻辑性和合法性，从档案中可以透视当代认同的历史线索和现实凭据，获得心灵深处同其所同、异其所异，纵有源流、横有所属的信息基础。档案信任论的核心思想是：公众信任档案是一种固化的心理认知，档案参与信任构建是推动主体作出信任决断、推动客体赢取他人信任的过程，预支真实性和预测未来是档案参与信任的新路径。档案与社会正义的核心思想是：档案对于社会正义的实现具有正面和负面作用，通过"权力—档案—记忆"的相互建构，形成了档案影响社会正义的动力机制。在实践工作中，档案能够推动社会正义的实现，档案工作者是实现社会正义的有机力量。档案多元论的核心思想是：档案多元论以存在于多样性社会、文化和技术环境中的复杂档案现象为研究对象，档案多元论主张从多视角、多维度、多层次为档案及档案工作提供新的方法论指导和实施路径参考，档案多元论为跨机构、跨文化、跨社群的全球视野认知档案权力、档案话语、档案实践模式及社会影响提供融合实证主义和解释主义的混合方法论。[1] 社群档案理论的核心思想是：社群档案记录了具有共同身份特征的特定群体的生命历程，推进社群档案建设对于满足人民群众的精神文化需求、实现社会多元发展、推动社会进步、拓展档案工作职能具有重要作用。档案情感价值的核心思想是：人们在社会实践活动中接触档案时，由于档案内容或载体的独特性，在外在社会文化情境的影响下，档案触发人们的情感变化，引起人们情感共鸣，成为激发人们社会行动的情感力量。[2] 从本体论维度，档案情感价值来源于原始记录本体，是一种关系范畴；从认识论维度，档案情感价值聚焦于档案开发利用，是一种社会事实；从方法论维度，档案情感价值为档案工作者所主导，是一种社会行动。[3] 档案第五维度的核心思想是：在文件连续体模型的基础上，将档案文化创意开发纳入文件运动过程，在文件连续体的四个维度外又增加了一个维度——"探索"（exploration），以描述对档案进行艺术性、创意性开发的过程。

第五，后现代档案学的理论贡献体现在对档案价值的重新认识，对档案工作属性的重新定位，对档案学理论的重新考虑。根据后现代档案学理论的指导，档案工作者应革新档案工作思想理念：从被动到主动，提升档案工作的服务属性；从一元到多元，丰富档案工作的业务内涵；从主流到边缘，拓展档案工作的服务对象；从政府到社群，凸显档案

---

[1] 安小米、郝春红：《国外档案多元论研究及其启示》，《北京档案》2014 年第 11 期，第 16~20 页。

[2] 魏丽维、李晶伟：《档案情感价值凸显的实践背景与理论依据》，中国档案学会编：《2019 年全国青年档案工作者学术论坛论文集》，北京：中国文史出版社，2019 年版，第 335~345 页。

[3] 李晶伟：《档案情感价值的内涵与特征》，《北京档案》2018 年第 11 期，第 9~12 页。

工作的社会价值。应拓展档案工作对象范围：使档案参与社会记忆建构，参与社会信任建设，参与文化创意服务开发，参与社会公众情感培养，参与社群身份认同与权利维护。应创新档案管理业务方法：更新全宗理论，拓宽档案收集渠道，革新档案鉴定方法，探索社群参与式的档案管理模式。应重新定位档案机构的职能作用：使档案馆成为社会记忆的宫殿，成为社会文化的宝库，成为社会情感的纽带。应重新定位档案工作者的职业角色：使档案工作者成为社会记忆的建构者，成为文化服务的创新者，成为社会正义的维护者。

第六，基于当代中国语境，要充分运用马克思主义唯物史观来分析后现代档案学理论谬误，澄清一些不符合具体国情的思想认识，破除阻碍中国档案事业发展的思想迷雾。在唯物史观审视下，后现代档案学理论一定程度上具有反理性、反历史、反科学的唯心主义性质。因而，须警惕因突出不确定性导致的档案客观性的迷失，须避免因倡导无中心意识导致的档案整体的碎片化，须警惕因推崇解构主义导致的档案叙事的游戏化，须避免因主张多元价值观导致的档案文本意义的颠覆，须避免因强调积极建构导致的档案职业公信力的消解。当代中国语境下，发挥档案功能应着重研究如何借助档案，特别是红色档案坚定中国特色社会主义道路自信、理论自信、制度自信、文化自信。档案部门应不辱使命、乘势而为，以历史的眼光、时代的眼光、世界的眼光考察研究档案蕴含的经验、教训与启示。随着后现代档案学理论的持续发展，后现代档案学范式也在不断成长。这将带来档案学研究对象的泛化和研究范畴的扩展、档案学研究视角的多元与跨学科研究的丰富。后现代档案学理论在谋求合理性的过程中，也应保持一定的清醒和必要的自我反思。

1.6 研究创新与不足

1.6.1 创新之处

本书的创新之处在于：

第一，本书首次比较系统地总结、归纳了后现代档案学理论的主要内容，比较深入地分析、论述了后现代档案学理论的思想实质。

第二，本书在国际学界首次提出并论证了"档案信任论"，在国内首次论述了"档案情感价值""档案第五维度"。此前，中外档案学者已论及了"档案与信任"问题，而本书首次通过系统论述将其提升到"档案信任论"的理论高度。近年来，国外学者开始探讨"档案情感价值""档案第五维度"，本书则在国内首次比较系统地论述了这两个主题。此外，本书还深化了对"档案记忆观""档案与身份认同""档案多元论""社群档案"的研究。

第三，本书较深入地分析了后现代档案学理论对档案学理论和档案工作实践的影响或启示，对我国档案学理论和档案工作实践创新发展提出了一些建设性、创造性的建议和设想。

第四，本书基于当代中国语境，结合马克思主义唯物史观，对后现代档案学理论进行了反思，这样有利于避免完全陷入西方后现代主义的话语泥沼，有利于对后现代档案学理论实事求是地加以批判分析和利用。

1.6.2 不足之处

本书的不足之处在于：

第一，米歇尔·福柯（Michel Foucault）、雅克·德里达（Jacques Derrida）、安东尼·吉登斯（Anthony Giddens）等有代表性的后现代主义哲学家都对档案现象进行过思考和论述，他们的思想是后现代档案学理论的重要思想基础，但是由于笔者哲学功底较浅，对他们思想的理解和认识还欠深入，因此在本书中的相关论述较少。

第二，本书引用西方学者的观点较多，引用中国学者的论述较少，没有更多地将后现代档案学理论置于当前中国语境下进一步深入思考，在增强档案学研究的"中国意识""中国范式"、构建中国特色的档案学理论体系方面稍显不足。

第三，当前，后现代档案学理论仍在发展中，其内容较为纷繁和散乱，远未成熟和体系化，而且其表达也给人晦涩难懂、似是而非之感。本书虽尽力为后现代档案学理论梳理出清晰、明确的线索和体系，但仍有很多不到之处。

第 2 章 后现代档案学理论研究综述

学术史梳理是一个领域、课题研究的基础，是学术创新的前提。本章以文献综述的方式，通过检索、整合、分析相关主题的论文，梳理后现代档案学理论研究的发展历史、焦点和主要成果，并对其予以评价和展望。

2.1 论文检索结果和特征分析

2.1.1 论文检索结果

笔者以主题为检索项，以"档案""后现代／后保管"等为关键词，检索精度为"模糊"，在中国知网、万方数据和中国国家数字图书馆等对截至 2021 年 9 月 30 日的中文论文进行检索。经过阅读题名和摘要，发现与本主题高度相关的论文共计 188 篇，其中包括期刊论文 161 篇、学位论文 21 篇、会议论文 4 篇，如表 2–1 所示。

表 2-1　中文论文检索结果　　　　　　　　　　　　　　单位：篇

检索式	中文数据库				
	中国知网－中国期刊全文数据库	万方数据资源系统－数字化期刊全文库	中国知网－中国博士/优秀硕士学位论文数据库/中国人民大学文库	中国知网－中国重要会议论文全文数据库	中国国家数字图书馆
档案＋后现代/后保管	151	10	21	4	2
合计（二次去重筛选）	共 188 篇，其中期刊论文共 161 篇、学位论文 21 篇、会议论文 4 篇				

　　笔者以关键词为检索项，以"archive""post-modern/post-custodial/post-modernist/post-modernism/post-custody"等为关键词，检索精度为"模糊"，在 Springer 电子期刊数据库、Web of Science、ProQuest Digital Dissertations & Theses（PQDT）、EBSCO-ASP 和 ScienceDirect 分别对截至 2021 年 9 月 30 日的外文论文进行检索，去重筛选后得到相关外文论文 422 篇，如表 2-2 所示。

表 2-2　外文论文检索结果　　　　　　　　　　　　　　单位：篇

检索式 外文数据	archive; post-modern/post-custodial/post-modernist/ post-modernism/post-custody
Springer 电子期刊数据库	59
Web of Science	57
ProQuest Digital Dissertations & Theses（PQDT）	18
EBSCO-ASP	223
ScienceDirect	65
合计（二次去重筛选）	422

2.1.2　论文特征分析

2.1.2.1　论文发表时间与数量分析

　　通过分析上述中外论文，可以发现国内外对"档案与后现代"这一主题的研究趋势具有以下特点：（1）从总体上看，国内外学界对于档案与后现代主义研究的论文数量基本维持着波动增长的态势。国外论文从 1991 年以后开始有较大的增长幅度，国内论文则是在 2002 年以后才开始出现较为明显的增长。相较于国外，国内论文增长晚了 11 年左右。（2）国内对于该主题的研究在 2001 年后才保持一个连续发展的状态，尤其是在 2011 年以后，每年的论文发表数量保持在 10 篇左右。（3）国外研究该主题的论文数量一直处于波动增长状态，尤其是在发展前期的 1991 年、1994 年、1997 年和 2002 年的时间节点上出现了明显的峰值。这四年是特里·库克、布莱恩·布罗斯曼（Brien Brothman）和埃瑞克·卡特拉（Eric Ketelaar）等代表性学者发表相关论文较多的时间点。在 2010 年以后，国外发表的相关论文基本保持每年 20 篇左右的数量。具体如图 2-1 所示。

2.1.2.2　论文主题分析

笔者运用 SATI（Statistical Analysis Toolkit for Informetrics）文献题录信息统计分析工具从中文论文中抽取出频次排名前 30 的关键词，使用社会网络分析与可视化工具 Netdraw 绘制了关键词知识图谱（如图 2-2 所示）。由图 2-2 可见，所得中文论文的关键词是"后现代"[①]"后保管时代""电子文件""档案工作者"，且各个关键词共现频次分布得较为均匀。值得注意的是：

一是在专业核心词内部，"电子文件"和"档案工作者"出现的频次较高，与"后现代"相关的论文经常提及这两个关键词。这主要是因为：一则电子文件的出现是后现代主义影响档案学领域的技术背景；二则在后现代主义的框架中，国内学界对于"人"给予了较多关注，最先对档案工作者自身角色定位进行了反思。

二是后现代主义对档案学基础理论造成了一定冲击。由图 2-2 中的"来源原则""新来源观""文件连续体理论"等词可以看出，后现代主义冲击了档案学基础理论最核心的两大理论——来源原则和文件生命周期理论。

三是后保管模式与后现代主义的共现频次较高。特里·库克的观点可对此提供解释，他认为，纸质文件的观念是现代的，电子文件的观念是后现代的。后保管鉴定法（以职能活动为依据的宏观鉴定）和后保管著录法（描述多立档单位间职能关系）体现了后现代主义的倾向。[②]

四是同时出现、均匀分布的其他关键词也值得关注，这些关键词虽然共现频次不高，但与高频词词汇也相差无几。譬如，"档案记忆观""前端控制""档案鉴定""价值""思维形式""范式"。可见，后现代主义不仅与来源原则、文件连续体理论、后保管模式

[①] 注：鉴于软件无法识别同义词，此处的关键词"后现代"不单指图中对应的词，还包括"后现代社会""后现代主义理论""后现代思潮""后现代理论""后现代""后现代主义语境""后现代档案"等。

[②] 迪莉娅：《从后现代主义看文件连续体理论与后保管模式——电子环境下西方档案学理论发展的新思维观》，《山西档案》2003 年第 2 期，第 12~13 页。

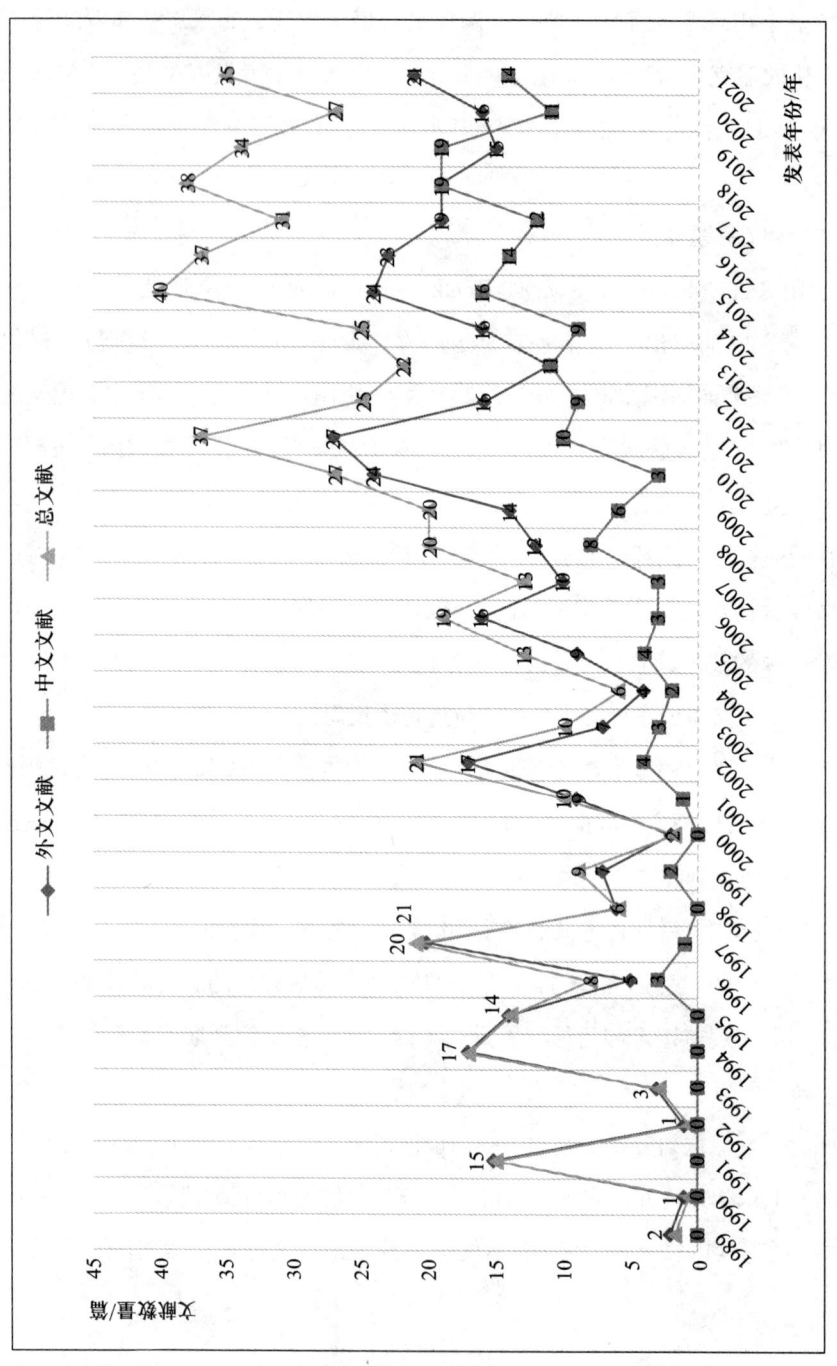

图 2-1 国内外论文时间与数量分析

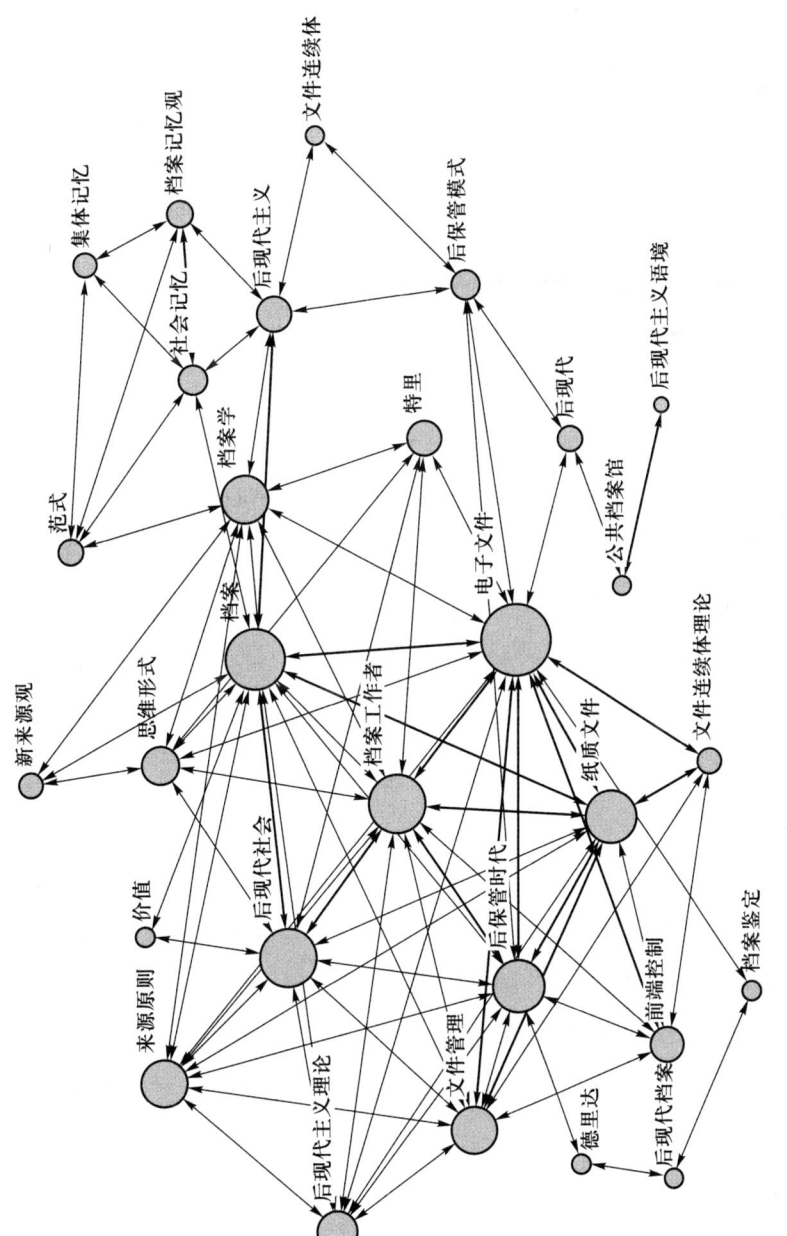

图 2-2　中文论文关键词（频次排名前 30）知识图谱

等主题密切相关，而且对档案价值理论、档案记忆观、档案学范式等也产生了较大的影响。

2.2 后现代档案学的发展历程

2.2.1 发展背景

2.2.1.1 历史学促使对档案文化性的反思

20 世纪 60、70 年代，世界范围内的经济、技术、社会和文化发生了巨大变革，尤其是计算机等技术的兴起推动了后现代主义思想的诞生与发展。媒体和经济的全球化改变的不仅是交流方式，还包括对话交流的内容，尤其是给历史的编纂和研究工作带来了极大的影响。[①] 计算机技术的发展与普及，使得历史学家可以接触更多的档案，历史借助技术的发展获得了更多的社会关注，与历史的传递、解释和批判有关的档案也被裹挟其中，从而与历史编纂学和历史学研究建立起了紧密的联系。后现代文化批判注意到了档案学家和历史学家需要依赖档案与文件来创造历史，于是开始直接质疑档案与文件。[②] 后现代主义对于档案的挑战开始于对宏大叙事（meta-narrative）[③] 的质疑，法国后现代主义哲学家让－弗朗索瓦·利奥塔（Jean-Francois Lyotard）认为这种无所不包的叙事方式使某种力量神秘化、权威化和合法化，他反复强调"后现代主义是对宏大叙事的批判"[④]。对宏大叙事的批判引起了历史学家和档案工作者关注此前不受重视、无人代表、不受认可的少数群体。1995 年，雅克·德里达和埃瑞克·普瑞诺维茨（Eric Prenowitz）发表了《档案热病：弗洛伊德印象》一书，提出为了避免遗忘而保存档案已成为一种狂热且无法满足的动力。[⑤] 埃瑞克·卡特拉将之解释为，生活是通过记忆的创造性中介，即归档，来进行定义的。[⑥] 这一观点从文件生命周期的后端出发进行倒推，如果归档记忆如此直接地

---

① RIDENER J., *From polders to postmodernism: A concise history of archival theory*. Duluth: Litwin Books，2009，p. 131.

② 注：鉴于后现代主义主要建立在包罗万象的哲学思想之上，因此各方的回应现在还处于争议之中。

③ 注：宏大叙事，也被称为元叙事，由让－弗朗索瓦·利奥塔于 20 世纪 70 年代提出。宏大叙事认为历史的发展建立在绝对理性秩序之上，并预设了未来的发展走向。这种叙事的背后通常是权威的主流话语。

④ LYOTARD J.-F., *The postmodern condition: A report on knowledge*. Minneapolis: University of Minnesota Press，1984.

⑤ DERRIDA J., *Archive fever: A Freudian impression*. Chicago: The University of Chicago Press，1996，p.94.

⑥ KETELAAR E., *Tacit narratives: The meanings of archives*. Archival Science，2001，1（2），pp. 131–141.

定义了生活，成为避免遗忘的狂热与动力，那么，从档案倒推到文件，记录各项社会活动的文件在保存记忆方面也被赋予了社会价值，由此，为档案学与社会学之间构建起了价值联系。

后现代批判理论的观点之一是对解释的关注，尤其是关注到形式对于意义解释的影响，强调了在主体传达意义给客体的过程中，表象（representation）①建构对于传达结果的影响。这一观点推翻了宏大叙事对于真实历史的执着，引导史学家在解释历史的时候，从微观入手，更加关注档案作为史料的相对解释价值，以及在这过程中，史学家、文学家、档案工作者等可以发挥的能动作用。对事件天然因果关系的否认，提升了档案工作者的参与空间，要求档案工作以更加积极主动的态势加入社会文化构建过程中。1991 年，布莱恩·布罗斯曼提出，需要思考档案实践的文化意义和档案在社会上扮演的角色。他还对自我反思提出要求，即反思的问题要来自后现代批判理论，确保问题是自然形成的。②这一变化可以说是档案学者第一次有意识地主导范式转变，并对转变进行定义、提出要求。而尽管此前西奥多·谢伦伯格成功转变了北美的档案实践模式，却始终没有提到档案学理论的自我反思意识。针对档案的文化与社会参与问题，布莱恩·布罗斯曼重新反思了档案的概念并评估了文化与行政的边界。他认为，随着档案文化性被忽视，档案工作者的生命力正在丧失，逐渐失去了与信息管理者的边界。他强调了档案工作者具有的文化授权的重要性，"对于档案工作者而言，放弃文化性与自我批判就相当于失职"③。

2.2.1.2 技术变革催发对文件定义的反思

除上述影响外，20 世纪 60、70 年代的技术变革还直接影响了档案学本身的发展。20 世纪 80 年代是西奥多·谢伦伯格的档案学理论与当代档案学理论相接合的时期。在西奥多·谢伦伯格的档案学理论盛行期间，技术已经开始改变文件的形式与数量。尤其是在冷战及其后的一段时间内，计算机技术的发展使得电子文件出现并得到普及，政府、企业和其他组织开始将计算机作为交流工具和日常工作基础，由此，电子文件开始代替纸质文件来主导记录形式。随着电子文件在社会上的接受度和认可度的提高，仅仅保存电子文件，不再保存纸质文件的现象也给档案工作者提出了新的难题。事实上，直到现在，电子文件给档案工作带来的影响仍处于探索和理解之中。

---

① 注：表象是客观事物通过符号在人们内心中的呈示。

② BROTHMAN B., *Orders of value: Probing the theoretical terms of archival practice.* Archivaria，1991，32，pp. 79–100.

③ BROTHMAN B., *Orders of value: Probing the theoretical terms of archival practice.* Archivaria，1991，32，pp. 79–100.

进入 20 世纪 90 年代以后，西奥多·谢伦伯格和希拉里·詹金逊的档案学理论被迫进行调整，以适应技术变化带来的冲击。鉴于档案处在文件生命周期中的特殊阶段，单套制使得档案的长久保存成为一个尚未解决的难题。技术和社会历史学（social history）[①]的发展给文件的定义带来了极大挑战。在这一背景下，电子文件的出现很快对档案工作者使用和保存这些文件的能力提出了质疑。电子文件保管依赖于清晰的标准格式、元数据等的支持，纸质档案保管则依赖的是法律和政府赋予的权威，一旦这种官方权威可以为技术支持所替代，档案就可能成为在保管电子文件方面"最不值得羡慕的环节"[②]。在电子文件保存成为核心却难以被解决的问题的同时，档案学的理论框架也开始失去了原来的限制，其中，文件的定义受到技术和社会历史学的影响最大。过去对文件的定义易于被识别，也易于与其他同类物相比较。后现代主义则迫使档案学完全背离过去的观点，当前范式下文件定义更加不固定、模糊和充满争议。此外，西奥多·谢伦伯格的理论范式转变也引发了布莱恩·布罗斯曼对技术在解释中所扮演角色的重新思考。他认为，交流技术（communication technology）的改变迫使档案学者重新思考专业领域大部分已被确认的事物的含义。电子文件已经挑战了档案学者对文件的定义，更何况电子文件再生产的能力已经挑战了原始性，将其置于疑问之中。[③] 布莱恩·布罗斯曼引用了知名出版和交流技术学者伊丽莎白·爱森斯坦（Elizabeth Eisentein）的观点，强调交流技术对于历史来说是重要的，并且变成了交流文本本身不可分割的重要组成部分。[④] 除布莱恩·布罗斯曼之外，特里·库克、卡罗琳·希尔德（Carolyn Heald）、希瑟·麦克尼尔（Heather MacNeil）和埃瑞克·卡特拉等人也认为，当前对档案的鉴定是建立在将档案视为一种传播工具的基础之上的。他们强调，交流中形成的解释对于档案而言是重要的，并且变成了确保档案内容完整性的重要组成部分。可以说，技术创造了档案和文件的新形式，而批判理论则为变化创造了一种新的档案学认识论。

2.2.1.3 社会转型引发对档案文本的反思

1994 年，希瑟·麦克尼尔提出，因电子文件的可篡改及政治因素，公众开始质疑（档案）信息，从而侵蚀了（档案）信息作为政府认可的公共资源的特殊地位。对不同信息资源的追求导致档案工作者开始考虑"（档案）信息是如何被保存的"和"保存（档案）信息

[①] 注：社会历史学是通过社会趋势、行为和规范的重大变革来理解过去的。

[②] RIDENER J., *From polders to postmodernism: A concise history of archival theory*. Duluth: Litwin Books, 2009, p. 139.

[③] BROTHMAN B., *Orders of value: Probing the theoretical terms of archival practice*. Archivaria, 1991, 32, pp. 79–100.

[④] BROTHMAN B., *Orders of value: Probing the theoretical terms of archival practice*. Archivaria, 1991, 32, pp. 79–100.

到底意味着什么"①。新的公民态度成为点燃对档案学理论和文件价值进行反思的热情的星星之火。1996 年，卡罗琳·希尔德将逐渐增长的归档文件与公众对政府的期望联系在一起。②随着政府问责和信息透明化的发展，归档信息也变得愈来愈受欢迎。针对上述问题，2001 年，特里·库克提出了另一种认识角度。他认为，在后现代主义范式下，档案馆正在试图从中央集权的结构转向基于集体记忆的机构。③这个变化已经在很多方面得到了体现，但在档案鉴定方面体现得最明显。面对新定义的文件和档案，新的鉴定方法需要档案工作者在多元化社会背景下进行处理，这样这种方法才被认为是有活力的。总之，档案通过语境重构扩展了档案的业务形式，使之以一种更加社会化的方式重新融入官方的、政府的和法律授权的语境中。

以上变化提供了在内容上反思档案文本的可能性，即重新反思什么样的信息组成一份文件；同时在媒介上扩展了技术可能性，即文件的载体变得更加多元化和复杂化。这就在档案学界引发了巨大的变化，迫使当代档案学范式寻求通过一个不同于过去的框架来理解档案。随着这种变化的深入，当代档案学理论需要寻求在记忆或者历史的构建中占据重要地位，并受公民态度影响寻求法律和政府的再授权。

2.2.1.4　认识论转变促进档案学研究多元化

后现代主义从认识论上挑战了原先的理论范式，引发学界进行新一轮的反思与调整。尤其受历史学和哲学等学科的影响，后现代主义档案学者，主张将档案视为交流对话的工具，基于哲学和批判价值提出利用文本、解释和批判性阅读（critical reading）④等方法构建新的档案学理论框架。此前档案学范式的转变动力主要来自学者对实践问题的反应，而后现代主义促使档案学从认识论层面进行再调整，其对认识论的质疑直接动摇了档案学原先确立的理论根基。如果说萨穆·缪勒（Samuel Muller）、约翰·斐斯（Johan Feith）和罗伯特·福罗英（Robert Fruin）奠定了第一代档案学范式，希拉里·詹金逊奠定了第二代档案学范式，西奥多·谢伦伯格奠定了第三代档案学范式，那么，参与构建后现代档案学理论的档案学者则是多样化和分散化的，并不存在单个档案学者起主导性作用的现象。美国档案工作者协会（Society of American Archivists）

---

① MACNEIL H.，*Archival theory and practice: Between two paradigms.* Archivaria，1994，37，p.7.

② HEALD C.，*Is there room for archives in the postmodern world?* The American Archivist，1996，59（1），pp. 88–101.

③ COOK T.，*Fashionable nonsense or professional rebirth: Postmodernism and the practice of archives.* Archivaria，2001，51，pp. 14–35.

④ 注：批判性阅读是怀疑主义的形式之一，它不以文本的表面价值来看待文本，而是对包含在文本中的、文本所提出的观点进行审查，以及文本在构建和选择所呈现的信息时隐含的偏见。批判性阅读能力是一种假定存在于学者和学术机构的能力。

曾呼吁，需要积极鼓励来自不同组织和多元文化背景的人经过专业训练成为档案工作者，档案学范式需要这些人提出持续不断的质疑，多样性对于后现代档案学理论是必不可少的。[①] 新档案学范式的出现是档案学者对文件和档案研究方向多元化的自然结果。

2.2.2 研究历程

费尔南达·罗梅罗（Fernanda Ribeiro）认为，档案学从 20 世纪 80 年代开始进入后现代主义阶段，在这期间，一些经过训练且人数不断增加的档案学者从不同领域、不同视角出发，开始对档案学理论提出质疑。自 20 世纪末开始一直延续到 21 世纪初，基于后现代主义的讨论才逐渐作用于档案学理论并被广泛接受，从而真正影响了档案学理论的发展。[②] 费尔南达·罗梅罗总结的后现代档案学理论发展趋势也与前文 2.1 节的论文发表时间与数量分析结果相印证。基于此，可将后现代档案学的研究历程分为萌芽阶段（20 世纪 80 年代至 90 年代末）、形成阶段（20 世纪末至 21 世纪初）和发展阶段（21 世纪初至今）。当然，这三个阶段的界线并非十分明晰，尤其是在这一领域的研究，中国档案学之于欧美档案学有一定的时间滞后性。

2.2.2.1 萌芽阶段

后现代档案学的萌芽阶段是 20 世纪 80 年代至 90 年代末。后现代主义产生于 20 世纪 60 年代，自 20 世纪 80 年代开始，"档案""档案工作者"等名词开始出现在从人类学、文学、社会学和历史学等学科视角出发，研究后现代主义的文献中，具体来说：

一是在人类学研究领域，斯蒂芬·福斯特（Stephen Foster）在研究人类学家维克多·特纳（Victor Turner）及其文化批判主义时提出，档案工作者在积极寻求意义，展现出迫切希望填补历史空白的欲望。他将档案工作者描述为利用现成材料进行构筑或者创作的人（bricoleur），是偏执的（obsessive）结构主义者，他们正在尽全力阻止在表达或者叙述过程中参考"被丢弃的浪潮"。[③] 二是在文学研究领域，丹尼尔·奥哈拉（Daniel O'Hara）将档案列为后现代批判理论结构主义的最新发展之一，与之并列的还有读者反应（reader

---

① JIMERSON R.C., *Embracing the power of archives*. The American Archivist，2006，69（1），pp.19–32.

② RIBEIRO F., *Archival science and changes in the paradigm*. Archival Science，2001，1（3），pp. 295–310.

③ FOSTER S. W., *Symbolism and the problematics of postmodern representation*. In ASHLEY K. M. ed., *Victor turner and the construction of cultural criticism: Between literature and anthropology*. Bloomington：Indiana University Press，1990，p. 117.

response）、破坏性（destructiveness）和解构主义（deconstructivism）等。① 三是在社会学领域，阿卜杜勒·简·穆罕默德（Abdul JanMohamed）和戴维·劳埃德（David Lloyd）提出，主流文化和非主流文化的对立发生在经过遗忘选择的历史文化的重建与恢复中。在这一过程中，档案对于非主流话语的表达与传播至关重要。如果档案工作没有被主流文化影响，而仅仅是对边缘文化的不断重复，人们也无法放弃对其理论意义与形成条件的探讨与反思。② 四是在历史学领域，马克·冯·哈根（Mark Von Hagen）从历史学角度分析后苏联时期出现的"档案热"（archival gold rush）现象时，提到后现代主义对档案实证主义（archival positivism）带来了很大的挑战与质疑，原先对档案真实性的坚定信仰已经"支离破碎"。③

2.2.2.2　形成阶段

上述所列举的各学科理论成果都不是从档案学角度出发，只是在其中提到后现代主义给档案学带来的冲击与挑战。后现代主义开始进入档案学领域，即档案学者开始真正关注到后现代主义的影响是从 20 世纪末才开始的，尤其以布莱恩·布罗斯曼、卡罗琳·希尔德、希瑟·麦克尼尔、埃瑞克·卡特拉和特里·库克五位档案学者为代表④，他们共同推动了后现代档案学的形成与发展。

1991 年，布莱恩·布罗斯曼在加拿大档案学专业期刊《档案》（*Archivaria*）上发表了《价值的顺序：探究档案实践的理论术语》（"Orders of Value：Probing the Theoretical Terms of Archival Practice"）一文，其中引用了六位后现代主义学者的论文，并率先提出后现代主义威胁到了史学家对档案作为证据文本的信任。⑤ 布莱恩·布罗斯曼主张将档案视为一种交流工具，并且可以用来解释过去、现在和未来。他的理论深受后现代和后结构主义哲学的影响。2005 年，文件和档案历史国际会议（International Conference on the History of Records and Archives）评价布莱恩·布罗斯曼"具有历史学和哲学的视角，他对信息技术和档案实践的发展贡献良多，尤其是解构主义创作和文

---

① O'HARA D., *The romance of interpretation: A "postmodern" critical style*. Boundary 2, 1980，8（3），pp. 259–284.

② JANMOHAMED A. & LLOYD D., *Introduction: Toward a theory of minority discourse*. Cultural Critique, 1987, 6, pp. 5–12.

③ VON HAGEN M., *The archival gold rush and historical agendas in the post-Soviet era*. Slavic Review, 1993, 52（1），pp. 96–100.

④ RIDENER J., *From polders to postmodernism: A concise history of archival theory*. Duluth：Litwin Books, 2009, p. 130.

⑤ BROTHMAN B., *Orders of value: Probing the theoretical terms of archival practice*. Archivaria, 1991, 32, pp. 79–100.

本化生产"①。1994 年，希瑟·麦克尼尔也在《档案》上发表的《档案理论与实践：在两种范式之间》（"Archival theory and practice：Between two paradigms"）中提到，"后保管时代"（post-custodial era）正在以更加规律且稳定的形象出现在专业研究领域，在后现代主义背景下，档案作为一项职业要继续存在下去，就必须实现对传统档案保管模式的超越。②1996 年，卡罗琳·希尔德以更加直接的形式发表了《档案在后现代主义世界中是否还有生存空间》（"Is there room for archives in the postmodern world？"）一文，全文围绕后现代档案学进行的探讨与分析，可以视为后现代档案学的研究起点。③自 1999 年起，卡罗琳·希尔德在档案学教育和研究领域十分活跃，在《美国档案工作者》（*The American Archivist*）和《档案》上发表了多篇关于后现代批判理论对档案学发展的影响的论文。

此后，在 20 世纪与 21 世纪之交，学者对后现代档案学的研究开始蓬勃发展起来。代表性学者是特里·库克，他是研究新鉴定范式最知名且最多产的档案学者，尤其是 21 世纪初聚焦于"档案、文件与权力"主题发表了一系列论文，譬如，2001 年在荷兰档案学专业期刊《档案科学》（*Archival Science*）上发表了《档案科学与后现代主义：旧观念的新构想》（"Archival science and postmodernism：New formulations for old concepts"）④，2002 年仅一年就在《档案科学》上发表了《档案、记录和权力：从（后现代）理论到（档案）表现》（"Archives，records，and power：From（postmodern）theory to（archival）performance"）⑤和《档案、记录和权力：现代记忆的形成》（"Archives，records，and power：The making of modern memory"）⑥两篇论文，极大地推动了后现代档案学理论的形成与发展。他们的研究成果开始引起档案学界对后现代主义与档案学的关系的关注。国内对后现代档案学的研究始

① RIDENER J.，*From polders to postmodernism：A concise history of archival theory*. Duluth：Litwin Books，2009，p. 142.

② MACNEIL H.，*Archival theory and practice：Between two paradigms*. Archivaria，1994，37，pp. 6–20，37.

③ HEALD C.，*Is there room for archives in the postmodern world？* The American Archivist，1996，59（1），pp. 88–101.

④ COOK T.，*Archival science and postmodernism：New formulations for old concepts*. Archival Science，2001，1（1），pp. 3–24.

⑤ COOK T. & SCHWARTZ J. M.，*Archives，records，and power：From（postmodern）theory to（archival）performance*. Archival Science，2002，2（3–4），pp. 171–185.

⑥ SCHWARTZ J. M. & COOK T.，*Archives，records，and power：The making of modern memory*. Archival Science，2002，2（1–2），pp. 1–19.

于 20 世纪末，刘越男[①]、陆阳[②]、吴江华[③]、万坚军[④]、李音[⑤]、王静[⑥]、徐拥军[⑦]等学者对特里·库克后保管主义和后现代档案学思想进行引入、翻译和评介。国内后现代档案学的研究在较长一段时间内还是对国外后现代档案学思想的介绍性研究。

2.2.2.3　发展阶段

进入 21 世纪，更多的档案学工作者开始关注到后现代档案学，其研究主题开始趋于多元化、分散化，主要表现为：从档案工作者的价值和档案教育学的发展进行反思；将记忆、认同、社群等多维度概念引入后现代档案学；从档案的保管、鉴定和开放等实践环节思考后现代主义为档案工作带来的改变；将后现代档案学视为档案学发展的新范式；等等。

譬如，在档案工作者价值方面，马克·格林（Mark A. Greene）于 2009 年在《美国档案工作者》上发表的《论后现代社会档案和档案工作的价值》（"The power of archives: Archivists' values and value in the postmodern age"）一文，对后现代主义背景下档案工作者的价值与影响力来源进行了深入探讨。[⑧] 在引入多种社会学维度方面，2013 年，特里·库克在《档案科学》上发表的《证据、记忆、身份和社区：四种转变的档案学范式》（"Evidence, memory, identity, and community: Four shifting archival paradigms"）一文，重新反思了档案新范式在证据、记忆、身份和社群等方面的价值与发展。[⑨] 上述两篇论文对国内档案学界产生了较大影响。2021 年，卡西迪·霍拉汉（Cassidy Holahan）基于特里·库克所提的档案工作者的价值与中立性，结合当前的数字档案的实践发展进程提出：当前的在线归档是不透明的和不全面的，在线归档的范围与界限也是模糊不清的，这种危险与档案来源、保管者决策的历史渊源、知识秩序、差距和偏见等相关。他认为，当档案自身的轮廓和局限性变得不可见时，档案工作者的人为干预就是非常必要的。[⑩]

---

① [加拿大] 特里·库克著，刘越男译：《电子文件与纸质文件观念：后保管及后现代主义社会里信息与档案管理中面临的一场革命》，《山西档案》1997 年第 2 期，第 7~13 页。

② 陆阳：《后现代主义对档案学理论的影响》，《档案管理》1999 年第 2 期，第 9~10 页。

③ 吴江华：《电子环境下档案价值鉴定》，《档案管理》2000 年第 1 期，第 10~11 页。

④ 吴江华、万坚军：《超越现代——评介特里·库克〈电子文件与纸质文件观念：后保管及后现代主义社会里信息与档案管理中面临的一场革命〉》，《档案与建设》2000 年第 4 期，第 17~19 页。

⑤ [加拿大] T. 库克著，李音译：《铭记未来——档案在建构社会记忆中的作用》，《档案学通讯》2002 年第 2 期，第 74~78 页。

⑥ 王静、王萍：《评特里·库克以后现代思想诠释档案学》，《档案与建设》2005 年第 7 期，第 10~13 页。

⑦ 徐拥军：《档案后保管范式与知识管理》，《档案学通讯》2008 年第 2 期，第 27~31 页。

⑧ GREENE M. A., *The power of archives: Archivists' values and value in the postmodern age.* The American Archivist, 2009, 72（1）, pp. 3–41.

⑨ COOK T., *Evidence, memory, identity, and community: Four shifting archival paradigms.* Archival Science, 2013, 13（2–3）, pp. 95–120.

⑩ HOLAHAN C., *Rummaging in the dark: ECCO as opaque digital archive.* Eighteenth-Century Studies, 2021, 54（4）, pp. 803–826.

在评价后现代档案学的影响力方面，2013 年，苏·麦基米什（Sue McKemmish）和安妮·吉利兰（Anne Gilliland）在《研究方法：信息系统和上下文》（*Research methods: Information, systems, and contexts*）一书中的《档案和文件保存研究：过去、现在与未来》（"Archival and recordkeeping research: Past, present and future"）一章中，提出了"档案学转点"（archival turn）这一概念，而后现代主义就是"档案学转点"出现的首要证据，明确肯定了后现代主义对档案学范式转变的重要影响地位。[①] 在实践工作方面，2006 年，约瑟夫·迪奥多托（Joseph Deodato）在《进步的图书馆员》（*Progressive Librarian*）上发表的《成为负责任的中介人：后现代视角在档案整理和著录中的应用》（"Becoming responsible mediators: The application of postmodern perspectives to archival arrangement & description"）一文，研究了后现代视角在档案整理与描述实践中的应用。尤其是该文以后现代主义为视角，批判了档案职业的中立性和客观性，要求档案工作者在历史记录塑造中发挥能动的中介作用。[②]2021 年，玛德琳·拉森（Madeleine Larson）以泰特艺术博物馆的档案项目实践为案例，提出将后现代档案学范式与艺术和文化领域的后现代主义进行比较研究，以加强档案在记忆机构中的重要性。她认为，理解艺术史中的后现代主义，可以帮助档案工作者从社会中立层面去处理和重新评估档案。[③]

国内学者从 2005 年开始摆脱对国外后现代档案学思想的依赖，以冯惠玲[④]、丁华东[⑤]、徐拥军[⑥]、聂云霞[⑦]等为代表的学者，对档案记忆观进行了较系统、深入的研究。以胡鸿杰[⑧]、丁华东[⑨]、陈祖芬[⑩]、加小双[⑪]等为代表的学者对档案学范式进行了专门分析。此外，中国学者还对城乡记忆工程、家庭档案等进行了大量研究。值得注意的是，近年来，

① MCKEMMISH S. & GILLILAND A., *Archival and recordkeeping research: Past, present and future*. In WILLIAMSON K. & JOHANSON G. eds., *Research methods: Information, systems, and contexts*. Prahan: Tilde University Press, 2013, pp. 79–112.

② DEODATO J., *Becoming responsible mediators: The application of postmodern perspectives to archival arrangement & description*. Progressive Librarian, 2006, 27, pp. 52–63.

③ LARSON M., *The archivist's creative act: A postmodern analysis of tate archive*. The Coalition of Master's Scholars on Material Culture, April 30, 2021, p. 2.

④ 冯惠玲：《档案记忆观、资源观与"中国记忆"数字资源建设》，《档案学通讯》2012 年第 3 期，第 4~8 页。

⑤ 丁华东：《档案与社会记忆研究》，北京：人民出版社，2016 年版。

⑥ 徐拥军：《档案记忆观的理论与实践》，北京：中国人民大学出版社，2017 年版。

⑦ 聂云霞、陈烟然：《解构与重构：论档案与社会记忆管控》，《档案与建设》2021 年第 4 期，第 22~25、46 页。

⑧ 胡鸿杰：《中国档案学的理念与模式》，北京：中国人民大学出版社，2005 年版。

⑨ 丁华东：《档案学理论范式研究》，上海：世界图书出版公司，2011 年版。

⑩ 陈祖芬：《档案学范式的历史演进及未来发展》，上海：世界图书出版公司，2010 年版。

⑪ 加小双：《后现代档案学理论的范式成长与范式批判》，《档案学通讯》2021 年第 3 期，第 34~39 页。

与社会学、新闻学、伦理学和政治哲学等研究领域相交叉，熊文景[①]、李孟秋[②]、王露露[③]、蔡之玲[④]和徐维晨[⑤]等一些学者也开始关注到档案与社会正义、话语、场域、叙事等方面的关系，将档案置于社会、国家背景之下，反思其在政治活动中的工具价值和作用机制。譬如，李孟秋提出，随着后现代主义的发展，在社群建档运动的背景下，档案叙事的价值判断标准发生转变：由公域转向私域、由多数转向少数、由建构转向解构、由工具理性转向价值理性。[⑥]

2.3　研究焦点和主要成果

根据对文献关键词的分析，当前档案学者对后现代档案学理论的研究主要集中在以下五个方面。

2.3.1　反思档案与文件的定义

布莱恩·布罗斯曼提出，后现代主义的有用之处是"使之不安而非推翻，体会到在腐朽与变质的威胁之下，这些理论和概念将在哪里生存和如何继续生存"[⑦]。后现代档案学理论首先动摇的就是对档案与文件的定义。琼·施瓦兹（Joan M. Schwartz）和特里·库克认为，当前的档案概念在迫使档案实践进行自我填补，以满足旧理论的期望。过去的档案学范式认为，文件是一个自然积累的过程，而档案是这个自然积累过程的结果。在新范式下，当档案作为交流工具时，之前对档案与文件的定义就是脱离实践的。[⑧]朱迪斯·巴特勒（Judith Butler）[⑨]进一步强调，当前实践对理论期待的自我填补通过不断的重

---

① 熊文景：《档案正义论》，《档案学通讯》2021 年第 6 期，第 109~112 页。

② 李孟秋：《论档案叙事的发展演变：基于社群档案的分析》，《浙江档案》2021 年第 6 期，第 23~26 页。

③ 王露露：《档案场域的形成、发展与作用机制》，《档案学通讯》2020 年第 6 期，第 31~37 页。

④ 蔡之玲：《后保管模式实践背景下的档案话语柔性转向探析》，《档案与建设》2021 年第 2 期，第 32~36 页。

⑤ 徐维晨：《后保管模式四个维度的中国化演进及其启示》，《档案》2021 年第 3 期，第 4~8 页。

⑥ 李孟秋：《论档案叙事的发展演变：基于社群档案的分析》，《浙江档案》2021 年第 6 期，第 23~26 页。

⑦ BROTHMAN B., *Orders of value: Probing the theoretical terms of archival practice.* Archivaria，1991，32，pp. 79~100.

⑧ SCHWARTZ J. M. & COOK T., *Archives, records, and power: The making of modern memory.* Archival Science，2002，2（1~2），pp. 1~19.

⑨ 朱迪斯·巴特勒是特里·库克和琼·施瓦兹在文中所引用的一位美国后结构主义学者，其主要研究领域为女性主义、酷儿理论、政治哲学及伦理学。

复已经形成了一定的范式与规模。① 而后现代档案学理论是通过对此前档案学范式假设的质疑，推动理论与当前实践发展更好的结合。学者对档案与文件定义的反思主要围绕以下四个方面进行。

第一，档案用户（archive users）② 的改变对档案与文件的定义产生影响，具体表现在身份认同和政府信息透明化两个方面。一是随着身份认同进入个人的政治关系与社会生活，如何对档案与文件进行解释开始占据重要地位。特里·库克和琼·施瓦兹讨论了作为档案与文件概念的两个特性——真实性与社会性的具体含义。其中，真实性是指传统的档案学范式认为档案与文件能够较为客观地反映事实真相。而社会性则与建构和创造档案与文件的外部原因有关。③ 虽然在后现代主义的语境中，对文件的定义可能是晦涩的，也没那么明确，但即便是晦涩难懂的，也意味着对文件的定义已然发生了改变。后现代主义在哲学上被批评为相对主义，没有统一的标准，但是其对档案定义质疑的同时，也带来了当下档案参与群体多样性的可能。卡罗琳·希尔德提出："在后现代道德相对主义和认识论怀疑主义的外壳之下，隐藏的是社会包容性的内核，在这个碎片化和脱离语境的信息时代，我们可以拥有更加多样化的历史。"④ 二是公民对政府透明度的要求，尤其是在鉴定理论上，提高透明度是由档案用户需求和后现代主义强制推动的。恰当的鉴定要求理解文件在这个社会是如何产生的。希瑟·麦克尼尔提出："在后现代语境下真正改变的是信息从隐性变为显性，是在透明度上的增加。"透明化的需求是源自启蒙的、对历史真相的理想化追求。⑤ 档案用户，尤其是历史学家，需要重新理解"档案创造历史"，真正信任档案本身包含着历史真相。过去，真实性隐含在档案之中，是档案的一部分。这对于部分历史学家来说尤为重要，他们在随着时间的推移假设因果关系时，必须基于真实的历史。在后现代主义语境下，历史学家则不再那么关注原因，而是更加关注视角、观点、交流和解释。然而，当前档案学理论实则仅仅接触了档案包含的部分内容，因而无法很好地应对当今时代的新需求。档案学家质疑电子文件的可靠性不是为了让档案学陷入混乱，而是为了重新理解之前对核心概念作出的真实性假设。

第二，文件与权力之间的关系影响了学者对档案与文件价值的理解。如果后现代主

---

① COOK T. & SCHWARTZ J. M., *Archives, records, and power: From（postmodern）theory to（archival）performance*. Archival Science，2002，2（3-4），pp. 171-185.

② 注：主要是指一些利用档案进行其他社会生产活动的群体，包括历史学家。

③ COOK T. & SCHWARTZ J. M., *Archives, records, and power: From（postmodern）theory to（archival）performance*. Archival Science，2002，2（3-4），pp. 171-185.

④ HEALD C., *Is there room for archives in the postmodern world?* The American Archivist，1996，59（1），pp. 88-101.

⑤ MACNEIL H., *Archival theory and practice: Between two paradigms*. Archivaria，1994，37，pp. 6-20 & 37.

义对于档案学范式转变是个痛苦的过程，那么，围绕后现代主义来理解档案与文件的价值就更加困难。鉴于文件是组织活动的最小单位，是其他活动和理论的基础，它的位置和含义就显得至关重要。琼·施瓦兹和特里·库克认可将文件定义为："文件来自创造过程，但绝不是自然的、有机的和公正无私的业务活动的产物，更确切地说，它们是承载价值的权力工具。"[①] 这一概念解释了文件的定义及人们将其证据性视为理所当然的原因。如果文件不具备业务活动的证据价值，那么，其所代表的权力也是中空的。埃瑞克·卡特拉提出，权力是通过对文件的利用和解释来创造的。文件本身没有权力，是对文件的解释和重构赋予了其权力。[②] 琼·施瓦兹和特里·库克认为，大部分档案用户假设档案传递的是无可争辩的历史真相。背景、原始顺序和尊重全宗等原则都融入了档案学理论中，维护着文件信息的真实性，但是无法抵消人们对牵涉其中的权力对所谓"真相"的质疑。文件本身不会衡量其价值，但是档案学者可能通过解释为用户创造价值。[③] 可见，当前的档案学范式已经认识到了文件的权力和证据价值，也在尝试着质疑权力存在的问题。万恩德将其进一步表述为，"档案是社会个体和机构建构自身合法化形象的工具，工具的两面性使得档案机构在借助档案信息资源开发建构主流机构的合法化形象时，社会边缘群体也通过对档案信息资源开发中的档案工作者的知识体系因素、价值导向、权力导向质疑现行的档案机构主导的档案信息资源开发模式的正当性"[④]。埃瑞克·卡特拉提出文件具有双重权力属性，即随着不同用户所提出解释的方向不同，一份文件既可能成为强化压迫的工具，也可能成为解放压迫的工具。[⑤] 既然文件包含的信息可以通过解释释放，那么在利用文件时就会存在很多的可能性。邢慧基于后现代主义的去中心化思想和德里达解构主义认为：在当代我国档案工作中，单一档案部门管理走向了多元主体共同参与的档案治理。这一"转型"和主体"分化"的过程，一方面，体现了档案治理"参与权力"向其他主体"让渡"；另一方面，从档案治理的结果来看，是形成多元主体协同共治并最终达到善治的目标，这体现了后现代主义的价值观念。[⑥]

---

① SCHWARTZ J. M. & COOK T., *Archives, records, and power: The making of modern memory.* Archival Science, 2002, 2（1–2），pp. 1–19.

② KETELAAR E., *Archival temples, archival prisons: Modes of power and protection.* Archival Science, 2002, 2（3–4），pp. 221–238.

③ SCHWARTZ J. M. & COOK T., *Archives, records, and power: The making of modern memory.* Archival Science, 2002, 2（1–2），pp. 1–19.

④ 万恩德：《解构与重构：档案信息资源开发模式的后现代转型》，《档案学通讯》2018 年第 1 期，第 57~62 页。

⑤ KETELAAR E., *Archival temples, archival prisons: Modes of power and protection.* Archival Science, 2002, 2（3–4），pp. 221–238.

⑥ 邢慧：《后现代主义在当代我国档案学理论与实践中的价值体现》，《浙江档案》2020 年第 3 期，第 34~36 页。

第三，历史主义对文本与语境的要求引发了学者对文件概念的质疑。后现代档案学理论对文件概念质疑的一个方面是当档案作为评估工具时，其背景信息和相关概念是空白的。其中一个明显的表现是人们无法脱离历史主义、脱离当下的语境来理解文件。迪莉娅从历史主义对语境的关注入手认为，从以等级结构中原始文件产生部门为中心的实际来源转变为以变动、临时甚至"虚拟"的机构中文件形成者的职能业务活动为重点的概念来源，简而言之，从由此产生的文件或产品转向文件背后的创造活动或创造意图。①邢慧认为，历史学与档案学是具有共性和特性的一对存在，历史学考察史料真实性、关注文本解读的历史意义，档案学重视溯源、档案价值鉴定，二者都依赖史料、档案，但侧重点又有所不同。②埃瑞克·卡特拉将对文件概念的质疑解释为人们当下对文件的回顾性利用会影响到其对其他文件的见解与看法。③卡罗琳·希尔德将即时性纳入了定义文件时的考虑范围，对档案的社会化理解建立在文件本身不会改变的基础之上，具体来说，人们对文件的解释会随着具体社会情境的变化而改变。④随着档案在历史研究中利用方向的改变，文本已经超越其他附属资源，成为历史学家考虑的首要问题。不仅是受后现代主义影响的档案学者，历史学家自己也都开始对档案产生了质疑，这些疑问来自集体记忆的方法论，主要表现在以下两个方面：一是到底是谁在做记录？二是档案管理和文件管理的实践和理论的改变会带来哪些后果？这些问题也契合了米歇尔·福柯基于后解构主义对知识提出的质疑：谁在讲话？这些论述所产生的影响在哪里（是物质主义的还是形而上学的）？该主题与相关领域和对象群组的关系定位在哪里？⑤埃瑞克·卡特拉则具体提出了质疑的必要性，包括对档案已附加的真实性假设的质疑。⑥

第四，数字时代发展促使档案与文件的概念发生变化。特里·库克指出，后现代社会档案学的核心变化是："档案不再被视为静态的实体，而是一种动态的、虚拟的概念；档案不再是人类活动的被动产物，而是个人或组织所从事的社会活动的积极体现；档案不再产生于稳定的、垂直的行政体系中，而是产生于现代网络系统中那种动态的平行的

① 迪莉娅：《从后现代主义看文件连续体理论与后保管模式——电子环境下西方档案学理论发展的新思维观》，《山西档案》2003 年第 2 期，第 12~13 页。

② 邢慧：《后现代主义在当代我国档案学理论与实践中的价值体现》，《浙江档案》2020 年第 3 期，第 34~36 页。

③ KETELAAR E., *Archival temples, archival prisons: Modes of power and protection.* Archival Science, 2002, 2（3-4），pp. 221-238.

④ HEALD C., *Is there room for archives in the postmodern world?* The American Archivist, 1996, 59（1），pp. 88-101.

⑤ RIDENER J., *From polders to postmodernism: A concise history of archival theory.* Duluth: Litwin Books, 2009, p. 156.

⑥ KETELAAR E., *Archival temples, archival prisons: Modes of power and protection.* Archival Science, 2002, 2（3-4），pp. 221-238.

体制。"① "我们需要想方设法把自我满足的封闭的档案界转变成为与当代社会同步、对社会有益、并具有活力的档案界，否则的话，我们就会在数字时代变成毫无用处的化石。"②

艾米丽·蒙克斯－利森（Emily Monks-Leeson）认为，尽管后现代主义主张在线档案（online archives）给档案来源和背景带来诸多解释的可能性，但是仍旧适用于特里·库克所强调的长期以来的档案焦点，即形成者与文件之间的相关关系。档案工作者仍然依靠来源原则作为概念的出发点，并据此进一步阐明日益多样化、复杂的文件来源。③ 闫静和徐拥军则基于特里·库克的思想提出，数字环境中档案理论与战略的转换必须充分考虑到文件产生的社会结构和社会功能，从历史—技术的视角逐渐转向社会—信息的视角。④ 马克·格林提出，在后现代主义的影响下，一些前沿档案学研究主题变得愈加广泛与复杂，传统档案学对"档案""文件""档案工作者"的定义已无法满足当前的研究需求。⑤ 靳颖同样提到了后现代主义带给档案学的"变"的思维。她提出，"后现代所说的'后'，是要永远保持对于现有事物和现有秩序的超越状态。它的基调是讽刺，立场是怀疑，精神实质在于解构，是对传统理论的否定、颠覆和再认识。这一点也切合了档案学面对电子文件挑战进行变革的实际情况。它提醒档案学者要经常对体现优势的思想进行思考，根据环境的变化发展新思维。"⑥ 当前的范式不局限于在专业范围内寻求突破，而是将档案学理论的发展方向从批判理论和学科发展中转移出来，置于更加广泛的社会范围和更加抽象的认识论层面。例如，以米歇尔·福柯和雅克·德里达为代表的思想家，将档案理解为一种隐喻的建构范式，一个讨论人类知识、记忆、权力和公平的方式。⑦ 在这样的影响下，当前的档案学范式提出了假设：缺乏对关键档案概念的理论评估，从长远来看可能是不稳定的。没有敏锐的理论意识，档案学家将会变得更加排外和不擅长质疑，在进行新旧范式的交替与传承时也无法突破已有的边界进行创新。

---

① 王静、王萍：《评特里·库克以后现代思想诠释档案学》，《档案与建设》2005 年第 7 期，第 10~13 页。

②［加拿大］特里·库克著，李音译：《四个范式：欧洲档案学的观念和战略的变化——1840 年以来西方档案观念与战略的变化》，《档案学研究》2011 年第 3 期，第 81~87 页。

③ MONKS-LEESON E., *Archives on the internet: Representing contexts and provenance from repository to website.* The American Archivist, 2011, 74（1），pp. 38~57.

④ 闫静、徐拥军：《后现代档案思想对我国档案理论与实践发展的启示——基于特里·库克档案思想的剖析》，《档案学研究》2017 年第 5 期，第 4~10 页。

⑤ GREENE M. A., *The power of meaning: The archival mission in the postmodern age.* The American Archivist, 2002, 65（1），pp. 42~55.

⑥ 靳颖：《后保管时代档案理论适应性探讨》，浙江大学硕士学位论文，2007 年，第 12~13 页。

⑦ SCHWARTZ J. M. & COOK T., *Archives, records, and power: The making of modern memory.* Archival Science, 2002, 2（1~2），pp. 1~19.

2.3.2 反思档案价值和鉴定理论

后现代主义的批判视角为档案学理论研究提供的动力之一，是让学者开始从当代视角反思原先深信不疑的档案学基础理论，开始更好地协调理论和实践之间的关系。这其中就包括从理论层面出发，对档案价值和鉴定理论进行新的解释。

对于档案价值，王萍认为，档案话语是一种社会组织话语，其意义不在其本身，而在其背后的权力结构和权利关系。档案的意义对个体而言也只能意味着差异。个体的视角总是由他的处境决定的，不同的个体只能揭示和把握一定对象对本身生存和发展的意义，只能发现和预估对象对本身的价值。[①]李佩仑通过对雅克·德里达和米歇尔·福柯的主要观点、方法进行分析提出，一方面，历史本身是有生命的，有其生命表现或表达的要求，档案即充当了历史生命表现或表达的现实载体；另一方面，生命表现或表达又是理解和解释活动的直接对象，因此档案不可避免地要成为理解和解释活动的涉及物。[②]而梅勒妮·格里芬（Melanie Griffin）认为，如果一个人接受了米歇尔·福柯和雅克·德里达的论点，就不可能觉得存在中立的档案著录、分类、检索工具，也不可能找到没有传达档案工作者主观附加的意义、经过处理的档案藏品，扩展来说，权力系统必然会影响档案管理员的决定。[③]卡罗琳·希尔德提出，探索后现代主义既是对档案本质研究的一个起点，又是档案专业的使命与职责，后现代社会为档案提供了破碎化、非文本化的世界观，以增进对历史文献证据价值的理解。[④]

在对档案价值进行认知的基础上，学者关于档案鉴定理论的探讨也更加深入。希瑟·麦克尼尔认为，鉴定理论是档案学理论最矛盾的一面，因为鉴定是永久性的决定，会直接影响到档案的构成。因此，一个深思熟虑的鉴定理论才可以作为原则来指导档案实践。他也注意到有必要将理论与实践的结合纳入理论衡量标准。[⑤]很显然，尚在争议之中的理论无法依靠持有不同专业价值观的个体实践者转化为实践。布莱恩·布罗斯曼认为，理论与实践的结合建立在这样一个观念上，即对于档案工作者而言，寻求更可靠的、更能代表机构证据价值的文件是非常迫切的。这个理论建立在认可"档案是物理结构和理论

---

① 王萍：《对档案价值理论的后现代审视》，《档案管理》2000 年第 5 期，第 31~33 页。

② 李佩仑：《后现代主义与档案学：从德里达、福柯到特里·库克》，《档案学通讯》2012 年第 2 期，第 4~7 页。

③ GRIFFIN M., *Postmodernism, processing, and the profession: Towards a theoretical reading of minimal standards.* Provenance, Journal of the Society of Georgia Archivists, 2010, 28（1）, p. 82.

④ HEALD C., *Is there room for archives in the postmodern world?* The American Archivist, 1996, 59（1）, pp. 88~101.

⑤ MACNEIL H., *Archival theory and practice: Between two paradigms.* Archivaria, 1994, 37, pp. 6~20, 37.

顺序的核心"的前提条件之上。^①鉴定是档案工作的一部分,因为它有助于确保文件保存在适当的位置。为了使档案馆的文件变得更加有价值,学者需要舍弃其他不再具备价值的文件。而鉴定工作是在文件价值发生转变之后开始的,但是从理论上说,实则对于大部分文件而言,一旦进入了档案馆,它们的价值就被永久地固定了。

国内学者对鉴定理论的思考大多围绕"宏观鉴定论""后保管理论"展开。譬如,王萍认为,后保管鉴定法彻底抛弃了根据当前和未来社会需要来确定和预测文件价值的观点。^②汤黎华认为,在宏观鉴定选择下,档案不再是人类活动的被动产物,而是个人或组织所从事的社会活动的积极体现。^③而大部分北美档案研究者并没有致力于理论的创造和应用,因为他们认为将这个领域理论化是没有必要的。很长的一段时间内,他们视档案学为一门应用性学科,集中研究可获取文件的形成,而不太关心理论的发展,但也不一定完全排除理论。北美档案研究者假设理论是可以从实践中移除的,是一个多余的、可选择的领域,只在时间允许的情况下可以将其考虑在内。^④随着对等级和定义的质疑,后现代档案学理论也在寻求一个新的、结合理论与实践并使之界限模糊的研究思路。特里·库克的宏观鉴定论是当代最知名的鉴定理论,致力于在理论与实践之间寻求共同利益点。特里·库克将该理论描述为一个将后现代主义直接应用在鉴定工作中的原则,是将理论与实践结合起来创建一个转化落地方案。^⑤在宏观鉴定论中,文件鉴定的准则是基于机构的功能和这些机构之间的关系,而非这些机构所形成的文件。这一理论深受后现代主义的影响,试图通过机构所创建的权力结构来理解档案工作,而且体现了理论与实践的结合。

2.3.3 反思档案的主观性和客观性

自《档案的整理与编目手册》(又称《荷兰手册》)形成之日起,主观性与客观性之间的拉锯关系就已经开始存在于档案鉴定理论中。卡罗琳·希尔德认为,在衡量选择用传统客观性方法还是坚持用更主观的方法归档时,需要通过对归档历史进行回顾来寻求解答。^⑥特里·库克和琼·施瓦兹提出,他们坚定地站在主观性方法这一行列,"简而言

① BROTHMAN B., *Orders of value: Probing the theoretical terms of archival practice.* Archivaria,1991,32,pp. 79–100.

② 王萍:《后现代主义对电子文件鉴定理论的影响》,《湖南档案》2000 年第 4 期,第 8~10 页。

③ 汤黎华:《档案学的想象力——评特里·库克的后保管模式》,《山西档案》2011 年第 1 期,第 20~22 页。

④ RIDENER J., *From polders to postmodernism: A concise history of archival theory.* Duluth:Litwin Books,2009,p. 159.

⑤ COOK T., *Archival science and postmodernism: New formulations for old concepts.* Archival Science,2001,1(1),pp. 3–24.

⑥ HEALD C., *Is there room for archives in the postmodern world?* The American Archivist,1996,59(1),pp. 88–101.

之,档案所保持的和档案所作的是从社会层面构建时间和空间"①。由此可以看出,当前学界开始质疑仅仅从历史文件中形成真实性证据的可能性,开始质疑因历史久远而成为权威的理论。"档案学提出要求,即提取出客观的、纯粹的历史文件。"②为了实现上述要求,主观性与客观性之间的问题就需要被解答。

人们对主观性提出质疑是在揭示权力与文件之间的关系后,认为主观性可能存在被滥用的可能。徐拥军和熊文景指出,后现代主义档案观的兴起影响了人们对档案的正确认知,无论对档案研究还是对历史研究都产生较大的冲击。在后现代主义者看来,档案记录的不再是能反映历史真实的客观内容,而只是经过权力编码的历史话语。揭开历史的行为只不过是不同权力体系的意识形态较量。这在某种程度上意味着,谁掌握了话语权,档案就能替谁说话。③过去的范式之所以坚持客观性,正是因为假设文件是组织工作或者业务活动的公正产物。在"公正性"被怀疑的情况下,主观性自然也遭到了质疑。在此基础上,当代鉴定理论不仅质疑文件是否可以做到绝无过失,也将其质疑范围从文件保管者转移到了文件形成者。希瑟·麦克尼尔认为,这种主观性"过失"并不发生在文件的形成环节,因为包含在文件中的想法正是他们形成文件时所赋予的自然解释,这种行为不能被称为"主观性"。④按照希瑟·麦克尼尔的观点,档案工作者的任务是随着时间推移,延续文件形成者所传递下来的主观性。希瑟·麦克尼尔也指出,主观性问题之所以开始变得更加棘手,是因为档案学在过去和当前的理论之间出现了重大分歧,包括"如何限制和控制由于主观鉴定文件价值时导致的文件遗产失真等问题"⑤。寻求改变档案学范式的档案工作者必须衡量这两者谁更不像是恶魔。⑥后现代主义为解决该问题提供了一些思考,主要表现在以下四个方面:

一是从信息到档案是社会塑造的随机结果。在质疑传统档案原则时,档案工作者特别强调的一个问题是:在进行鉴定时,如果想要维持全宗作为一个整体,如何公正地选择特定的文件?布莱恩·布罗斯曼提出,信息形成的秩序是由社会构建的,这种构建包含原始顺序和未鉴定文件的自然属性所赋予的价值等级。他的观点事实上体现了后现代

① COOK T. & SCHWARTZ J. M., *Archives, records, and power: From (postmodern) theory to (archival) performance.* Archival Science, 2002, 2 (3-4), p. 184.

② BROTHMAN B., *The limits of limits: Derridean deconstruction and the archival institution.* Archivaria, 1993, 36, pp. 205-220.

③ 徐拥军、熊文景:《后现代主义档案观批判——基于唯物史观的视角》,《思想教育研究》2019 年第 5 期,第 81~85 页。

④ MACNEIL H., *Archival theory and practice: Between two paradigms.* Archivaria, 1994, 37, pp. 6-20, 37.

⑤ MACNEIL H., *Archival theory and practice: Between two paradigms.* Archivaria, 1994, 37, pp. 6-20, 37.

⑥ RIDENER J., *From polders to postmodernism: A concise history of archival theory.* Duluth: Litwin Books, 2009, p. 165.

主义思想，避开了线性框架①。萨拉·海恩斯（Sara Hines）认为，后现代主义启示我们：可以有效地运用对档案真实的复杂编码媒介来创造组合型叙事，从而揭示历史的共同幻想和混合文化，而这也是档案在现代社会新的价值实现方式，通过对具有艺术或文化背景的听众的精湛操纵，将这些档案从叙事延伸到神话，从伪造转变为揭示。②后现代主义主张，信息可以是随机的，并非一定要朝向任何特定的目标前进。确切地说，信息存在于这个世界上，直到结束，都是由不同的个体（包括档案工作者）随机掌控的。因此，档案作为权力的变体，以鉴定为代表的处理行为必然会给信息带来价值。同理，档案馆中的文件之所以变得有价值，正是因为档案工作者通过鉴定将初始的信息变成了归档的文件。

二是考虑档案在社会上被赋予的隐喻。后现代主义对档案的批判，来自将其视为政府权力和无制裁的、无中心的声音与叙事结构等。雅克·德里达认为，在严格强调客观性的档案学范式中，这些对权力和价值等级的质疑与批判，是因为人们认识到文件是基于权力拓扑结构中的特权保存在档案馆中的。③文件被赋予的社会权力和特权可以被用于强化政治权力，也可以为不受特权和法律保护的群体提供保护。埃瑞克·卡特拉关注到档案文件的客观性被解释为特权时，提出加入档案主观性的概念，从而将其映射为无拘束的、分散化的权力。④沈欣瑜对档案鉴定主体性进行了反思：首先，档案机构到底是不是真正意义上独立自觉的主体，是否能鉴定出其管理的档案的社会价值。其次，档案机构如果是其自身的主体，那它在鉴定时是否受到社会公权力的影响。这是大多数档案与权力研究的落脚点。最后，如果档案鉴定受到了社会公权力的影响，那面对非正义的独裁统治或非理性的民粹主义的影响，档案工作者又如何在鉴定档案的过程中保持正义与理性。⑤

三是反思本身就是不确定的。根据卡罗琳·希尔德的理论，后现代主义对文件的态度开始转变，"文件成了语境的叙事来源"⑥。如果文件从证据行为开始转变为卡罗琳·希尔德所主张的叙事来源，相应的鉴定理论也要随之改变，尤其是鉴定理论的主观性有可

---

① 注：在线性框架下，信息的管理会朝向某个逻辑组织的特定目标。

② HINES S., *Post-postmodernism and the archive: Uncertain identities and "forgotten" legacies*. Afterimage, 2007, 35（3）, pp. 20–25.

③ DERRIDA J., *Archive fever: A Freudian impression*. Chicago：University of Chicago Press，1996，p. 10.

④ KETELAAR E., *Archival temples, archival prisons: Modes of power and protection*. Archival Science, 2002, 2（3–4）, pp. 221–238.

⑤ 沈欣瑜：《档案鉴定现代性探析》，《档案学通讯》2017 年第 3 期，第 30~33 页。

⑥ HEALD C., *Is there room for archives in the postmodern world?* The American Archivist, 1996, 59（1）, pp. 88–101.

能极大地改变当代档案学的理论与视角。卡罗琳·希尔德将鉴定视为档案流程的重要部分，将焦点转移到文件转化为档案的流程与方式，而不在乎是否得出主观性的答案。^①对于后现代档案学者而言，得出正确的答案意味着探索的结束，也意味着正确的答案事实上从未被发现。受后现代主义影响的档案学者接受了雅克·德里达的主张，即档案本身的结构决定了怎样的信息将会被保存在档案中，正如雅克·德里达所强调的：“档案化”（archivization）的过程也就是记录的事件本身。^②受雅克·德里达“档案化”概念的启发，何嘉荪和马小敏也在反思“档案化”概念起源与内涵的基础上提出，“档案化泛指世上一切信息交流过程，事实上将档案事业置于整个社会生活的核心，既为电子文件全程管理理念和原则提供了理论基础，也作为一种思维范式或意识，导引了文件的制作形成，尤其是其倡导的背景化和再背景化。”^③

四是后现代主义为档案学理论提供了更开放的视角。后现代批判理论引导档案学理论开始弱化主流权力的控制，关注少数群体的存在。尽管如此，我们还需要认识到无论处于何种社会状态，每个个体尽全力所获得的现实都是局部的。希瑟·麦克尼尔坚持将批判理论引入档案学研究，她认为，对于档案学者而言，开放的心态是重要的，因为“我们所持有真相的真实性……是必然被限制在我们个体视角的范围内的；我们所持有的真相大部分都是局部的”^④。冯惠玲和加小双认为，后保管理论在后现代语境和数字环境下倡导开放、灵活、扩展和连续的文件、档案管理观念，向传统的封闭、刻板、固守、孤立的保管理念宣战。从它的基本点出发，对传统保管理论与实践的超越可以有多维思考和阐释，具有很大的辐射空间和效应。在快速多变的信息化进程中，档案后保管的“后”字将随时间延伸，追赶和映射数字时代档案管理的新定位、新方式、新内涵。^⑤从档案视角出发，后现代批判理论允许不同个体组成小组，通过不同视角呈现历史文件。后现代批判理论允许档案学理论出现新的、变化的可能性，而不是简单依靠档案来解释历史。事实上，相较于之前的档案学范式，文件在后现代档案学范式中获得了前所未有的重要地位，因为社会需求使之可以通过文件的记录性实现证据价值。例如，卡罗琳·希尔德认为：当前归档文件作为民主政治的一部分，社会对其需求正在逐渐增长；而且正是因为

---

① HEALD C., *Is there room for archives in the postmodern world?* The American Archivist，1996，59（1），pp. 88–101.

② DERRIDA J., *Archive fever: A Freudian impression.* Chicago：University of Chicago Press，1996，pp. 16–17.

③ 何嘉荪、马小敏:《后保管时代档案学基础理论研究之四——档案化问题研究》，《档案学研究》2016年第3期，第4~11页。

④ MACNEIL H., *Archival theory and practice: Between two paradigms.* Archivaria，1994，37，p. 18.

⑤ 冯惠玲、加小双:《档案后保管理论的演进与核心思想》，《档案学通讯》2019年第4期，第4~12页。

社会认可文件是有价值的，所以对文件的需求比以往都大。[①] 布莱恩·布罗斯曼则从基于社群构建的档案价值入手，注意到社会群体不仅创造价值也摧毁价值。[②] 后现代档案学理论认为，不同地点或者不同机构之间的可扩展性标准具有灵活性。灵活性意味着承认了在某些特殊时候、某些特定情况下，档案工作者可以基于更加狭窄、有时甚至是私人的评判标准做出鉴定决策，而不是遵循更普遍的、客观的、严格的传统规则设置。

2.3.4 反思档案工作者的角色与职能

随着时间推移，档案工作者的角色已经发生了很大的改变，从希拉里·詹金逊的"被动文件保管者"，到西奥多·谢伦伯格的"行政文件管理者"，再到后现代主义范式下，"活跃的、理智参与和挑战文化记忆的形成者和保管者"[③]。档案工作者的角色可以被认为是具有延展性的。在这一情况下，档案工作者必须试图满足同时代人对历史文件的所有需求。尽管当前对档案职业的定位可能尚未达成完全的共识，但是随着文化可延展性的影响，其开始以一种具有挑战性的新方式影响着公众对档案工作者的期待。这主要表现为以下四个方面：

一是档案工作者为少数群体创建身份认同发挥了重大作用。琼·施瓦兹和特里·库克注意到："无论是否意识到，档案工作者在身份政治的活动中都是重要参与者，档案工作者是身份认同建构所必需的后盾；反之，在身份认同作为概念得到认可后，参与构建身份认同的历史文件和形成机构将会一同被赋予证据性。"[④] 因为档案工作者的管理对象是被特指为官方证据的材料，包含文件中的文本具有被解释的可能性，因此，可以被用于否认或者强化权力。正如埃瑞克·卡特拉所提出的双重权力属性，有时文件可以同时做到上述两点。不管怎样，证据的力量始终服从于解释。

二是档案工作者为面向过去的真相保存一个"透明窗口"。卡罗琳·希尔德将理解文件的形式和功能界定为档案工作者的新角色之一。[⑤] 特里·库克和琼·施瓦兹将当前档案工作者的角色描述为，"尤其是（后现代主义）主张无论演绎者、观察者、历史学家还是档案学家，都应当是中立且无关任何记录流程的，也无关他们所探讨的'文本'（包含档

① HEALD C., *Is there room for archives in the postmodern world?* The American Archivist, 1996, 59（1）, pp. 88–101.

② BROTHMAN B., *Orders of value: Probing the theoretical terms of archival practice.* Archivaria, 1991, 32, pp. 79–100.

③ SCHWARTZ J. M. & Cook T., *Archives, records, and power: The making of modern memory.* Archival Science, 2002, 2（1–2）, pp. 1–19.

④ SCHWARTZ J. M. & COOK T., *Archives, records, and power: The making of modern memory.* Archival Science, 2002, 2（1–2）, pp. 1–19.

⑤ HEALD C., *Is there room for archives in the postmodern world?* The American Archivist, 1996, 59（1）, pp. 88–101.

案资料），他们需要做的是为面向过去的真相保存一个透明的窗口。"① 后现代主义对记录流程的很多方面，从文件的形成到归档，再到在历史写作的再利用，都持怀疑态度。因此，如果不持一种未受影响的、理想化的、保存过去的意识，那么，档案工作者可能会被时代抛弃，独自去面对他们通过鉴定所创造的自己的历史，而且其他相关的档案活动可能也会抛弃他们作为被动的文件保管者的角色。事实上，在试图抛弃与档案工作者角色相关的宏大叙事的时候，档案工作者所隐含和假设的编目方法、编纂方法和档案本身的标签就自然开始受到了质疑。② 面对档案学理论的后现代转向、档案实践的后保管趋势、民主人权运动的发展和参与式社群档案实践等带来的质疑，何玉颜试图重新定义"档案共同形成者"的内涵，旨在重构档案话语权，其实质是通过呼吁对档案话语主体的重新分配，实现对话语主题的重构和话语模式的丰富。③ 而阿利斯泰尔·塔夫（Alistair G. Tough）则认为：我们都知道文件的公正性和真实性对于有效执行问责制至关重要，但是由于文件与档案（作为一种交流方式）的中介特性，我们也必须认识到，档案对公正与真实的传递始终无法达成最佳效果，文件充其量只是我们认识组织和社会过程的一个窗口。④

三是档案工作者的角色更加紧密地融入社会之中。特里·库克和琼·施瓦兹认为，档案工作者走向职业化的第一步是识别并宣告档案工作者的角色是有价值的，是一个值得骄傲的角色，他们可以骄傲于自身对档案和其中信息的影响，而没有试图将档案工作者的角色与用户或者外部世界相隔绝。⑤ 特里·库克解释，档案工作者的新角色超越了公众认为档案工作者可以为文化作出最大贡献的认知。新的角色是理性的，从某种程度上，在理解了文件是动态的之后，档案工作者也开始承担一个更加活跃的角色，而不是被动的守护者。这也意味着，从总体上，"档案"变成了一个活跃的动词而不是静态的名词，即对档案的讨论从"archives"变成了"archiving"。⑥ 通过和历史写作建立起来的直接关联，以及和知识建立的关联，总体上强化了档案工作者和过去的联系。基于此，闫静和王露露认为，档案工作者要以"阐释者"的心态为现有社会现象提供档案学视角的解读，

---

① COOK T. & SCHWARTZ J. M., *Archives, records, and power: From (postmodern) theory to (archival) performance.* Archival Science, 2002, 2（3-4），p. 182.

② KETELAAR E., *Tacit narratives: The meanings of archives.* Archival Science, 2001, 1（2），pp. 131-141.

③ 何玉颜：《论"档案共同形成者"的概念与内涵》，《档案与建设》2019 年第 5 期，第8~12 页。

④ TOUGH A. G., *Thinking about and working with archives and records: A personal reflection on theory and practice.* Archives & Records, 2016, 37（2），pp. 225-238.

⑤ COOK T. & SCHWARTZ J. M., *Archives, records, and power: From (postmodern) theory to (archival) performance.* Archival Science, 2002, 2（3-4），pp. 171-185.

⑥ COOK T., *Fashionable nonsense or professional rebirth: Postmodernism and the practice of archives.* Archivaria, 2001, 51, pp. 14-35.

提高档案学的社会认知度与社会融入度，从而在后现代主义的大潮中捍卫档案学科的学术尊严。① 事实上，特里·伊斯特伍德（Terry Eastwood）将档案工作者的角色描述为"证据完整性的保护者和保管者，在持续性保管方面，是很多既得利益者之间的协调者"②。当然，通过对档案工作者新角色的描述和对保管的强调，也可以明显看出：在面对改变时，档案工作者在很多方面还是要求坚持保守主义。正如他们职业目标要求减少改变，无论是否针对保管或者鉴定。

四是档案工作者被授予的公共权力开始向文化转型。特里·库克认为，当前档案工作者通过复制叙事和创造语境参与到了社会意义的创造过程中。这一过程使之构建一个更加能够自我反思的、同样活跃的、新的档案工作者角色。特里·库克进一步解释说，对叙事的复制不同于对证据的保护，在复制叙事的过程中，尽管对证据的保护仍来自法律需求，但叙事被视为一种文化授权，参与复制叙事的档案工作者自然也发生了转变。在后现代档案学范式中，档案工作者的新角色独立于过去的档案文化，是一种为保护证据而被赋予的公共权力。③ 希瑟·麦克尼尔建议档案工作者更应该争取获得偏向文化的公共权力，通过对结构、功能和完成度的分析更好地描述和鉴定档案和文件。④

总体来说，该主题的研究主要集中在档案工作（者）的客观性或建构性、档案职业身份的传统认知等。胡瑞珩、刘卫平提出，特里·库克的"后保管模式"是信息时代档案工作者面对挑战与机遇的一次勇敢探索，为我们树立了一个全新的档案工作者形象——由信息的保管者转变为知识的管理者。⑤ 徐拥军提出：档案后保管范式的基本内容是新来源观、宏观鉴定论和知识服务，"新来源观和宏观鉴定论是知识服务的基础和保障，知识服务是档案后保管范式的核心和目的。档案后保管范式的思想内核体现和反映了档案管理向知识管理方向发展的内在要求和必然趋势"，因此，档案工作者由实体保管员向知识提供者的过渡，正是档案工作者面对知识服务的要求所作出的应答。⑥ 兰德尔·吉姆森（Randall C. Jimerson）认为，无论档案工作者如何坚称他们是公正与中立的，仍不可避免地在这些档案上留下他们自己的印记，而这些档案正是知识和身份认同的强有力来源。⑦

---

① 闫静、王露露:《悖论式发展: 后现代档案学理论的现状与局限》,《北京档案》2019 年第 7 期，第 16~21 页。

② MACNEIL H., *Archival theory and practice: Between two paradigms*. Archivaria, 1994, 37, pp. 6-20, 37.

③ COOK T., *Fashionable nonsense or professional rebirth: Postmodernism and the practice of archives*. Archivaria, 2001, 51 (1), pp. 14-35.

④ MACNEIL H., *Archival theory and practice: Between two paradigms*. Archivaria, 1994, 37, pp. 6-20, 37.

⑤ 胡瑞珩、刘卫平:《从信息保管者到知识管理者——谈特里·库克的"后保管模式"》,《档案与建设》1999 年第 11 期，第 8~9 页。

⑥ 徐国际:《后保管范式下的档案执业角色重塑》,《云南档案》2013 年第 3 期，第 43~44 页。

⑦ 曲春梅:《解构与重建: 后现代背景下对档案职业公信力的思考》,《档案学通讯》2016 年第 3 期，第 8~12 页。

2.3.5　后现代主义与档案学核心理论

　　一方面，后现代主义档案学者对档案学基础理论的关注集中于后保管模式、来源原则、文件连续体理论。国内学者起初主要介绍或者翻译国外知名学者的论著。刘越男于1997 年编译了特里·库克的文章，文中重点关注了档案界后保管倾向与后现代主义的关系，认为任何特定阶段的档案学理论都反映了当时的文化思潮，现今社会的文化主流是后现代主义。① 此文在中国一直高居被引频次最前列。迪莉娅在介绍西方档案学理论发展的新思维观时提出，文件连续体理论充分体现了后现代主义思想的两大基点：一是表现了超越现实主义本身，文化渗透着过去、现在和未来；二是表明了时代的线性发展，将文本的持续性与间断性、历史性与共时性融为一体。② 王静、王萍充分肯定了特里·库克从后现代视角对档案学所作的新诠释，并主张通过关注档案的形成过程和功能，理解档案的结构背景和信息，建立全新的、功能性的档案学。③ 何嘉荪、史习人和章燕华认为，国外学者提出的文件三要素构成理论是后保管档案理论的"奠基石和开路先锋"，"该理论使来源原则从原来仅仅在管理领域发挥作用，延伸到为文件和档案概念定义的基础理论领域……一反常态从'先天角度'切入，将来源原则运用于对文件组成要素的分析之中"④。徐维晨认为，后保管模式的中国化演进历经了 20 余年的发展历程，其演进之路分为实践维度上的理论架构、开放维度上的创新发展、整体维度上的深入推进、价值维度上的现实认证四个方面，后保管模式的中国化虽然已有深厚的积淀，但是还需要我们不断地深化和推进。⑤

　　另一方面，后现代档案学理论，泛指自 20 世纪 80 年代以来，档案学界在后现代主义思潮影响下，通过探索新的研究领域和研究主题，产生的新的档案观念和思想，主要包括档案记忆观、档案与信任、档案参与身份认同、档案多元论、档案情感价值、档案第五维度、社群档案等。⑥ 在以"后现代主义"为关键词的文献检索结果中，这些理论成

---

① [加拿大] 特里·库克著，刘越男译：《电子文件与纸质文件观念：后保管及后现代主义社会里信息与档案管理中面临的一场革命》，《山西档案》1997 年第 2 期，第 7~13 页。

② 迪莉娅：《从后现代主义看文件连续体理论与后保管模式——电子环境下西方档案学理论发展的新思维观》，《山西档案》2003 年第 2 期，第 12~13 页。

③ 王静、王萍：《后现代：开启档案学新纪元——评介特里·库克以后现代思想诠释档案学》，《档案管理》2005 年第 4 期，第 24~27 页。

④ 何嘉荪、史习人、章燕华：《后保管时代档案学基础理论研究——简评文件构成要素论》，《档案学研究》2010 年第 1 期，第 4~8 页。

⑤ 徐维晨：《后保管模式四个维度的中国化演进及其启示》，《档案》2021 年第 3 期，第 4~8 页。

⑥ 徐拥军、李子林、李孟秋：《后现代档案学的理论贡献与实践影响》，《档案学通讯》2020 年第 1 期，第 31~40 页。

果虽单独占据的比例都不算太高，但仍是不可忽视的、值得深入开发的档案学理论研究领域。而且从当前的关键词共现分析结果来看，这些理论都与后现代主义的发展密不可分。学界对于后现代主义与当前理论研究热点之间的关系较为关注。譬如，在档案记忆观、身份认同方面，特里·库克认为，"认同"是后现代档案学范式的核心话语，档案在构架历史、集体记忆和国家与民族认同方面具有重要作用，因为它涉及我们如何看待我们的个体身份、集体身份和社会身份。① 伊冯·勒梅（Yvon Lemay）和安妮·克莱因（Anne Klein）提出，从后现代的角度研究记忆问题，我们将看到记忆是一个复杂的现象，而且在记忆主要与过程相关的情况下，档案更像是"内存工厂"（memory factories），且最重要的是，它们充当了"记忆的媒介"（a medium of memory）。② 在档案情感价值、档案第五维度方面，伊冯·勒梅等提出，档案具有情感功能，应拓展文件连续体模型，使之增加第五个维度——"探索"（exploitation），充分考虑利用者在档案工作流程中的作用，档案具有情感功能。③ 在档案信任论和社群档案方面，雷切尔·哈迪曼（Rachel Hardiman）认为，后现代主义为历史、记忆和身份认同之间建立关系提供了哲学理论支持，同时为推动对档案的信任、维护正义和社群档案建设等问题研究提供了更加广阔的社会框架和思路。④ 而艾米丽·罗宾逊（Emily Robinson）则指出了档案值得人们信任的原因：一是在认识论上，档案是一种特殊的知识、推理和话语；二是档案馆是地位、权威、某种话语权或某种形成者特定职能的标志。⑤

2.4　评价与展望

当前档案学界对"档案与后现代"已积累了一定的研究成果，档案学者开始认识到档案社会记忆功能和多元价值，将档案与公平、权利、认同和信任联系在一起，开始关注社会弱势及边缘群体留存档案和记忆的权利，并质疑文件生命周期理论关于文

---

① COOK T., *Evidence, memory, identity, and community: Four shifting archival paradigms.* Archival Science, 2013, 13（2–3）, pp. 95–120.

② LEMAY Y. & KLEIN A., *Mémoire, archives et art contemporain.* Archivaria，2012，73，pp. 105–134.

③ 王玉珏、宋香蕾、润诗等：《基于文件连续体理论模型的"第五维度理论"》，《档案学通讯》2018 年第 1 期，第 24~29 页。

④ HARDIMAN R., *En mal d'archive: Postmodernist theory and recordkeeping.* Journal of the Society of Archivists, 2009, 30（1）, pp. 27–44.

⑤ ROBINSON E., *Touching the void: Affective history and the impossible.* Rethinking History, 2010, 14（4）, pp. 503–520.

件单向运动的理念，在吸收和批判中建立了文件连续体理论等，从而引发了档案学一系列理论与实践变革。笔者认为，在已有的研究基础上，未来的研究方向和重点包括以下方面。

2.4.1 反思逻辑起点，适应当前的档案学理论体系

后现代主义影响了档案、文件等基本术语的适用范围，使之无法满足当前的研究和交流需求，因此，推动档案学的发展要求革新专业核心概念。逻辑起点为后续学科发展提供了基本的研究起点，为档案学理论体系的构建提供了基本的研究单位。除了档案的证据价值外，档案的记忆价值在被后现代主义挖掘之后，原先的文件也在时间维度上被赋予了社会属性，从而使得整个链条被重新审视。同时，在技术发展和社会思潮的影响下，研究的逻辑起点，不再是简单的"档案"，而出现了"档案现象""文件"等多种探索与可能性。为了使档案学理论体系实现有序调整，仍然需要在坚持档案学本质与特色的同时，对档案学的逻辑起点进行系统反思。

一方面，概念的不确定性本身为档案学理论体系的丰富与拓展，提供了多样化的可能性，但是过度的不确定性则会无法保证档案学研究的基础，动摇学科发展的根基。因此，学者需要在概念的相对开放与理论体系的相对独立之间寻求合适的中间地带。另一方面，在后现代主义为档案学研究开辟出的新空间中实现新的发展。后现代主义使得档案以一种更加社会化的方式融入公民、政府的语境中，档案的价值得到了从个体到全社会、从微观到宏观、从主流到非主流的多层次、多维度的关注。

2.4.2 反思历史真相，引入历史相对主义实现档案解释

后现代主义与解构主义思想从社会学和哲学层面，对档案学范式进行解析和重构，引入历史相对主义[①]对档案学理论进行论证，这样的研究思路可以更加广泛地应用到其他档案学理论的研究中。档案对历史的解释与档案文本的符号意义建立在历史相对主义的基础之上。历史相对主义对历史客观主义的否定，带来了档案证据价值与文化价值的重新定位与理解。历史客观主义主导的档案价值主要嵌入在官方、权威的语境之下，历史相对主义在怀疑档案的客观性的同时，为档案带来了立足于主观性的解释价值和文化空

---

① 历史相对主义（historical relativism）认为，历史解释不可能像以理论、观察和实验为方法论基础的自然科学解释模型那样客观。一些哲学家同意历史不具有科学意义上的客观性，但宣称历史学和其他学科都有自己的适当的客观性概念；另外一些哲学家则在探究历史解释不具有客观性这一主张的含义。

间。历史相对主义将档案所记录的过去理解为以证据为基础，同时由充满人性与冲突的建构所组成。历史相对主义作为档案学研究的认识论基础，在历史客观主义^①与历史怀疑论^②之间找到一个微妙的平衡点，在推动档案学研究走向多元化、综合性和复杂性的同时，提供了适应理论发展的相对性思维模式。

在对历史本质的认知发生改变之后，人们对档案真实性的怀疑并未影响档案学的发展。相反地，历史相对主义从历史文化的角度入手，更加强调档案的主体作用和档案工作者的主观能动性，为档案学研究开辟了更为广阔的社会空间。档案学研究的重点也从物质载体深入细化到文本内容，以及对档案符号价值的反思，档案的价值不再仅仅依托于无法证实的真实，而是更着眼于被真实掩盖的人文关怀与社会价值。

2.4.3 迎接多元化，构建多视角的后现代档案学理论

后现代主义为档案学开辟了更为丰富的语境，对档案权威性的质疑与对档案话语权的反思，促使政府信息公开等国家行动战略的开展，在档案开放与政府信息透明的方向上有所延伸，公民的身份认同、社会信任与社群档案等问题得到社会的广泛关注；在对证据价值进行反思的同时，后现代主义对本文解释的思考，使得档案的文化价值与历史价值得到发展，档案对历史记忆的构建、档案的情感价值、档案文化创意开发等，都是值得进一步挖掘和探索的新的语境与场景。随着后现代主义档案学理论的发展，当前对后现代主义与档案记忆观、档案与身份认同、档案信任论、档案多元论、档案情感价值、档案第五维度和社群档案等主题的研究还有待深入，对于当前这些理论研究热点的思想起源也有待进一步分析。上述研究的不足为本书提供了研究空间。

---

① 对历史客观主义而言，过去是实际发生的不以我们意识为转移的事物。

② 与历史相对主义相反，历史怀疑论则根本否认历史知识的可能性。对历史知识的不同态度导致了对过去的真实性和历史学的本质的不同态度。

第3章　后现代档案学理论的产生背景

任何理论的提出都有其深刻的思想根源和实践背景，后现代档案学理论亦是如此。后现代主义思潮对档案学理论的影响是后现代档案学理论产生的思想根源，档案事业从"国家模式"向"社会模式"过渡是后现代档案学理论产生的实践背景。

3.1　理论根源：后现代主义思潮对档案学理论的影响

3.1.1　后现代主义思潮的内涵

20世纪60年代开始，随着科学技术的飞速发展和资本主义社会的高度发展，西方社会进入"后工业社会"或"信息社会"。相应地，在思想、文化领域，西方兴起了"后现代主义"思潮。后现代主义是对现代化价值观的反思，对工业文明弊端的批评，对当代社会问题的忧虑；也是人类对真实世界和未来社会的一种探索。作为一种社会思潮、文化现象，后现代主义已经渗透到社会生活的各个领域，深刻地影响着当代的哲学、政治、法律、经济、文学、艺术、宗教、建筑、心理等。米歇尔·福柯、雅克·德里达、安东尼·吉登斯是最具代表性的后现代主义思想家。

后现代主义从词义上有如下内涵：（1）指 not-modernity，有 not positive 或 negative modernity 之意，即积极主动地和以前传统思想决裂；（2）指 pro-modernity，即现代之后的所有思想；（3）指 hyper-modernity，即现代的更高阶段，是对现代的一种继续强化；（4）指 trass-modernity，"超越"的意思，否定了现代思想，并对其作更高的升华，使之更接近于世界的本真状态。① 后现代主义的基本观点和特征包括以下几方面。②

3.1.1.1 批判性、多元性、创造性的方法论

无论解构性后现代主义，还是建构性后现代主义，其思维方法都有着鲜明的批判性。所谓"解构"，就是批判、摧毁；所谓"建构"，即是以批判、反思为前提的超越。后现代主义的思维方法又是多元论的。它倡导以多维的视角和多元的概念来认识事物、解释世界，反对一个中心、一个文本、单一的概念和固化的结构。多元意味着承认差异，多元导致对话。后现代主义的灵魂倡导创造性，它认为人是创造性的存在物，创造性是人的本性和内在要求。

3.1.1.2 整体主义、有机主义的世界观

后现代主义推崇整体有机观。它认为世界是一个完整的、流动的整体，整体包含于每一个部分之中，部分被展开为整体。一切事物都是主体，都有其内在的、本质的、构成性的关系。我们只能在"关系""过程"、人与社会、人与自然的相互包含中认识事物，把握自身的行为。后现代主义的整体有机观是对二元论、机械论和还原论的直接批判。

3.1.1.3 全球主义和社区主义的社会政治观

后现代主义倡导全球主义，要打破对国家的迷信，超越国家主义所设置的樊篱及其所导致的对抗，从全球这个大系统来审视和处理当代人类面临的种种相互缠结的问题，以人类本位取代群体本位。后现代主义主张社区主义，这既是为了克服个人主义，也是为了对抗国家主义。它希望在全球主义的关照下，不同形式的社区、群体，能够为人们提供沟通情感的渠道、协调生活的家园。

3.1.1.4 生态化的、可持续性的经济观

后现代主义指出了经济发展的制约因素，即资源的有限性、熵增加的必然性和复杂生活系统的相互依赖性，批评了"增长癖"。它主张从单纯地依靠有形资源转向更多地寻求和依靠"终极资源"，即"技术、信息、知识或人的思想"。③ 后现代主义还批评旧经济观的实利主义本质，指出单纯追求经济增长会导致道德的沦丧，消解人的精神，加剧社会不公正。因此，国家应该实行稳态经济发展模式，克服物质崇拜，恢复生活意义。

---

① 徐珂：《后现代主义的主要思想理论和成就述评》，《北京社会科学》2001 年第 3 期，第 117~123 页。
② 蔡拓：《后现代主义评析》，《理论与现代化》1999 年第 8 期，第 28~30 页。
③ [美] 大卫·雷·格里芬编，王成兵译：《后现代精神》，北京：中央编译出版社，1998 年版，第 169 页。

3.1.1.5　注重价值、意义和精神的文化观

后现代主义怀疑一切、否定一切，但并非抛弃价值、意义，忽视理性和精神。后现代主义认为，工业文明带来的物质崇拜、技术至上，导致意义世界崩塌。意义是价值的基础，人要不断追求生活的意义，否则就失去了光彩。后现代主义批判任何确立"元理性神话"的企图，认为理性是具体的、历史的，是可以超越的。无论怎么超越，以负责的态度思考生命的价值、追问生活的意义是理性的真谛。

美国著名哲学家大卫·雷·格里芬（David Ray Griffin）反复强调，后现代主义的基本主张是抛弃现代性，"超越现代社会存在的个人主义、人类中心主义、父权制、机械化、经济主义、消费主义、民族主义和军国主义"，否则"我们及地区上大多数生命都将难以逃脱毁灭的命运"。①

3.1.2　后现代主义思想家对档案现象的思考

档案是社会进化的产物，在复杂的当代社会系统中有着特殊的功能。因此，后现代主义思想家逐渐关注档案现象。他们认为档案既是一种历史记录，又是一种社会现象。他们对档案现象的思考，不仅改变了社会公众对档案的认识，而且将档案拉进后现代主义思想大潮中。

3.1.2.1　米歇尔·福柯对档案现象的思考

米歇尔·福柯是法国哲学家、社会学家，后现代主义思想的代表人物。他对档案现象的认识和论述主要体现在《规训与惩罚：监狱的诞生》和《知识考古学》两部著作中。

米歇尔·福柯认为，现代社会中的个人，无论他们处于什么领域或角落，都处在一种无处不受监视和控制的状态。自 17、18 世纪起，社会就形成了规训机制。规训，既不表现为一种体制，也不代表一种机构，而是一种权力作用的方式和途径。档案是规训的手段或技术之一。如他所言，属于常规性的监控系统的有"警察组织、档案机构以及全方位环形敞视监督系统"②。米歇尔·福柯发现，档案通过检查和描述等规训手段作用于社会控制。检查时对个人进行详细记录，这些记录将被作为档案保存，用作对相关人进行跟踪与控制的依据。"它使人们陷入一大批文件中。这些文件俘获了人们，限定了人们。"而描述又确保对人的控制的精确性、有效性和针对性。"描述不再是供未来回忆的纪念碑，

---

①［美］大卫·雷·格里芬编，王成兵译：《后现代精神》，北京：中央编译出版社，1998 年版，第 169 页。

②［法］米歇尔·福柯著，刘北成、杨远婴译：《规训与惩罚：监狱的诞生》，北京：生活·读书·新知三联书店，2003 年版，第 227 页。

而是供不备之需的文件。"规训"从这种描述中造就了一种控制手段和一种支配方法。"①

而且米歇尔·福柯强调，对人进行描述的过程中形成的档案，不仅控制人的身体，而且控制人的记忆。他说："记忆是斗争的重要因素之一……谁控制了人们的记忆，谁就控制了人们行为的脉络……因此，占有记忆，控制它，管理它，是生死攸关的。"②他在《知识考古学》（*The Archeology of Knowledge*）中对"archives"进行了新的解读，认为档案并不是由过去保留下来的历史文件和文本所成组成，而是由一些决定那一时期的认识型式、范畴或先天原则所组成。③他强调，档案是在特定时代用特定的话语描述而成的产物，受到权力的作用。④徐辛酉认为，按照米歇尔·福柯的思想，"档案是通过片断、区域和层次呈现出来，也就是在权力作用下，有选择地留存下来的。这种有选择留存下来的档案，目的之一即在于控制社会记忆。"⑤

米歇尔·福柯的思想为人们认识档案与权力、档案与社会控制提供了锐利的武器。不列颠哥伦比亚大学（University of British Columbia）在电子文件管理研究中，就运用了米歇尔·福柯"知识考古学"的方法。⑥

3.1.2.2　雅克·德里达对档案现象的思考

1995 年，著名后现代主义哲学家雅克·德里达出版了《档案热病：弗洛伊德印象》（*Archive Fever: A Freudian Impression*）一书。该书涉及了档案概念及相关问题。雅克·德里达认为，档案必然是一种外在于人体的物质，也是其形成者执行职能的产物，它与"本原"概念相对应，集"开启"与"戒令"两种原则于一身并且存放在"拓扑学和法理学交织，位置与法律交织，物质载体和权威交织的地方"。他进一步探索了档案管理、档案科学及档案作为制度化产物的政治性意义。⑦

"由于文件与档案的语言文本性、信息的记录性、信息的传递性以及文件、档案意义在时间里的变衍性和历史空间的转移性"，加拿大档案学家特里·库克等人从雅克·德里达的思想中得到启发，从不同的角度提出了对档案及其社会化管理的新认识。⑧

---

① ［法］米歇尔·福柯著，刘北成、杨远婴译：《规训与惩罚：监狱的诞生》，北京：生活·读书·新知三联书店，2003 年版，第 215 页。
② 陈蕴茜：《崇拜与记忆——孙中山符号的建构与传播》，南京：南京大学出版社，2009 年版，第 599 页。
③ 李佩伦：《后现代主义与档案学：从德里达、福柯到特里·库克》，《档案学通讯》2012 年第 2 期，第 4~7 页。
④ ［法］米歇尔·福柯著，谢强、马月译：《知识考古学》，北京：生活·读书·新知三联书店，2003 年版，第 152 页。
⑤ 徐辛酉：《米歇尔·福柯档案思想的渊源及其当代实践》，《档案管理》2018 年第 4 期，第 20~23 页。
⑥ 李佩伦：《后现代主义与档案学：从德里达、福柯到特里·库克》，《档案学通讯》2012 年第 2 期，第 4~7 页。
⑦ 何嘉荪、马小敏：《德里达档案化思想研究之一——从档案概念说起》，《档案学通讯》2015 年第 4 期，第 23~27 页。
⑧ 李佩伦：《后现代主义与档案学：从德里达、福柯到特里·库克》，《档案学通讯》2012 年第 2 期，第 4~7 页。

3.1.2.3 安东尼·吉登斯对档案现象的思考

安东尼·吉登斯是英国著名社会学家，以提出结构化理论（structuration theory）闻名于世。他对档案现象的论述集中于《民族－国家与暴力》一书。

安东尼·吉登斯认为，行政管理的目的在于维护民族—国家的主权与领域完整，但这需要建立在信息监控的基础之上。档案是相对较权威的信息。因为相当一部分档案直接产生于国家监控活动，也比较贴近国家监控活动的需要。他说，"国家'公文档案'活动的扩展及其所包含的为行政所用的信息收集与核查的大量涌现"[①]，"连同极其迅捷的通讯、交通体系以及复杂的隔离技术，能够直接用于监视人的一举一动，因而产生出高度集中的国家权力"[②]。"在组织内部，档案是强化监视的关键"，"档案——无论是案卷或个人履历的形式——也是监视在管理这层意义上在组织内部得以实行的一个基本手段。"[③]

安东尼·吉登斯对档案现象的论述，加深了人们对档案与社会控制的认识。而他的结构化理论也为后来澳大利亚档案学家弗兰克·阿普沃德（Frank Upward）建构文件连续体理论提供了思想指导。

3.1.3 后现代主义思潮对档案学理论的影响

20世纪60年代以来，几乎社会生活的方方面面都被后现代主义思潮这一"病毒"感染。档案作为一种社会现象，档案工作作为一项社会性工作，档案学作为一门社会科学，无疑也深受后现代主义思潮影响。加拿大档案学家特里·库克指出："后现代主义影响档案界的方式有两种。第一，后现代主义者花很多时间和精力去弄清历史真相，他们对于档案馆在社会中，在保存集体记忆中的地位和作用的评价，在一定程度上影响档案工作者的看法。第二，无论我们喜不喜欢，我们生活在后现代社会里。而'一个人若想了解一定历史时期形成的档案，就必须了解当时的政治、经济、社会和文化环境'，而且'任何特定阶段的档案理论都反映了当时的文化思潮'。现今社会的文化主流是后现代主义。档案工作者必须开始探寻其影响档案的途径和原因。"[④]

受后现代主义思潮的影响，档案学者开始反思、批判传统档案观念，试图构建新的档案观念。他们抛弃了希拉里·詹金逊关于"证据的神圣性"的信条，认识到档案除了

---

① ［英］安东尼·吉登斯著，胡宗泽、赵力涛译：《民族—国家与暴力》，北京：生活·读书·新知三联书店，1998年版，第214页。
② ［英］安东尼·吉登斯著，胡宗泽、赵力涛译：《民族—国家与暴力》，北京：生活·读书·新知三联书店，1998年版，第214页。
③ ［英］安东尼·吉登斯著，文军、赵勇译：《社会理论与现代社会学》，北京：社会科学文献出版社，2003年版，第170~171页。
④ ［加拿大］特里·库克著，刘越男译：《电子文件与纸质文件观念：后保管及后现代主义社会里信息与档案管理中面临的一场革命》，《山西档案》，1997年第2期，第7~13页。

具有作为证据的价值外还具有记忆的功能；他们思考档案与身份认同、档案与权力的关系，更加关注此前被忽视的弱势群体、边缘人群、少数种群的档案；他们质疑基于文件单向线性运动认识的文件生命周期理论，并基于结构主义提出了文件连续体理论；他们主张档案工作者应该从被动的文件保管者转变为积极的知识提供者和社会记忆构建者，档案工作应该从"国家模式"向"社会模式"转变。

3.2　实践背景：档案事业从"国家模式"向"社会模式"的过渡

传统档案事业由国家公权力主导，服务于国家各项事务，是国家上层架构的重要组成部分。而 20 世纪末以来，档案的管理权与使用权开始向人民转移，档案机构和档案工作者的角色与使命发生变化。1996 年，特里·库克指出，20 世纪档案论述的主题是什么？最引人瞩目的要数根据国家档案概念建立起来的以司法—行政管理为基础的档案工作，向建立在更广泛的公共政策和利用基础上的社会—文化档案概念的变化。[①] 他认为，"20世纪末期公众对档案的认识，或至少对用纳税资金建立起来的档案馆的认识已发生了根本变化，即档案现在是'属于人民、为人民服务、甚至通常由人民管理'。"[②] 档案观念的这一变革促使档案事业从"国家模式"向"社会模式"转变。

3.2.1　档案治理理念的提出

档案治理理念的提出实际上是社会治理理念逐渐强化的成果，而档案治理与社会治理又都是治理思维扩散的结果。治理思维的核心是特定范围内各类公共部门与其他社会组织的相互关系，强调各种社会力量平等地参与公共事务。在社会主体多元化的背景下，仅仅依靠政府单一主体的力量，无法满足公共事务"良治""善治"的目标，因此需要促进社会广泛参与，强化不同社会主体在公共事务中的参与和融入。档案事业作为一项重要的公共事务，需要社会多元主体的共同参与。档案治理理念的产生与发展，符合档案事业变革的现实需求。而档案来源多元化、档案业务广泛参与性、档案服务社会化等现象，均可被视为档案治理的现实表征。

---

①［加拿大］T. 库克著，黄霄羽译：《1898 年荷兰手册出版以来档案理论与实践的相互影响》，国家档案局、中央档案馆编：《第十三届国际档案大会文件报告集》，北京：中国档案出版社，1997 年版，第 162~163 页。

②［加拿大］T. 库克著，黄霄羽译：《1898 年荷兰手册出版以来档案理论与实践的相互影响》，国家档案局、中央档案馆编：《第十三届国际档案大会文件报告集》，北京：中国档案出版社，1997 年版，第 162~163 页。

实际上，档案治理理念的形成有其历史必然。1794 年 6 月 25 日，法兰西第一共和国颁布《穑月七日档案法令》，这是世界上第一部成文的专门档案法。这一法令提出，法国所有公共档案馆均实行开放原则，所有公民均有权查阅、利用档案。档案开放原则满足了公民对于馆藏档案的获取与查阅需求，利用档案成为基本的民主权利。在此之后，许多国家颁布信息权法，公民利用档案的信息权成为一项基本的民主权利。如 1967 年，美国《信息自由法》正式颁布，该法令规定，除特殊九类政府情报可免于公开外，联邦政府的文件与档案原则上应向所有人开放。在传统西方政治学与行政学理论中，"治理"概念原为控制、引导和操纵之意①，这一理解的重要基础之一，是对于资源的掌握与控制。开放档案、保障公民利用档案的权利，实际上有利于实现社会不同主体对于档案资源的掌握，因此引导了档案治理理念的发展。

在我国，"治理"一词有其深厚的历史根基和丰富的现实经验，因此有必要从中国语境下把握档案治理的内涵，并可以将其表述为"以档案部门为主导，社会组织和公民个人广泛参与为协同，在坚持民主、法治的原则下，对涉及档案及其相关的一切事务进行谋划、组织、协调和决策等的活动与过程"②。档案治理理念具有明显的人本内涵。另外，档案治理追求民主化，保障社会组织、企业、公民等社会力量在档案事务中的参与，从而确保档案事务最大限度体现社会公众的意愿，满足社会需求。从档案管理到档案治理，并不是简单的语词更迭，而是认知形态与价值尺度不断现代化的过程，"由过去'自上而下'的管制转变为'自下而上'的治理，社会组织甚至公民个人也成为治理主体，这将充分地释放社会活力，有助于更好地实现社会公平正义，进而推动国家和社会现代化建设"③。具体而言，从档案管理到档案治理，经历了参与主体、运行模式、决策过程、实施方式、服务利用五个维度的嬗变，标志着治理思维的社会转向，如表 3-1 所示。

表 3-1 档案管理与档案治理的比较 ④

	档案管理	档案治理
参与主体	单一性	多元化
运行模式	强制性	互动性
决策过程	权力集中性	民主性
实施方式	控制性	合作化
服务利用	封闭性	开放性

① 王浦劬:《国家治理、政府治理和社会治理的含义及其相互关系》,《国家行政学院学报》2014 年第 3 期,第 11~17 页。
② 徐拥军、熊文景:《档案治理现代化:理论内涵、价值追求和实践路径》,《档案学研究》2019 年第 6 期,第 12~18 页。
③ 陈忠海、宋晶晶:《档案治理:理论根基、现实依据与研究难点》,《档案学研究》2018 年第 2 期,第 28~32 页。
④ 徐拥军、熊文景:《档案治理现代化:理论内涵、价值追求和实践路径》,《档案学研究》2019 年第 6 期,第 12~18 页。

我国对于档案治理的理解随着"国家治理""政府治理""社会治理"的推进而不断深化。2014 年，中共中央办公厅、国务院办公厅联合印发的《关于加强和改进新形势下档案工作的意见》提出，"坚持并不断完善党委和政府领导、档案部门归口负责、各方面共同参与的档案工作体制""规范并支持社会力量参与档案事务"①，已经体现了现代治理思维。2016 年，国家档案局颁布《全国档案事业发展"十三五"规划纲要》，明确提出"加快完善档案治理体系、提升档案治理能力"②。这是官方重要政策文件中首次明确提出"档案治理"这一概念。2020 年新修订的《中华人民共和国档案法》第一条提出，"为了加强档案管理，规范档案收集、整理工作，有效保护和利用档案，提高档案信息化建设水平，推进国家治理体系和治理能力现代化，为中国特色社会主义事业服务，制定本法。"③此条文强调从国家治理需要的角度来规范档案工作。《中华人民共和国档案法》中有关保障公民利用档案的权利、降低档案封闭期、档案数字资源跨区域和跨部门共享利用，以及非国有档案管理等方面的规定，都体现了档案治理的要求。

档案治理理念的提出，既为档案事业从"国家事业"向"社会模式"过渡打下思想基础，也是档案事业从"国家模式"向"社会模式"过渡的重要标志。

3.2.2 档案行政管理部门的职能调整

档案行政管理部门在国家档案事业中发挥着关键性作用。档案行政管理部门的职能涵盖范围和履行程度极大地影响了档案事业的发展。近年来，各国档案管理体制发生变化，档案行政管理部门的职能发生调整，或转移、或下放，促进了档案事业从"国家模式"向"社会模式"转变。

1993 年党和国家机构改革后，我国形成了党领导下党政档案统一管理、分级管理、局馆合一的档案管理体制。2014 年，《关于加强和改进新形势下档案工作的意见》在"统一领导、分级管理"原则的基础上进一步明确提出"党委和政府领导、档案部门归口负责、各方面共同参与的档案工作体制""引导、帮助非公有制经济组织和社会组织做好档案工作""规范并支持社会力量参与档案事务"。④ 这标志着档案行政管理部门开始简政放权，

---

①《中共中央办公厅 国务院办公厅印发〈关于加强和改进新形势下档案工作的意见〉》，《中国档案》2014 年第 5 期，第 12~14 页。

②《全国档案事业发展"十三五"规划纲要》，《中国档案》2016 年第 5 期，第 14~17 页。

③《中华人民共和国档案法》，北京：人民出版社，2020 年版。

④《中共中央办公厅 国务院办公厅印发〈关于加强和改进新形势下档案工作的意见〉》，《中国档案》2014 年第 5 期，第 12~14 页。

由"全方位管控"转向"宏观调控与监督指导"。

2018 年,党的十九届三中全会通过的《中共中央关于深化党和国家机构改革的决定》提出,"以国家治理体系和治理能力现代化为导向,以推进党和国家机构职能优化协同高效为着力点,改革机构设置,优化职能配置,深化转职能、转方式、转作风,提高效率效能"[1]。此后,根据《中共中央关于深化党和国家机构改革的决定》和《深化党和国家机构改革方案》,各地进行了档案机构改革。此次地方档案机构改革后基本实行"局馆分立"模式,绝大多数地方的档案行政职能划归党委办公厅(室),党委办公厅(室)加挂档案局的牌子,而档案馆成为党委或党委办公厅(室)下属的文化事业机构,部分地方还因地制宜将档案馆和史志办、方志办及其他资料馆等具有相近功能的机构进行了整合。档案机构改革呈现出从以"局馆合一"的管理体制为主导转换为以"局馆分立"的管理体制为方向、从以精兵简政提高效率为重点转向为以有效发挥档案局馆职能为核心、从以实现档案部门资源的单一整合利用为动力转变为以实现档案职能相近部门资源的综合整合利用为目标的特点。[2]

2018 年地方档案机构改革后,档案行政管理部门更加注重效率提升与广泛参与,将部分职能转交社会承担,其中一个突出表现是档案学会的定位与职能发生转变。机构改革前,档案学会属于依附性的社会组织,主要挂靠于同级档案行政管理部门。而机构改革有利于为档案学会"解绑",使档案学会有可能脱离与档案行政管理部门的挂靠关系,并拓宽档案学会的功能定位,强化"专业性",弱化"行政性"。这即是,将档案局、档案馆兼有的、不宜行使的、适宜社会组织提供的公共服务和解决的事项,逐步转移给档案学会等社会组织承担。[3]目前,广东省档案学会已经实现这样的转变,脱离广东省档案馆(局),成为自主运行的社会组织。虽然广东省档案学会改革时间较短,未来运行效果尚待观察,但已具有示范和借鉴意义。这将进一步促进档案行政管理部门的职能转变,实现更为广泛的社会参与。档案行政管理部门的职能调整为档案事业从"国家模式"向"社会模式"过渡消除了体制机制层面的障碍。

3.2.3 档案资源结构的多元化

档案资源结构是指现代国家范畴内,不同主体所生成的和保存的档案资源在类型、

---

[1]《〈中共中央关于深化党和国家机构改革的决定〉〈深化党和国家机构改革方案〉辅导读本》,北京:人民出版社,2018 年版,第 1 页。
[2] 徐拥军:《省级档案机构改革的特点、影响与展望》,《求索》2019 年第 2 期,第 74~78 页。
[3] 徐拥军:《省级档案机构改革的特点、影响与展望》,《求索》2019 年第 2 期,第 74~78 页。

地位、作用等方面的组合与关联状况。[①] 随着档案事业的发展，档案资源总量逐渐增长，档案资源结构也呈现出较为明显的变化：一是"非公共化"，二是"平民化"。

3.2.3.1 档案资源结构"非公共化"

1794 年法兰西第一共和国颁布的《穑月七日档案法令》可被视为近现代档案事业的开端。在近现代档案事业开始后的一段时间内，档案被普遍理解为"主要作为社会公共行政事务的客观记录"[②]，由此档案资源体系在较长一段时间内由单一的"公共档案"所组成。"公共档案"可被理解为"官方来源的档案"，"其来源主体主要指向国家机关、人民团体、国有企业、事业单位和其他组织等具有公共性质或承担公共职能的机构和组织"[③]。直至当前，档案资源体系中公共档案仍然占据主导。

而随着社会对于档案的认知逐渐深入，档案不再只是社会公共活动的产物，也包括来自非权力机关的个人与团体所产生的记录。由此"非公共档案"[④] 走入历史舞台，成为档案资源体系的重要组成部分。非公共档案主要包括个人档案、家庭档案、家族档案、社群档案、社会团体档案、非国有企业档案等，其中比较典型的如家庭档案、社群档案。

家庭档案具有悠久历史。我国早在商周时期即有谱牒档案。谱牒档案在魏晋南北朝时期得到快速发展，并一直兴盛至明清时期。民国以来，在我国南方一些农村仍时有可见。谱牒档案可以被看作早期的家庭档案。20 世纪 80 年代以来，家庭建档活动逐渐兴起。1987 年，四川大学出版社出版了由陈波所著的《家庭档案及其管理》，这是我国家庭档案管理领域的第一本著作。[⑤] 计算机的发明和信息化手段的发展使家庭档案在中国得到进一步发展。2010 年，沈阳家庭档案研究会在沈阳市档案局的支持下，开通了全国首家社会公益性家庭网站——家庭档案网。随着家庭档案数量的不断增加，我国档案行政管理部门也参与指导家庭建档的实践。2014 年《关于加强和改进新形势下档案工作的意见》明确提出"支持有条件的家庭建立家庭档案"[⑥]。在美国，Ancestry.com 拥有世界上最大的在线家谱档案库，有总计约 150 亿份历史文件，这些文件包括官方或私人拥有的历史记录。2014 年，该公司的收入已经超过 6.2 亿美元，拥有 200 万付费用户。[⑦]

---

① 加小双：《档案资源社会化：档案资源结构的历史性变化》，杭州：浙江大学出版社，2019 年版，第 23~24 页。
② 李孟秋：《我国社群档案建设的意义、困境与路径》，《档案学研究》2019 年第 2 期，第 71~76 页。
③ 加小双：《档案资源社会化：档案资源结构的历史性变化》，杭州：浙江大学出版社，2019 年版，第 37 页。
④ 加小双将档案资源结构划分为"公共档案"与"私人档案"，本书认为，需要将介于两者之间的"灰色地带"纳入讨论范围，因此将与"公共档案"对应的部分称为"非公共档案"。
⑤ 方谷：《〈家庭档案及其管理〉即将出版》，《四川档案》1988 年第 1 期，第 13 页。
⑥《中共中央办公厅 国务院办公厅印发〈关于加强和改进新形势下档案工作的意见〉》，《中国档案》2014 年第 5 期，第 12~14 页。
⑦ 加小双：《当代身份认同中家族档案的价值》，《档案学通讯》2015 年第 3 期，第 29~34 页。

社群档案是指"具有共同身份特征的特定社群成员所形成的、记录社群历史的文件集合"①。20 世纪 50、60 年代起，社群档案于欧美国家兴起，并逐渐成为社群争取权利与认同的重要工具。随着社群运动的兴起，社群档案逐渐走向社会大众，并为主流档案机构所接受。英国国家档案馆（The National Archives）在 2012 年提出"通过积极参与文化和学习伙伴关系以促进社区认同和定位"这一行动目标的具体规划，英国也成为世界上首个明确将"促进和参与社区建档活动"纳入官方档案机构的工作使命的国家。② 目前，社群档案已成为档案资源体系的重要组成部分。

3.2.3.2　档案资源结构"平民化"

在古代中国，档案基本上是帝王将相的历史记录，大量的普通百姓的历史记录被排斥在外。这使大多数的历史档案有形而无神，有骨骼而无血脉肌肉毛发。③ 在古代西方，档案也不是平民百姓的历史记录，而是国家的"胸甲和灵魂""君主的心脏、安慰和珍宝"④，有着鲜明的统治武器、权力工具性质。因此，在很长一段时间内档案馆藏资源建设以"为国家组织管档、存档"的目标，"官方叙事体系""政府行政公文进馆"成为档案馆馆藏资源建设的核心特点。美国历史学家霍华德·津恩（Howard Zinn）批评档案工作者在收集档案时"偏心于社会权贵，而忽视卑微人群"⑤。

随着个人权利意识增强，档案馆藏开始向普通民众倾斜，越来越多的平民叙事进入档案馆藏，成为馆藏资源的重要组成部分。例如，加拿大提出"总体档案"概念，将正式机构或法人档案与私人手稿、私人档案之间进行关联，并将私人档案纳入馆藏资源范畴。澳大利亚国家档案馆（National Archives of Australia）将"为国民保存档案，留存社会记忆"作为其重要职责之一，其官网宣传语"Your Story, Our History"（你们的故事，我们的历史）也体现了馆藏资源建设的思路——紧贴公众，扎根公民生活。⑥

档案资源结构"平民化"的趋势在我国也越来越凸显。各级综合档案馆不再仅仅保存党政机关的红头文件，而是也注重接收社区、特殊群体、家庭与个人等主体的档案入馆。例如，为保护农民工的权益，2004 年，黑龙江省哈尔滨市第一个农民工档案馆在道

① FLINN A., STEVENS M. & SHEPHERD E., *Whose memories, whose archives? Independent community archives, autonomy and the mainstream.* Archival Science, 2009, 9（1–2），pp. 71–86.

② 加小双：《档案资源社会化：档案资源结构的历史性变化》，杭州：浙江大学出版社，2019 版，第 66 页。

③ 陈忠海：《档案馆应该保存什么样的社会记忆》，《档案管理》2005 年第 2 期，第 50~53 页。

④ 韩玉梅、黄霄羽主编：《外国档案管理》，北京：中国人民大学出版社，1998 年版，第 188 页。

⑤ 张斌、徐拥军：《档案事业：从"国家模式"到"社会模式"》，《中国档案》2008 年第 9 期，第 8~10 页。

⑥ 魏扣、李子林、张嘉禾：《国外档案馆应用社交媒体开展公共服务实践及其启示》，《档案学通讯》2018 年第 2 期，第 81~86 页。

里区正式成立并投入使用[①]；2005 年，四川省南充市要求所有的培训机构都要创建农民工培训档案，记录他们的技能、培训表现、务工情况；2014 年，国务院要求为农民工创建一种特殊类型的档案，即职业健康监护档案。[②] 许多档案馆将家庭档案纳入馆藏档案的收集范围。例如，2014 年，浙江省档案馆首次将 11 户普通家庭档案接收进馆[③]；湖南省株洲市档案馆自 2014 年起向社会征集家庭档案，共接收群众捐赠的家庭档案、族谱、家谱 49 卷（册），珍贵书信、书籍等 220 件。[④] 浙江省绍兴市档案局（馆）更是提出"为普通人建档，为普通人管档，为普通人服务"理念，其馆藏档案中涉及个人、关系民生的档案包括婚姻档案、学生档案、职称档案、出生档案、农转非档案、退休档案、收养档案、退伍复员档案、生育申请档案、山林档案、劳动档案、公证档案、户粮档案、户籍档案、土地证档案和房产证档案等。[⑤] 档案资源结构的多元化，为档案事业从"国家模式"向"社会模式"过渡奠定了资源基础。

3.2.4 档案工作的公众参与

所谓参与，就是让人们有能力去影响和参加到那些影响他们生活的决策和行为中去。[⑥] 从这个层面而言，参与强调倾听民众的声音，考虑其利益诉求，从而做出正确决策。而公众参与是指公共权力在立法、制定公共政策、决定公共事务或进行公共治理时，以开放的途径倾听民众声音，并通过反馈互动对公共决策和治理行为产生影响的各种行为。[⑦] 公众参与强调权力机构与公众的双向互动，在公共事务中权力机构倾听公众声音，公众根据权力机构的行为活动进行反馈，从而提升社会治理的效果。

随着档案工作走向开放，公众参与的范围越来越广，参与的程度越来越深。档案工作的公众参与，既体现于常规业务的开展中，也表现在档案资源的建设上。

公众参与档案常规业务，既可通过直接的方式，也可通过间接的方式。公众直接参与档案常规业务，是指公众作为业务建设主体亲身投入档案业务的开展，从而实现公众愿景。例如,英国开展的"档案志愿服务计划"，由国家档案馆牵头，定期招募档案志愿者，

---

① 闫金立：《哈尔滨市建立第一个农民工档案馆》，《兰台世界》2012 年第 1 期，第 36 页。
② 谢丽、冯惠玲、马林青：《转型身份认同过程中档案的功用——以中国农民工群体为例》，《档案学通讯》2019 年第 1 期，第 4~8 页。
③ 根据笔者实践调研所获材料。
④ 李敏：《湖南株洲市档案馆迎来市民捐赠档案"热潮"》，《中国档案报》2019 年 9 月 6 日。
⑤ 绍兴市档案局、中国人民大学信息资源管理学院：《区域涉民档案集成管理与服务平台研究》，2013 年内部研究报告。
⑥ 蔡定剑：《公众参与及其在中国的发展》，《团结》2009 年第 4 期，第 32~35 页。
⑦ 蔡定剑：《公众参与及其在中国的发展》，《团结》2009 年第 4 期，第 32~35 页。

通过现场工作、在线工作、远程合作等形式，进行传统纸质文件的翻译、修复、扫描、著录、编录及档案保护、公共服务等工作。[①] 由上海图书馆组织建设的中国家谱知识服务平台，基于馆藏档案实现展示某一姓氏人群在某一地理空间范围内分布情况[②]的功能。该平台支持在线修谱，普通用户在注册个人信息后，可以通过在线修谱的功能贡献知识，通过审核后即可正式发布，实现对相关数据的补充或修改。

公民间接参与档案常规业务，是指档案工作者在开展业务时，将公众意愿纳入评价标准，以实现公众利益。例如，公众对档案鉴定提出了更多的要求，档案工作者在开展档案鉴定时，需要更多地考虑公众需求、档案与公众的关系。例如，1989 年，加拿大国家档案馆（National Archives of Canada）开始实行"新宏观鉴定接收战略"，强调文件的前后关系[③]，关注公民与国家相互关系的档案内容。1991 年，荷兰国家档案馆（Nationaal Archief）开始实行 PIVOT（Project to Implement the New Transfer Period）项目，采用自上而下的视角通过鉴定文件的生成背景来鉴定文件[④]，而不再主要是挑选和保留行政管理活动中产生的信息。

公众参与档案资源建设则更为普遍，影响更为深远。数字时代，公众参与档案资源建设更加便捷，途径更加多样。例如，自 2010 年起，美国国家档案与文件署（National Archives and Records Administration）发起公民档案员项目，吸引公众参与到馆藏档案的标签（tag）、转录（transcribe）、旧时天气转录（tranoscribe old weather）、内容编辑（edit articles）等多项工作中[⑤]，充分地吸纳了社会力量来帮助完善档案资源。[⑥] 从 2015 年起，加拿大国家图书档案馆（Library and Archives Canada）发起加拿大文献遗产社群计划（Documentary Heritage Communities Program，DHCP），通过资助的形式鼓励地方社群组织、地方、高校档案馆与历史协会等社会力量，以及专业图书馆等公共文化部门保存国家历史文化遗产，完善国家档案资源建设。[⑦] 中国人民大学人文北京研究中心主持建设的"北京记忆"项目的"我的北京记忆"网站，鼓励"用户生成内容"，为用户提供上传个人档案、贡献记忆资源的平台。档案工作的公众参与有利于实现公众诉求，是档案事业从"国家模式"向"社会模式"过渡的重要体现。

① 桂美锐、李爱华：《新范式下档案文献编纂的公众参与模式探析》，《档案与建设》2019 第 2 期，第 19~23 页。

② 洪伟成：《上海图书馆升级家谱平台：用户可以在线上传家谱了》，《中国文化报》2019 年 5 月 22 日。

③ 傅荣校：《欧美国家档案价值鉴定理论发展趋势探论》，《档案与建设》1999 年第 12 期，第 13~16 页。

④ 潘末梅：《宏观鉴定实践的先驱——荷兰 PIVOT 项目研究》，《档案学通讯》2011 年第 5 期，第 33~36 页。

⑤ 加小双、安小米：《数字档案资源建设中的参与式图景》，《档案学研究》2016 年第 2 期，第 83~88 页。

⑥ 翟楠、耿越、吴霜等：《公众参与框架下的美国公民档案员项目研究》，《兰台世界》2017 年第 11 期，第 19~23 页。

⑦ 李孟秋：《我国社群档案建设的意义、困境与路径》，《档案学研究》2019 年第 2 期，第 71~76 页。

3.2.5 档案服务的社会化

档案服务社会化，是指档案部门在提供服务上，以社会需求为导向、以公共利益的最大化为目标，为提高档案服务质量和效率、降低服务成本，利用社会力量、引入市场机制，开展多方位合作，形成以档案部门为主导、多种形式参与的档案服务提供机制。[①]

自 1794 年法兰西第一共和国颁布《稿月七日档案法令》以来，档案开放便成为档案工作的基本原则。第二次世界大战以后，许多国家颁布了有关信息权法，保障公民获取档案的权利。如美国先后颁布了《信息自由法》《A-130 通告——联邦信息资源管理》；英国制定了《公共部门信息原则》，颁布了《公共部门信息再利用条例》和《自由保护法》；新西兰先后颁布了《新西兰数据和信息管理原则》《新西兰统计部元数据与文档指南》等指导政策，从信息获取、版权保护等方面保障了公民档案利用权利。[②] 在此基础上，一些国家近年来通过开放数据运动，促进了数字档案资源的再利用。美国国家档案与文件署通过其官网在线展示珍贵档案资源，包括《独立宣言》《美国宪法》《权利法案》，并积极参与开放政府计划，大量联邦文件向社会开放。英国档案部门积极融入开放数据运动，目前在英国开放数据网站中有超过 7 000 个档案数据集，在线查档系统使公民能够获取大量档案资源。新西兰国家档案馆（Archives New Zealand）则鼓励公民通过国家档案馆网站获取档案资源以进行学术研究、掌握政府动态。以上措施极大便利了档案开放，有利于促进档案的社会服务。

20 世纪 80 年代，我国档案服务社会化开始起步，以《档案开放档案暂行办法》（1986年）、《中华人民共和国档案法》（1987 年）等一系列法规政策文件的颁布为标志。20 世纪 90 年代，《中华人民共和国档案法实施办法》（1990 年）、《各级国家档案馆开放档案办法》（1992 年）、《外国组织和个人利用我国档案试行办法》（1992 年）等法规政策文件的颁布和实施，进一步为档案开放打下较为坚实的法治根基。在此基础上，我国档案开放工作取得长足进展。2019 年，全国各级国家综合档案馆接待利用者 716.4 万人次，提供利用档案 2 140 万卷、件次；接待现行文件利用者 17.3 万人次，提供利用现行文件 30.6 万件次；接待资料利用者 20.3 万人次，提供利用资料 41.8 万册次。[③]

随着档案开放工作的顺利推进，新形势下档案服务社会化又出现了新的要求与增

---

① 马智鑫、刘东红：《试论档案服务社会化的内涵、主体和范围界定》，《云南档案》2009 年第 6 期，第 44~46 页。

② 李孟秋：《开放数据环境下英国、美国、新西兰数字档案资源再利用的特点及其启示》，《浙江档案》2017 年第 8 期，第 36~38 页。

③ 此处内容出自中华人民共和国国家档案局于 2020 年 9 月 4 日在其官网公布的《2019 年度全国档案行政管理部门和档案馆基本情况摘要（三）》。

长点，即档案开放与政府信息公开、公共服务等紧密结合，打造内外联动的协同机制。2014 年印发的《关于加强和改进新形势下档案工作的意见》要求："把提供档案信息服务作为公共服务的一部分，统筹安排档案服务、政府公开信息服务和其他公共服务，努力提供一站式服务，做到便民利民。"[1] 2016 年印发的《全国档案事业发展"十三五"规划纲要》提出，应"拓展档案馆开展普及型教育、专业型利用服务和定制型政府决策参考的能力""提高档案馆公共服务的认知度和用户满意度"。[2] 在此政策背景下，我国档案馆社会化服务的能力全面提高，向更为专业化、便捷化的档案服务转变。2018 年，江浙沪皖推进民生档案查档"一网通办"后，江苏省民生查询服务量超过 40 万人次 / 年。[3] 2019 年，山东省档案目录中心暨山东省档案查询利用平台在省移动端政务服务总门户"爱山东"APP 正式上线运行，群众只需下载登录"爱山东"APP，即可同时获得包括查档利用在内的 600 多项移动政务服务[4]，极大地便利了群众的查档。档案服务的社会化有利于充分发挥档案价值，是档案工作从"国家模式"向"社会模式"过渡的又一力证。

---

① 《中共中央办公厅 国务院办公厅印发〈关于加强和改进新形势下档案工作的意见〉》，《中国档案》2014 年第 5 期，第 12~14 页。

② 《全国档案事业发展"十三五"规划纲要》，《中国档案》2016 年第 5 期，第 14~17 页。

③ 谢微：《江浙沪皖推进民生档案查档"一网通办"》，《档案与建设》2019 年第 9 期，第 2 页。

④ 储牧原、马学刚：《山东 档案服务实现"指尖查档"》，《中国档案报》2019 年 9 月 2 日。

第4章　后现代档案学理论的体系与思想实质

　　自后现代主义思潮于20世纪中后期开始盛行以来，各个学科领域广受其所倡导的批判精神与解构主义思想内核[①]的影响。同样，置身其中的档案学界也无法忽视后现代主义思潮对整个社会科学乃至档案理论与实践的影响力。首先，后现代主义已对社会各行各业和时代精神产生了广泛影响，而档案作为人类活动的原始记录，是社会的客观印记、时代的真实缩影。置身于后现代主义思潮的档案工作者和档案学者应尽可能地尝试理解这种理论现象。其次，后现代主义思想在欧美大学文化中颇为流行，几乎所有的档案工作者和档案学者在进入档案行业之前都接受过人文社会科学的熏陶，其中也会受到后现代主义思潮潜移默化的影响。再次，一些后现代主义作家逐渐将关注焦点转向档案，他们认为档案既是一种历史记录和集体记忆，更是一种社会现象。1996年雅克·德里达的《档案热病：弗洛伊德印象》就是一个很好的例证。该书不仅改变了社会公众对档案的看法和感观，还将档案现象拉进后现代主义思想大潮中。[②]由此，越来越多的档案学者将后

---

① 注：虽然后现代主义很难被定义且其内涵极富争议，但其中所蕴含的批判精神与解构主义思想内核已为越来越多的人所接受，这以米歇尔·福柯（Michel Foucault）、雅克·德里达（Jacques Derrida）、安东尼·吉登斯（Anthony Giddens）等后现代主义思想家的学说为代表。后现代主义的批判精神集中体现在反基础、反本质、反主体、反绝对，倡导世界存在的多元化与人类活动的多样性，希望聆听霸权之外的边缘性声音，倡导在学术研究中吸纳关于性别、种族、阶层与地域性的多种问题。解构主义集中体现为对社会权力与社会进程关系的剖析与解读，它认为历史是权力阶层为巩固其政治和社会地位而进行的一系列编造，并试图为新的认知与理论开辟新的空间。可以说，批判精神和解构主义是后现代主义的基本出发点和哲学立场。具体内容请参见：闫静、徐拥军：《后现代档案思想对我国档案理论与实践发展的启示——基于特里·库克档案思想的剖析》，《档案学研究》2017年第5期，第4~10页。

② COOK T., *Fashionable nonsense or professional rebirth: Postmodernism and the practice of archives*. Archivaria, 2001, 51, pp. 14–35.

现代主义引入对档案理论与实践的思考中，并力图构建与拼接出能够指导档案实践的后现代档案学理论体系，总结与提炼出能够引领档案学未来发展方向的后现代档案学理论的思想实质。

4.1 后现代档案学理论的体系

近年来，受后现代主义思潮的影响，档案学界提出了许多新的研究领域和研究主题，产生了许多新的档案观念和思想。例如，档案记忆观、档案与身份认同、档案信任论、档案与社会正义、档案多元论、社群档案、档案情感价值、档案第五维度。它们可被视为后现代档案学理论体系的重要组成部分，蕴含了丰富的思想内涵（如图 4–1 所示）。这一理论体系凝结了不同国家、不同代际档案学者实践探索、思想耕耘的智慧结晶，对档案实践亦产生了深远影响。当然，后现代档案学理论体系是一个开放的、不断扩充的理论体系，以上档案观念和思想仅是目前已出现的后现代档案学理论的典型代表，未来那些符合后现代档案思想实质的新观念和新思想仍将补充进这一体系中，充实后现代档案学的思想内涵与理论框架。此处仅选取有代表性的后现代档案观念、思想予以简述。

具体而言，档案记忆观主要是指从集体记忆、社会记忆视角对档案、档案工作及档案工作者的系统认知，还包括从档案学视角对集体记忆、社会记忆及其建构的独特认知。它不是简单的关于档案与集体记忆、档案与社会记忆关系的论述，而是有着丰富的思想内涵，甚至是一种新的档案学理论范式。档案记忆观从理念上呼吁档案学者从集体记忆、社会记忆视角认识档案的性质与价值，从实践上呼吁档案工作者重新设计档案工作的内容与机制，重新定位档案机构和档案工作者的功能与角色。档案记忆观的思想内涵主要包括三个方面：第一，档案是建构社会记忆的不可替代要素；第二，档案工作是建构社会记忆的受控选择机制；第三，档案工作者是建构社会记忆的能动主体。

档案与身份认同的核心思想是：档案既是身份认同的判据，也是身份认同的结果，它构建了社会存在的逻辑性和合法性，从档案中可以透视当代认同的历史线索和现实凭据，获得心灵深处同其所同、异其所异，纵有源流、横有所属的信息基础。[①]集体记忆为身份认同提供了力量之源。身份认同从本质上看，即是表征个体或集体在社会中的身

---

① 冯惠玲：《当代身份认同中的档案价值》，《中国人民大学学报》2015 年第 1 期，第 96~103 页。

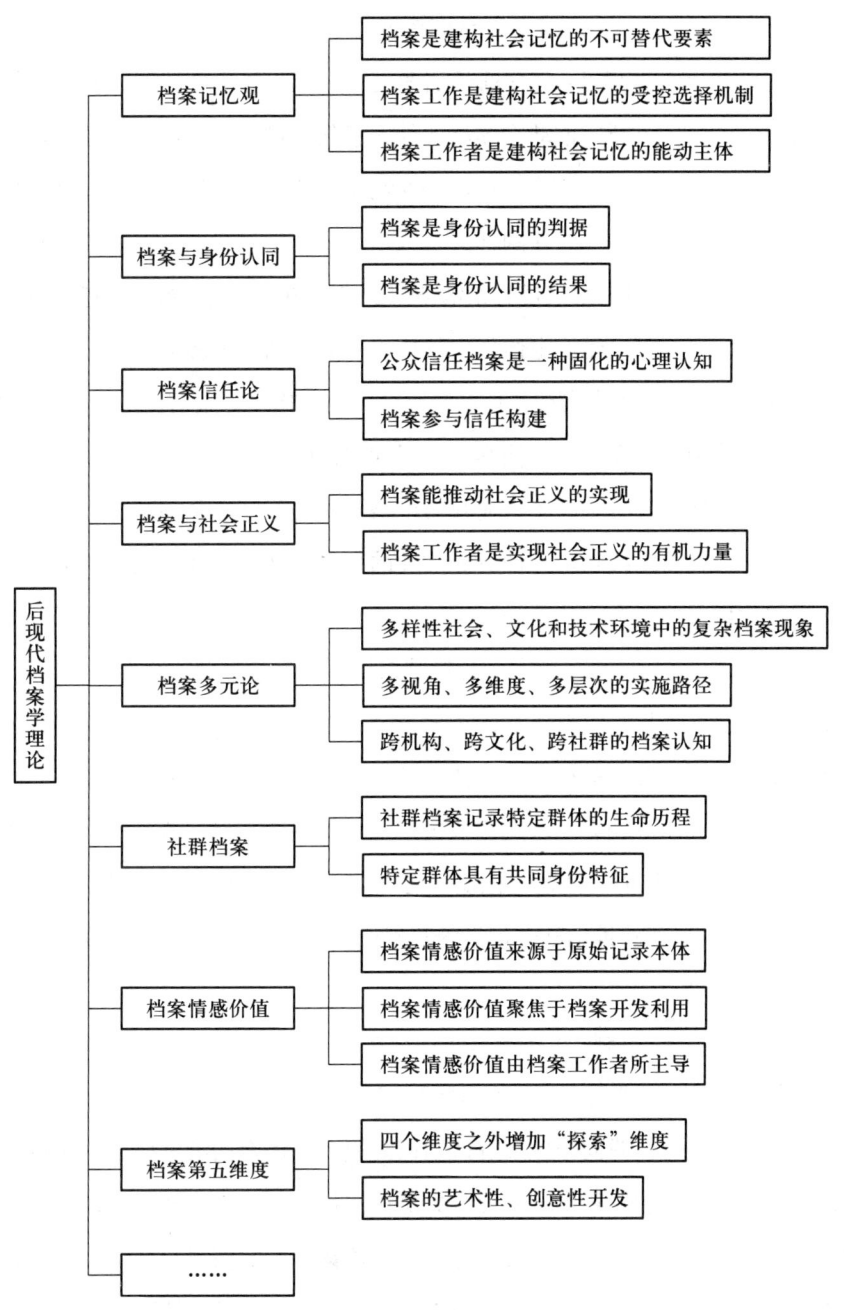

图 4-1　后现代档案学理论体系

份和地位，从而实现其归属感和价值感，其主要意指可表述为"主体对某一种社会范畴或类型的身份归属的认可"，其基本内涵为确定"身份"及追寻具有归属意义的"认同"。身份认同和集体记忆天然相连，集体记忆所提供的事实、情感构成了其群体认同的基础，集体记忆为主体对于自身的界定和认同构建了一个强有力的想象化情景，进而为后继者提供了身份认同中最重要的心理基础与认同依据。[①]

档案信任论的核心思想是：公众信任档案是一种固化的心理认知，档案参与信任构建是推动主体作出信任决断、推动客体赢取他人信任的过程，预支真实性和预测未来是档案参与信任的新路径。具体来说，公众对档案这一信息载体的信任，其原因可归结为，档案作为"社会组织或个人在以往的社会实践活动中直接形成的具有清晰、确定的原始记录作用的固化信息"[②]，可扮演信任关系链条中的客体角色。档案参与信任构建的价值在于档案作为信任中介，可以促使主体作出信任决断并推动客体赢取他人信任。而在数字环境下，档案可以通过预支真实性和预测未来两种途径构建新型信任关系。预支真实性，即在信任关系构建中，摒弃当前对档案本质属性定位的刻板印象，突破时间维度，将档案的社会性和事务性提升一个高度，使其与严格缜密的管控体系相结合，通过文件嵌入业务的系统化管理，以期待未来各种业务活动的秩序性和稳定性。预测未来，即档案作为历史数据的积累，尤其是在数据分析需要大量数据资源作为基础的前提下，借助大数据分析等技术手段，将历史档案数据的分析结果作为决策未来行动的重要依凭。[③]

档案与社会正义是指从社会正义的视角出发，对于档案、档案实践和档案工作者的系统认知。它不是简单将档案视为实现社会正义的工具，而是重新思考权力、档案与记忆三者之间的建构关系。档案与社会正义的思想内涵主要包括：第一，档案对社会正义具有双向作用；第二，权力、档案与记忆三者之间的互相建构构成档案影响社会正义的动力机制；第三，档案实践推动社会正义的实现；第四，档案工作者是实现社会正义的有机力量。

档案多元论以存在于多样性社会、文化和技术环境中的复杂档案现象为研究对象，主张从多视角、多维度、多层面为档案及档案工作提供新的方法论指导和实施路径参考，为跨机构、跨文化、跨社群的全球视野认知档案权力、档案话语、档案实践模式及社会影响提供融合实证主义和解释主义的混合方法论。档案多元论的产生和发展，一方面源于西方后现代主义思潮下多元世界观和方法论在档案领域的拓展与应用，另一方面源于欧美历史、文化、社会学研究对档案理论与实践提出的新要求。档案多元论自形成起即倡导以多元化的视角研究档案及其相关现象，在尊重档案来源主体多元化的基础上改变对原有档案单一属性的固有认知，认同档案本质属性、档案价值实现方式与档案实践路

---

① 加小双:《当代身份认同中家族档案的价值》,《档案学通讯》2015 年第 3 期, 第 29~34 页。
② 冯惠玲、张辑哲主编:《档案学概论》, 北京: 中国人民大学出版社, 2001 年版, 第 6 页。
③ 王露露:《档案信任论》, 中国人民大学硕士学位论文, 2018 年, 第 61 页。

径的多元化，最终为档案资源体系建设、档案管理系统设计及档案教育与研究的发展提供崭新视角。[①]

社群档案是"具有共同身份特征的特定社群成员所形成的、记录社群历史的文件集合"[②]。社群档案研究以少数群体、非主流群体为基础，以实现其利益与诉求为主要目标，在批判社会主流叙事结构的背景下提倡拥有并保留特定群体的历史，实现社会的多元发展。社群档案的思想内涵主要包括：第一，社群是具有共同经历群体的集合；第二，社群档案能够促进社群认同，使社群融入社会；第三，社群档案工作是对传统档案工作的补充与完善。[③]

档案情感价值是指档案这一信息载体给人们带来的情感共鸣。档案情感价值与社会公平正义、道德伦理的实现一脉相承。尤其是随着边缘群体表达自身诉求的事件与日俱增，关注档案的情感价值逐渐凸显其理论意义和实践意义。从本体论维度，档案情感价值来源于原始记录本体，是一种关系范畴；从认识论维度，档案情感价值聚焦于档案开发利用，是一种社会事实；从方法论维度，档案情感价值由档案工作者所主导，是一种社会行动。[④]

档案第五维度是在文件连续体的基础上构建起来的，将档案文化创意开发纳入文件运动过程的观点。文件连续体的前四个维度描述了文件运动的"产生—捕获—组织—多元记忆"过程，档案第五维度是指在文件连续体的四个维度外又增加了一个维度——"探索"（exploration），以描述对档案进行艺术性、创意性开发的过程。档案第五维度的思想内容可归纳为三点：第一，保管不是档案的终极目的，文件运动的生命链应该被延长至以创作为目的的档案"探索"；第二，档案形成主体的范围扩大化，包括档案的"二次生成者"；第三，档案与利用者存在互动关系、过去与未来存在互动关系。[⑤]

从以上论述可知，后现代档案学理论体系内部的具体理论形态相互关联、紧密互动。如档案记忆观、档案与身份认同、档案与社会正义、社群档案均关涉边缘群体的记忆与身份问题，意在实现边缘群体的社会权利与文化权利，打捞这部分"无声者"的声音，赋予他们时代话语权；档案记忆观、档案第五维度、档案情感价值、档案多元论等均关乎档案价值的实现，意在通过多样化的档案理论表达和档案实践，加大对档案信息资源

---

① 李子林：《国外档案多元论的发展及其启示》，《档案学研究》2018 年第 6 期，第 138~144 页。

② FLINN A., STEVENS M. & SHEPHERD E., *Whose memories, whose archives? Independent community archives, autonomy and the mainstream.* Archival Science, 2009, 9（1-2），pp. 71-86.

③ 李孟秋：《我国社群档案建设的意义、困境与路径》，《档案学研究》2019 年第 2 期，第 71~76 页。

④ 李晶伟：《档案情感价值研究》，《山西档案》2018 年第 4 期，第 18~21 页。

⑤ 王玉珏、宋香蕾、润诗等：《基于文件连续体理论模型的"第五维度理论"》，《档案学通讯》2018 年第 1 期，第 24~29 页。

的开发力度;档案记忆观、档案与社会正义、档案情感价值等关系档案工作者的角色定位;等等。

当然,后现代档案学理论体系并不局限于上述八个方面,随着档案理论与实践的发展,具有后现代主义思想内核的档案新观念、新实践不断丰富着档案学研究领域,扩充着档案学研究对象,后现代档案学理论体系将不断得以完善。本书第 5 章将会对以上后现代档案学理论内容、形态予以具体阐释。

4.2　后现代档案学理论的思想实质

纵观后现代档案学发展史,后现代主义已成为档案学的重要发展潮流。约翰·利登讷(John Ridener)在《从滩涂荒地到后现代主义:档案理论简史》(*From Polders to Postmodernism: A Concise History of Archival Theory*)[①]一书中,将后现代主义档案学视为与萨穆·缪勒、约翰·斐斯和罗伯特·福罗英的《荷兰手册》,希拉里·詹金逊的古典档案学,西奥多·谢伦伯格的现代档案学前后相继的重要档案学理论范式(书中称作"质疑性档案学范式",即 questioning archival paradigm),是对传统档案学的质疑与批判。文化背景的多元发展、档案理论与实践的转型、批判性理论的盛行加之技术化倾向的普及,使得档案学和档案职业纷纷将后现代主义视为理论和实践重塑与变革的一剂良药。布莱恩·布罗斯曼、特里·库克、卡罗琳·希尔德、埃瑞克·卡特拉、希瑟·麦克尼尔等是自 20 世纪 80 年代档案学受后现代主义影响以来的有代表性的后现代档案学家。布罗斯曼认为后现代主义所带来的改变影响了档案信息的连续性,从这种意义上看,文件的历史并未在档案这一终端中止,反而是档案参与了文件的整个历史进程。特里·库克质疑了"档案是毫无疑问的、直接的历史事实的来源"的观点,背景、原始顺序、尊重全宗虽在保护档案信息的完整性与真实性上发挥着重要的理论支撑作用,却无法弥补"后真实"语境下对档案与权力关系的质疑。希尔德按照档案工作者角色的转变重新界定了档案与文件的形式与功能,并认为如果从后现代视角重新界定文件,那么,文件可被视为背景知识的叙述来源。卡特拉则从档案与权力的视角出发,阐释了权力之于档案与档案职业的重要意义。他认为,权力产生于档案的使用及对档案的理解之中,档案本身并未被赋予权力,

---

① RIDENER J., *From polders to postmodernism: A concise history of archival theory*. Duluth: Litwin Books, 2009, p. 181.

但在对其内容的解读与背景的重新界定中，档案成了权力的工具。麦克尼尔批判了那些不必要的档案专指概念，而这些档案专指概念在原有的档案范式中处于中心位置，据此，尊重全宗原则应在现代语境下得以重新阐释。至于塑造、影响此种"质疑性档案学范式"的关键因素，这些档案学家阐述其档案思想时都毫无例外地将科技革命、公民意识、社会多元性铭记于心，并在他们所领导与指导的档案鉴定、社会记忆构建等档案实践中将后现代档案学思想贯穿其中。[①] 至此，这种被称作"后现代档案学理论"的理论形态或档案现象开始主导近几十年来档案界的学术研究和工作实践。

后现代档案学理论带有后现代主义思潮的表达风格、表述策略和思想特质，在信息时代彰显出无尽的生命力，并与传统档案学理论区分开来。具体而言，后现代档案学理论的思想实质主要表现在三个方面，即理论批判性、思维更新性、多元主张性。其中，理论批判是后现代档案学理论的基本立足点，区别于传统档案学理论的僵化模式；思维更新是后现代档案学理论的发展活力源泉，区别于传统档案学理论的固有认知；多元主张是后现代档案学理论的认识论与方法论基础，区别于传统档案学理论的确定性倡导。

4.2.1 理论批判：后现代档案学理论的基本立足点

"后现代"与"现代"并非一种时间相续的衔接关系，二者的知识谱系盘根错节又截然不同。后现代兴起于对现代性种种弊端的批判，因此，批判性构成了后现代主义保持其持续生命力的基本理念。法国著名哲学家让-弗朗索瓦·利奥塔所言"后现代是初生状态的现代性"[②]，则显示了后现代在建设性批判基础上的重生。"后现代只是起着一个警世告示的作用，这个字是用来表明：在'现代性'之中存在着某种正在颓废的事物"[③]，则显示了后现代对现代的价值认知与自我确证。被誉为"后现代主义之父"的伊哈布·哈桑（Ihab Hassan）所言"后现代主义者所强调的'历史的改变'本身就是不断变化的"[④]，则进一步彰显了后现代主义对一切历史现象的不断评估与"永远在变"的思想特质。对历史与现实中一切价值的重新评估与再判断构成了尼采的批判理论，而后现代主义的批判精神就来自尼采的批判性原则。虽然后现代主义者偏激地将重新评价与再评判定义为

---

① 闫静、徐拥军：《后现代档案思想对我国档案理论与实践发展的启示——基于特里·库克档案思想的剖析》，《档案学研究》2017 年第 5 期，第 4~10 页。

② LYOTARD J.-F., *La condition postmoderne: Rapport sur le savoir*. Paris：Minuit，1979，p. 79.

③ LYOTARD J.-F., *Retour au postmoderne*. Magazine Litteraire，1985（225），p. 43.

④ HASSAN I., *The postmodern turn: Essays in postmodern theory and culture*. Cincinati：Ohio University Press，1987，p. 26.

"完全否定所有确认现有价值体系和真理系统的基本原则，同时颠覆和摧毁所有现代价值体系和真理系统，并在寻求权力意志不断扩张和不断超越的过程中，没有界线、没有目的和不断更新其标准地重建新的价值体系，重建整个人类文化"[1]，但后现代主义者正是力图以此种偏激的方式强调其对批判理论的重视。在此影响下，批判理论构成了后现代档案学理论的基本立足点。具体而言，后现代档案学理论是对传统根深蒂固的理性主义档案观、科学主义档案观、机械主义档案观的批判与超越。

4.2.1.1　对理性主义档案观的批判与超越

后现代主义彻底反传统的性质，集中体现在其"非历史性的"（ahistorique）态度上。"后现代主义本来属于反历史主义的思潮之一，它把建立在单向直线式时间模式基础上的历史主义看作是传统逻辑中心主义的重要支柱。所以，后现代主义更倾向于结构主义的'共时性'论述，强调时间的非线性及其各种可能性形式。后现代主义的时间观集中披露了它的世界观和宇宙观。后现代主义者始终认为世界和宇宙都是混乱不堪的，无所谓秩序。"[2] 单向直线式与注重逻辑一直是现代理性主义所推崇的观点，并逐渐蜕变为科学理性、工具理性和极权主义理性，成为人类征服自然界、追求权力和控制一切的基础和工具。"由于理性主义假定了某种'最佳答案'和'唯一的解决方案'，追求效率、统治和强权，因此它贬低了差异、多元和宽容并排斥了不确定性、偶然性。"[3] 而差异、多元、宽容正是后现代主义所倡导的价值观。后现代主义对现代理性主义的批判意味着"摆脱对于权威、效率、层系、强权、技术、商业（商业伦理）、行政和社会工程的现代性偏见，……以及'由某个被公认的范式的权威所决定的制度化程序'"[4]。由此可见，后现代主义对现代理性主义的批判虽过于偏激与极端，但它对根深蒂固的历史主义、工具理性及技术理性观念发起的挑战，十分强烈地彰显出后现代主义注重理论批判的思想内核。而这种对理性主义的批判也潜移默化地影响到后现代档案学理论的反思与重构。值得说明的是，档案学者在发展与革新档案理论时虽受后现代主义思潮影响，但仍能以辩证的态度结合档案理论的实质，思考后现代非理性观的适用性。因此，后现代主义所强调的"反历史主义"并未动摇档案学的历史主义之魂。后现代档案学理论对理性主义档案观的批判与超越主要体现在对工具理性档案观与技术理性档案观的消解两方面。

---

① 高宣扬：《后现代：思想与艺术的悖论》，北京：北京大学出版社，2013 年版，第 104 页。
② 高宣扬：《后现代：思想与艺术的悖论》，北京：北京大学出版社，2013 年版，第 25 页。
③ 张劲松：《重释与批判：鲍德里亚的后现代理论研究》，上海：上海人民出版社，2013 年版，第 242 页。
④［美］波林·玛丽·罗斯诺著，张国清译：《后现代主义与社会科学》，上海：上海译文出版社，1998 年版，第 2~3 页。

对工具理性档案观的消解，即档案学研究中逐渐以功能的"非理性"取代实体的"理性"，不再刻意寻求形而上学的不变基础或架构，这种倾向在档案的数据化管理与鉴定理论中得以鲜明的体现。档案的数据化是后现代社会信息化与网络化趋势下发展的结果，这意味着传统的纸质档案管理与鉴定中所深谙并拥护的价值抽象普遍化、线性进步观、坚持绝对的真理观等理念已不合时宜。档案的数据化不仅改变了传统的档案管理流程与结构，也颠覆了档案实体管理的一套方法与程序，以非线性取代线性、以可回溯性取代单向性、以功能至上取代机构至上……这些观念适应了电子文件管理的需求及档案数据化发展的趋势而越发为档案学理论所接受，并构成了后现代档案学理论的一个重要部分。特里·库克的宏观鉴定理论则是超越工具理性档案观的最佳例证。宏观鉴定是一套综合性的鉴定理论与方法，其核心在于对形成者利用和形成这些文件的功能、结构进行价值判定，对公众如何与这些背景文化互动进行价值判定。但宏观鉴定并未否定来源原则的基础地位，只是在此基础上强调对文件形成背景进行一种"自上而下"的功能分解，关注文件形成的社会背景和当下利用，聚焦政府治理，鉴定那些数量可控的职能、活动、项目及公民与之互动关系的重要性，而不是鉴定数量难以计算的文件和系统。

对技术理性档案观的消解，即档案学研究中逐渐摒弃技术至上的认识论，不再刻意迎合技术的发展而凸显档案学研究的超前性。虽然信息时代的档案学难以摆脱技术化的倾向，就如信息学院联盟 iSchool（Information School）运动无法消除"去档案化"的倾向一样，技术化已逐渐成为档案理论的新兴增长点，对信息技术的关注也衍生出了一个重要的档案学派。在技术的洪流中，档案学研究也不可能过于标榜自身的独特性、囿于原有的研究领地、逆潮流而行以致被时代淘汰。但技术终究只是一种工具和手段，即使如法国哲学家让·鲍德里亚（Jean Baudrillard）所强调的"在技术日趋完美的进程中，技术的作用和地位被反转了"的事实面前，他也同样认识到"技术终将成为一种冒险，这种'完美的罪行'只是一种走向灭绝的途径而已"[①]。因此,对技术理性档案观的消解并开始认识到人文主义（humanism）的重要作用，也成为后现代档案学理论逐渐走向成熟的重要标志之一。

4.2.1.2　对科学主义档案观的批判与超越

自查尔斯·珀西·斯诺（Charles Percy Snow）提出"两种文化"论题以来，科学与人文的界定与区分便成为学术分歧与争辩的主题。科学主义认为自然科学是真正的科学

---

① [法]让·博德里亚尔著，王为民译：《完美的罪行》，北京：商务印书馆，2000年版，第42页。

知识，其原因在于，自然科学利用其完整的科学实验方法和缜密的科学假设，为获取科学知识提供了一套可验证的方法论体系。换言之，唯有自然科学才能被用于一切研究领域并解决人类面临的各种问题。现代主义将科学主义奉为圭臬，并把科学当作知识的唯一来源，将科学与人文和社会实践绝对对立起来，这就造成了科学精神和人文精神的对立。后现代主义则对科学主义采取批判和解构的态度，后现代主义者认为，现代性、科学和理性破除了奴役、压抑的根源，却又设置了新的"权威""本质""中心"，所以后现代主义把现代性的观念、理论以及理性当作"逻各斯中心主义"（logoscentrism）加以解构和摧毁。[①] 正如上文所述，后现代主义关注非理性因素，那么在研究取向上即注重科学主义和人文主义的整合和互补。但这并不意味着后现代主义对现代人文主义的信奉，相反，后现代主义者仍不遗余力地批判与揭露传统人文主义本身的反人性性质，"人文主义的泛滥，造成了太人性化或过于人性的反人性状态"[②]。这种理念上的反复也充分表现出后现代主义的悖论性与矛盾性。但其将科学主义与人文主义折中的态度却一定程度上在人文社会科学研究领域引领了一场全新的社会文化运动。

档案学领域对科学主义档案观的批判主要体现在对量性研究方法的反思及对人文主义的日益关注。首先，对量性研究方法的反思。"科学发展史表明，学科的独立性是以科学方法的独立性为基础的。有无专门的科学方法和比较完整的方法体系是衡量一门学科是否成熟的基本标志之一，每门成熟的学科都会有自己独特的、专门的科学方法。"[③] 由此，研究方法对于学科发展与学术研究的重要性不言而喻。对于作为一门独立学科的档案学而言，研究方法问题也自然成为档案学研究的重要议题，而档案学的社会科学属性致使质性研究一直在档案学研究方法体系中占据主导地位。但受"一切科学数学化"衡量标准的影响，量性研究在档案学领域的应用开启了档案学研究方法的革新，各类档案现象的计量分析充斥着档案学刊物的各个版面。在此种趋势下，部分学者注意到档案学量性研究的种种问题，批判了"为量化而量化"的学术研究倾向，抨击了对科学主义的不当曲解，提倡重回以问题为导向的学术研究思维。

其次，对人文主义的日益关注。人文主义是西方传统文化的核心思想。早在古希腊时期，"认识你自己"的著名箴言即成为西方哲人处世行事的座右铭，"人是万物的尺度"

---

① 彭洲飞:《后现代的"反本体论"与"以人为本"的实践本体论——对后现代主义和马克思主义哲学本体论特征的对比考察》，《理论导刊》2012 年第 2 期，第 47~50 页。

② NIETZSCHE F.，*Menschliches，allzumenschfiches*. Berlin: De Gruyter，pp. 1878–1879.

③ 丁海斌:《谈档案学研究方法的层次、体系与基本原则》，《北京档案》2019 年第 3 期，第 4~9 页。

的口号也成为西方哲人文化生活与其他行动的基本准则。即使让－弗朗索瓦·利奥塔的后现代"非人性"新概念对启蒙运动思想家关于普遍人性和个人解放提出质疑,但其并未否定人性,而是认为"人性是在非人性发展中隐含的"①。档案界深谙"人"的重要性,倡导档案学"要融合科学主义与人文主义两种价值取向,要关注人——档案业务工作者、档案行政管理者、档案教育工作者、档案学研究者、档案利用者——的未来行为与整体行为,关注更大时空内的人的社会责任,从而构建档案学的新体系"②。而科学主义与人文主义两种价值取向相融合的最佳趋势乃是数字人文(Digital Humanities)在档案界的提出与应用。数字人文是新兴科学技术与人文探究之间动态对话的结果,兼具科学技术的视角与人文主义的情怀。数字人文理念迎合了信息技术发展背景下人文资源数字化的需求而成为不断兴盛的学科领域,并以其开放性、协作性的特征为档案理论与实践提供了新的研究视角。总体而言,数字人文创新了档案学研究的思维方式,提出了档案学研究的新方向与新课题,为档案工作提供了新兴技术与分析工具,拓展了档案开发利用与再创作的范围,丰富了档案开发利用的手段与途径③,是后现代档案学理论发展的重点和趋向之一。

4.2.1.3 对机械主义档案观的批判与超越

后现代主义主张以整体有机论取代机械主义还原论,而机械主义还原论正是现代主义的主张。还原论蕴含着一套机械主义的世界观,它假设存在一个原子论的世界。其中,复杂的东西由简单的元素构成,各元素之间的联系也是一种线性因果的或机械相加的"算术和"关系。因此,科学研究的原则与方法在于将复杂、高级的东西化简为一些基本的、不可再分的元素并加以孤立、静止的考察,进而将这些元素以因果观或"算术和"的方式阐述其相互联系的性质。④后现代主义则对这种线性因果、机械相加、孤立静止、简单还原的机械主义予以猛烈的批判,并推崇一种整体主义、有机主义的世界观。后现代主义认为世界是一个完整的、流动的整体,整体包括于每一个部分之中,部分被展开为整体;一切事物都有其内在的、本质的、构成性的关系,我们只有在"关系""过程"与社会、人与自然的相互包含中认识事物,才能把握自身的行为。⑤后现代主义对机械主义的批判为后现代档案学理论批判与超越传统的机械主义档案观提供了理论依据。

① LYOTARD J.-F., *Le postmoderne expliqué aux enfants*. Paris: Galilee, 1988, pp. 40-41.
② 王协舟:《中国档案学的价值取向》,《档案学通讯》2009 年第 5 期,第 36~39 页。
③ 李子林、王玉珏、龙家庆:《数字人文与档案工作的关系探讨》,《浙江档案》2018 年第 7 期,第 13~16 页。
④ 彭运石:《从"机械主义科学"到"人本主义科学"——马斯洛心理学方法论探微》,《吉林大学社会科学学报》1999 年第 2 期,第 70~75 页。
⑤ 徐拥军:《档案记忆观的理论与实践》,北京:中国人民大学出版社,2017 年版,第 52~53 页。

对机械主义档案观的批判与超越，即摆脱固有的、教条化的线性思维，充分认识到网络环境下文件形成的复杂背景与多重维度。这种观念的转变在对全宗理论的革新中得以鲜明体现。档案工作者自 1898 年《荷兰手册》出版以来就将来源原则正式确立为档案整理与编目的核心原则，是档案学与图书馆学或其他相近学科区分的重要标志。然而，全宗理论作为来源原则在实践中的具体应用，随着后现代主义的影响而不断革新。在特里·库克看来，后现代主义背景下，传统的全宗概念已发生改变，由物理实体转变为抽象化概念，尤其是数字时代下当组织文化和工作场景从纵向型转向横向型、从控制型转向合作型、从烟囱式转向网络化、从行政命令型转向内部共识型[①]，传统的实体保管模式正逐渐转向建立在概念、知识基础上的后保管模式。为了促进从对物理实体形成过程的理解转向对概念实体及其与结构、功能、系统之间关系的理解，加拿大档案编目原则将全宗定义为"行政机构及其他任何实体在其活动和功能行使中自动积累的文件有机整体"[②]。其中，基于功能和过程的"文件形成"是全宗概念的核心。随着电子文件时代的到来与发展，以及"双轨制""双套制"向"单轨制""单套制"的转变，档案界为了应对文件载体的全面变革，开始从战略和战术层面思考电子文件的管理问题，认为只有抛弃许多传统理论才能在电子文件时代维护档案学的核心原则，其中一个重要观点就是将一定的电子文件保存在其形成机构。[③]这一转变对文件管理政策提出了更高的要求，不仅规定形成机构需自行保存部分文件，还要求档案馆严密监管这些电子文件，密切关注存储系统的变化。由此，档案馆的角色发生了转变，功能得到了升华：档案馆应该是虚拟的而不是现实的，应该作为中枢机构来管理分散的文件，而非仍充当信息保管者的角色。实践证明，这种做法并未抛弃全宗原则的内核，不仅节省文件的转化费用、规避技术条件的限制因素，还保证形成机构对电子文件的持续需求、发挥电子文件的参考功能。

4.2.2　思维更新：后现代档案学理论发展的活力源泉

后现代主义自产生以来，就指引着人文社会科学领域的研究朝向反思传统原则、更新固有观念的方向不断发展。只不过相比于极端主义的后现代思潮注重批判立场、轻视

---

① 此处内容出自索兰吉·庞特·莫斯塔法（Solange Puntel Mostafa）和爱德华多·伊斯梅尔·穆尔吉亚（Eduardo Ismael Murguia）等在 2012 年 11 月对特里·库克的采访。

② STOTYN K., *Planning committee on descriptive standards, rules for archival description*. Philosophical Studies，1988，53（2），pp. 263–278.

③ COOK T., *Leaving archival electronic records in institutions: Policy and monitoring arrangements at the national archives of Canada*. Archives & Museum Informatics，1995，9（2），pp. 141–149.

理论构建的模式，后现代主义的另一思想分支——温和的后现代主义思潮则将解构与重构合二为一，即解构只是手段，重构才是目的，而对于理论的重构则建立在思维更新的基础之上。思维更新为学者开辟了更为广阔的研究视野，也提供了更具生命力的论述方式。此外，自 1979 年让－弗朗索瓦·利奥塔发表其著名论著《后现代状况：关于知识的报告》（ *La Condition Postmoderne: Rapport Sur Le Savoir* ）以来，不仅关于后现代研究所形成的"显学"或"后学"逐渐成为各学科的思维立场，而且后现代主义本身所推崇的"不断进行自我否定与自我更新"的理论和方法，也成为各领域研究者反思本学科学术演进及理论创新的思维利器。推广到档案学领域，思维更新同样成为后现代档案学理论发展的活力来源，唯有思维更新，档案理论革新才指日可待。这也与后现代主义的特性一脉相承。"可以这样说，后现代主义，就其性质而言，决定了它必须、也只能采取不断换新的姿态。后现代主义哪天不再有新的花样，它就不再具备继续存在的理由，它就意味着丧失了自己的正当性，也就意味着自杀。所以，从一开始，后现代主义中的那个'后'，就是它的命根子；这就意味着它永远成为'它自身之后的新生命'，它永远不会有固定的形式，它也永远不再是它自身，而它的存在'之后'永远都是它的现在和未来。"[①] 具体而言，后现代档案学理论的思维更新主要体现在从宏大叙事转向微观表达、从主流话语转向边缘声音、从权威建构转向权力解构三个方面。

4.2.2.1　档案思维从宏大叙事转向微观表达

后现代主义对传统历史观和科学时间观彻底颠覆，并猛烈地抨击了根深蒂固的历史主义思潮。而宏大叙事模式正是以其强调时间的单向直线性、未来的可预见性及历史时空的连续性为主要目标的。后现代主义则抨击了这种单向直线性、可预见性与连续性，并倡导一种不稳定性与偶然性相结合的理念，这恰好与微小叙事、微观表达的理念不谋而合。后现代主义的这一主张在历史学研究的转向中体现得更为淋漓尽致。历史学是较早受到后现代主义冲击的知识领域，按照让－弗朗索瓦·利奥塔的观点，后现代主义对宏大叙事发起质疑，意在打破现代进步观对后现代学术思想的侵袭。正是基于对宏大叙事质疑的拥护，历史学研究迎来了更大的可能性与更广阔的理论发展空间。"近年来，西方史学扩展到种族、性别、性征、疾病等领域；从宏大叙事转向'地方性知识'；从中心视角转向多元理解。这种转变当然是新社会史学、新文化史学、人类学等共同促成的，但是不可否认，后现代主义已成为西方历史学的一个建构因素。"[②] 历史学研究从宏观到微

---

① 高宣扬：《后现代：思想与艺术的悖论》，北京：北京大学出版社，2013 年版，第 4 页。

② 刘北成、张耕华、彭刚等：《后现代主义、现代性和历史学》，《史学理论研究》2004 年第 2 期，第 4~7 页。

观的理论转向，也潜移默化地影响着与其天然相连且孕育其中的档案学。

受后现代主义思潮影响，档案学思维也开始从宏大叙事转向微观表达，这以档案资源建设理论的丰富与扩充为典型表征。档案资源建设理论是有关档案积累、移交、接收、征集、整合、开发利用等资源建设活动的指导性理论。档案资源建设理论是使各种有价值的档案资源向档案馆汇聚或受档案馆控制，从而达到增加档案资源数量、完善档案资源结构、优化档案资源配置、建立档案资源体系等目的，为国家经济和民主政治发展储备更多档案资源的理论总和。为进行档案资源微观、中观、宏观建设，我国档案资源建设理论主要包括国家档案全宗理论、国家档案资源理论、档案资源优化配置理论、档案资源共建共享理论和数字资源库建设理论等。无论理论形态如何多样，传统的档案资源建设理论往往将关注焦点放在那些反映社会运转和国家历史的档案资源的建设上来，其着力点仍趋于宏观。随着特里·库克提出档案学理论已经经历或正在经历四个范式或框架或心态的转移，认同范式、社会/社区范式成为与证据范式、记忆范式齐头并进的档案学重要理论形态。如果按照特里·库克的提法，证据范式代表着前现代档案学的司法遗产，记忆范式代表着现代档案学的发展趋势，那么，认同范式则是后现代档案学理论的重要表征，社会/社区（既有城市和乡村中的真实社会/社区，又有网络空间社会媒体连接起来的虚拟社会/社区）范式也成了呼之欲出的重要档案学转向。在此种理论转向背景下，"档案馆藏、档案活动以及档案业务开始更直接地反映社会，呈现其复杂性、多样性以及偶然性。档案中没有待发现或保护的那一个大写的'真相'，而是存在许多个真相、许多种声音、许多的认识，以及许多的故事"[1]。正是此种"许多真相、许多声音、许多认识、许多故事"的后现代理念倡导促成了档案界家庭建档、社群建档甚至个人建档的实践应用。家庭档案作为家族档案的现代形态，是指"有婚姻和血缘关系的家庭及家庭成员在家庭生活和某些社会活动中形成的，保存起来的具有现实利用价值和历史查考价值的可归家庭或个人所有的各种历史记录，如日记、书信、手稿、照片、录音带、录像带、证件、凭证等"[2]。社群档案则是基于社群概念，是"具有共同身份特征的特定社群成员所形成的、记录社群历史的文件集体"[3]。无论家庭档案还是社群档案及二者的衍生形态，均突破了传统单一化的档案资源类型，扩展了档案理论的包容度，更能反映宏大叙事之外的社会百态。

---

[1] ［加拿大］特里·库克著，李音译：《四个范式：欧洲档案学的观念和战略的变化——1840 年以来西方档案观念与战略的变化》，《档案学研究》2011 年第 3 期，第 81~87 页。

[2] 王学文：《新时期家庭档案初探》，山东大学硕士学位论文，2009 年，第 29 页。

[3] FLINN A., STEVENS M. & SHEPHERD E., *Whose memories, whose archives? Independent community archives, autonomy and the mainstream.* Archival Science, 2009, 9（1–2）, pp. 71–86.

4.2.2.2　档案思维从主流话语转向边缘声音

"边缘性"与"反叛""批判""非理性""去中心""非同一性""多元论""断裂感""不确定性"等词汇一同构成了后现代主义复杂而又充满悖论的特征。"边缘性"也恰好表达了后现代主义所倡导的"叛逆"（revolt）与"异质性"（heterodoxy）的基本策略和反传统的背叛态度。"后现代主义哲学家反对依靠某个'第一原理'推出一切的方式和做法，他们用多元性反对统一性，用不确定性和模糊性等取代确定性，用破碎性、边缘性取消中心性，用情感和冲动反对理性等等。总之，不承认权威和主宰的存在，不承认具有高于其他话语的、具有特权、可作评判用的元话语存在。"① 这里所强调的"用破碎性、边缘性取消中心性"即是主张用边缘打破主流，为边缘声音争取一席之地。后现代主义这种呼唤边缘声音的诉求也影响了后现代档案学理论的发展。

早在第十三届国际档案大会上，特里·库克就提出了疑问："我们档案人员在建造记忆宫殿时是如何反映广泛的社会现实的呢？档案人员自觉和不自觉地采用什么样的设想、理论、概念、策略、方法和实践呢？为什么采用它们？它们多年来有何变化？又为什么发生这些变化？我们为什么样的统治政权机构服务……？"② 特里·库克的疑问促使档案界同仁开始积极思考档案在构建社会记忆过程中的角色与责任。于是，档案记忆观作为档案理论界探讨与研究的一个重要议题而备受关注，也成为后现代档案学理论研究的一大热点与重点。档案记忆观受后现代主义思潮的影响，脱胎于后保管时代档案理论。③ 1974 年美国档案工作者协会第 38 届年会上，时任协会主席 F. 杰拉尔德·汉姆（F. Gerald Ham）就发表题为《档案边缘》（"The Archival Edge"）的演讲。他认为，"为了适应社会结构的变化、文件数量剧增、信息缺失、文件易逝和技术进步，档案工作者应改变旧观念，投入智力资源，进行合作，积极主动地参与文件鉴定和档案接收，使档案工作者不再是随着编史工作风气变化的'风向标'，档案不再只反映狭隘的研究兴趣（即原来的工作'中心'），而能真正反映人类生活的方方面面（即'边缘'）"④。六年以后，F. 杰拉尔德·汉姆在《美国档案工作者》第 44 期（1981 年夏季刊）发表了《后保管时代的档案战略》（"Archival Strategies for the Post-Custodial Era"），提出了后保管范式（post-custodial paradigm）。在这两篇文献中，F. 杰拉尔德·汉姆提出

---

① 刘啸霆：《后现代认识论述评》，《哲学动态》1998 年第 8 期，第 35~39 页。

② ［加拿大］T. 库克著，黄霄羽译：《1898 年荷兰手册出版以来档案理论与实践的相互影响》，国家档案局、中央档案馆编：《第十三届国际档案大会文件报告集》，北京：中国档案出版社，1997 年版，第 144 页。

③ 徐拥军：《档案记忆观的理论与实践》，北京：中国人民大学出版社，2017 年版，第 51 页。

④ ［美］F. 杰拉尔德·汉姆著，刘越男译：《档案边缘》，《山西档案》1999 年第 1 期，第 14~17 页。

的档案工作者要改变旧观念，超越被动的保管员角色，从"中心"走向"边缘"，就带有鲜明的后现代主义的批判与反思、解构与建构、去中心化色彩。[①] 随后的档案记忆观研究中，学者们越发认识到除了记载主流话语，档案机构和档案工作者更应关注那些此前被忽视的弱势群体、少数族群等边缘性群体，以构建更为全面、深刻、立体的社会记忆与集体记忆。为践行档案记忆观的理念，世界各国通过开展形式各样的"记忆工程"为边缘群体发声。受联合国教科文组织为保护珍贵文献遗产而实施的"世界记忆工程"的影响与启发，西方档案界和一些民间组织建立了有关少数原住民、艾滋病患者、同性恋人群、私人的档案库或项目，联合国教科文组织通过的由国际档案理事会提出的《档案共同宣言》强调"档案守护并服务于个人和团体的记忆，在社会发展中扮演重要的角色"[②]。冯惠玲倡议的"中国记忆"工程，也是在档案记忆观理念的指引下，力图构建一个基于互联网的，以档案为主的，包括图书与文物等其他文献在内的，以文本、图片、音频、视频等各种形式记录和反映我国悠久灿烂的历史文化和当代多彩社会生活的档案资源库。此外，受后现代档案学理论从主流话语转向边缘声音的影响，档案鉴定也突破了传统职能鉴定论的影响，而将"公民"放在职能分析关系中，甚至直接吸纳公民作为参与者和合作者[③]，"公民档案工作者"（citizen archivist）概念应运而生。

4.2.2.3　档案思维从权威建构转向权力解构

后现代主义者虽然持有理想主义的激情对传统、对现代予以猛烈批判，但他们并非理想主义者，而是逐渐走向其对立面——彻底的现实主义者，他们反对传统意义上的"权威话语"，提倡无规则与差异化的论述方式，并向权力发起挑战，对权力予以解构。在后现代主义者看来，"解构并不是破坏、毁灭一切秩序，而是要防止秩序包括思想、文化、道德体系的僵化和极权化"[④]。由此，解构理论成了后现代主义的另一重要的话语表达，它是"比批判性更批判性"的批判，是"一种无条件提出批判性问题的权利，它针对的不仅仅是人的概念的历史，而且还包括批评概念的历史、提问的方式及其权威、思想的质疑形式"[⑤]。解构理论契合了后现代主义主张"破权威""去中心""拆结构"的思想实质，

---

① 徐拥军：《档案记忆观的理论与实践》，北京：中国人民大学出版社，2017 年版，第 59~60 页。

②《档案共同宣言》，《中国档案报》2010 年 11 月 18 日。

③ COOK T.，"We are what we keep; we keep what we are": Archival appraisal past, present and future. Journal of the Society of Archivists，2011，32（2），pp. 173-189.

④ 冯俊：《从现代主义向后现代主义的哲学转向》，《中国人民大学学报》1997 年第 5 期，第 36~44 页。

⑤ 杜小真、张宁编译：《德里达中国讲演录》，北京：中央编译出版社，2002 年版，第 108~109 页。

实现了更大范围和更深层面的权利，如少数族裔的权利、女性的权利、同性恋的权利。[1] 在这个意义上，后现代主义对权力的解构与其所主张的从宏观转向微观、从主流转向边缘的倡议相得益彰、相辅相成。

后现代主义反对权威、解构权力的思维方式为后现代档案学理论的思维革新提供了启迪。档案虽不是权力的化身，却一直存在权力的隐喻。英国作家乔治·奥威尔（George Orwell）曾在其蜚声世界的政治小说《1984》（*Nineteen Eighty-Four*）中刻画了一个令人感到窒息的恐怖世界，小说中写道："谁控制了过去，谁就控制了未来；谁控制了现在，谁就控制了过去。"[2]而档案本身的使命就是为了未来而更好地将现在保存为过去。由此可见，档案从其形成起即带有权力的烙印，档案体现权力。无论国家权力还是公共权力抑或是个人权力，均在无形之中参与档案的建构。在这一过程中，"作为权力产物的档案自身也被赋予了权力代言物的功能，或者说档案既承受权力又行使权力"[3]。换言之，作为权力代言物的档案在一定程度上控制着社会记忆、控制着组织凭证、控制着机构合法性运转。正如雅克·德里达所言"没有不需要通过档案进行控制的政治权力"[4]，在现代社会，档案所表征的权力更多地表现为政治权力，这又印证了档案学的政治性格根深蒂固。陈建在其论文《中国档案学的政治性格研究》中认为，中国档案学研究主体的行政特色、研究对象的权力互构、研究环境的政治熏染等因素共同塑造了中国档案学的政治性格，虽然这种性格自有其利弊，但一定程度上威胁着中国档案学的独立性与自觉性、科学性与客观性、完整性与丰富性、稳定性与自由性。[5]档案学的政治性不仅是"中国特色"，在世界档案话语体系中也是一个共性问题。然而，随着后现代主义思潮的泛滥，档案话语中的权力因素被逐渐解构，从"权力"到"权利"成为众多档案理论研究者的价值取向，从"国家模式"向"社会模式"的转变也成了档案事业发展的重要趋势。正如前文所述，档案理论从宏大叙事转向微观表达、从主流话语转向边缘声音，即意味着每个人、每个事件、每一时刻，无论它处于权力中心还是权力边缘、无论被当权者掌控还是从属于普通民众，都值得被记录与留存，都有权利被世界记住而非遗忘，这也是档案记忆观、档案与身份认同、社群档案理论等后现代档案学理论的立足点。

---

① 刘北成、张耕华、彭刚等：《后现代主义与历史学》，《史学理论研究》2004 年第 2 期，第 4~7 页。
②［英］乔治·奥威尔著，文敏译：《1984》，杭州：浙江文艺出版社，2012 年版，第 249 页。
③ 陆阳：《权力的档案与档案的权力》，《档案学通讯》2008 年第 5 期，第 19~22 页。
④ KETELAAR E., *Archival temples, archival prison: Modes of power and protection*. Archival Science, 2002, 2（3-4）, p. 226.
⑤ 陈建：《中国档案学的政治性格研究》，《档案学通讯》2015 年第 5 期，第 77~80 页。

4.2.3　多元主张：后现代档案学理论的认识论和方法论基础

在伊哈布·哈桑看来，多元主义（pluralism）是一种对抗传统的同一性和确定性原则的彻底的背叛态度。[①]多元主义也是同法兰克福学派的批判理论、女权主义、生态文明等多重理论领域并列提出的一系列思想流派之一，其内部秉承着批判理论的基本品格和旨趣，是后现代主义摒弃一元论和二元对立观的态度写照。秉承多元主张的后现代主义对压制主体多样化个性的"语言中心主义"（phonocentrism）和"逻各斯中心主义"进行了无情的解构，对具有话语霸权的宏大叙事予以强烈的鞭挞。[②]具体而言，后现代主义的多元主张反对一成不变的"基础范畴""中心界定""本质色彩"，拒斥"绝对理念""纯粹理论""唯一中心""单一视角"，重视"差异性""多样性""流动性""丰富性"，倡导多学科融合与综合分析。后现代主义的多元主张是渗透到档案学领域的最重要的思想观念，为后现代档案学理论提供了认识论和方法论基础。尤其是档案多元论与档案多元宇宙观的提出，进一步丰富了档案学理论的思想维度，拓宽了档案学理论的研究方向，为档案学的发展带来了无尽可能。

4.2.3.1　以差异性为核心的后现代档案学理论的认识论

"差异性"是"多样性"的基础，"差异"的出现意味着对比分析与多样融合的开始，"差异性"的提出也契合了后现代主义范式的思维导向。最早将"范式"（paradigm）概念引入后现代主义的是斯蒂芬·贝斯特（Steven Best）与道格拉斯·科尔纳（Douglas Kellner），他们借用了托马斯·库恩（Thomas Kuhn）的范式理论，将后现代主义视为后现代社会中某一科学共同体（推崇后现代主义思想特质的一群人）在长期探索、教育和训练中所形成的共同信念，这种共同信念简而言之，被称作"后现代主义范式"。宏观而言，后现代主义范式与世界观相关联；中观而言，后现代主义范式影响着社会、政治、文化与生活实践；微观而言，后现代主义范式影响着每一个具体学科的理论转型与思维转变。作为对现代主义范式的拒绝和反叛，后现代主义范式"抨击现代方法和概念过分的总体化和还原论；攻击乌托邦和人道主义价值观为歹托邦（dystopian）和反人性；放弃机械论和决定论的计划方案而支持模糊、偶然、自发和有机论的新原则；它向所有对基本原理、绝对、真理和客观性的信仰发起挑战，并常常拥抱一种激进的怀疑主义、相对主义和虚

---

① HASSAN I., *The dismemberment of orpheus: Toward a postmodern literature*（2nd edition）. Madison: University of Wisconsin Press, 1982, p. 269; HASSAN I., *The postmodern turn: Essays in postmodern theory and culture*. Columbus: Ohio State University Press, 1987, pp. 21—27.

② 张劲松：《重释与批判：鲍德里亚的后现代理论研究》，上海：上海人民出版社，2013 年版，第 250 页。

无主义;它颠覆了所有一切界限"①。由此可见,后现代主义范式对差异性的拥护虽来源于其极端的不确定性信条,但对差异性的提倡与反复诉说仍为后现代档案学理论提供了重要的认识论基础。以差异性为核心的后现代档案学理论的认识论,主要表征在以下三个方面。

首先,尊重不同国界、不同种族、不同传统的档案学理论的深度交融与差异化发展。1910 年布鲁塞尔大会开启了全世界档案学者交流的先河,正是这次档案界的全球性盛会促进了被誉为档案"圣经"的《荷兰手册》的世界性普及,并使得来源概念开启了其国际化认可与广为接受的历程。那时的会议主题主要集中在一个固有的议题,这自然促进了不同国界档案思想的聚焦,有利于某一单一档案理念的全球性传播。但如果引用约翰·利登讷的《从滩涂荒地到后现代主义:档案理论简史》一书的书名作为隐喻,这一阶段仍属于档案理论的"滩涂荒地"阶段。随着后现代主义范式的兴起,后现代主义对差异性的强调,使得不同国界、不同种族、不同传统的档案话语在国际舞台上不断发声,尤其是在国际会议的讨论中,每一种声音都值得被听见,每一种理念都值得被重视。仅以2017 年第 9 届美国档案教育与研究协会(Archival Education and Research Institute,AERI)年会为例,此次会议的主题为"视窗、框架和图景"("Windows,Frames,Landscapes"),共有 4 场主报告、27 场分报告和 8 场专题讨论会,涉及档案学经典问题及近年来的热点问题等方方面面,其中关于档案与人权、融合与差异、社交平台与信息系统、少数族群与身份认同等主题更是被反复提及。② 这种抽象式主题的探讨为不同国界、不同种族、不同传统的档案学者提供了更多的表达机会与可能。

其次,包容不同学科背景、不同学术理念的档案学者的思想争辩与研究尝试。"包容性"是哲学中的一个伦理概念,被视为一种伦理美德。档案学的包容性即为一种摒除狭隘认知偏见、走向开阔思维的档案观。③ 倘若档案学者故步自封、自说自话,那么这一学科不仅难以在人文社会科学领域寻得一席之地,而且其社会认知度与学界认可度也会大打折扣。近年来,自然科学中诸如信息科学、计算机科学、统计科学,人文社会科学诸如历史学、法学、新闻学、语言学、社会学、人类学不同学科门类的学者也开始关注社会发展中的档案现象并与其本学科相结合开展研究,这种现象不失为一种良好的发展趋势。因此,延展而言,摒除狭隘认知偏见、走向开阔思维的档案观,就需要充分包容

① [美]斯蒂芬·贝斯特、道格拉斯·科尔纳著,陈刚等译:《后现代转向》,南京:南京大学出版社,2002 年版,第 7 页。
② 闫静:《中西碰撞·学术激荡·思想交融》,《外国档案》2017 年第 4 期,第 44~50 页。
③ 闫静:《1949 至 1966 年的中国档案学——作为一门独立学科的创建》,《档案学通讯》2018 年第 5 期,第 98~101 页。

不同学科背景、不同学术理念的档案学者的思想争辩与多元化的研究尝试。

最后，倡导不拘一格的表述风格与另类差异的档案学研究选题。尊重不同国界、不同种族、不同传统的档案学理论的深度交融与差异化发展，包容不同学科背景、不同学术理念的档案学者的思想争辩与研究尝试，自然会破除档案学固有的单一性僵化思维，基于多语种、多知识背景、多实践经验的学术研究自然会带来不拘一格的表述方式，档案学研究选题也会突破固有"三孔一线"的学问而不断注入新鲜的血液，为档案学术发展带来生机。

4.2.3.2　以多样性为核心的后现代档案学理论的方法论

现代主义也强调多元论，且作为哲学上崇尚"理性"的现代主义多元论在古希腊即已发生。[①] 与现代主义将多元论视为"本体论"和"认识论"的论述内容相比，后现代主义对多元论的推崇，则是将多元论视为后现代主义重要的方法论。从米歇尔·福柯的系谱学理论对人类习惯的多维探讨，到雅克·德里达的解构语言中心论对传统文字学"语音中心论"的抨击，再到保罗·费耶阿本德（Paul Feyerabend）对经验事实与理论的辩证分析，这些后现代主义哲学家无一不倡导将多元论视为后现代主义的方法论，更有甚者将后现代主义哲学等同于多元论哲学。保罗·费耶阿本德曾提出：理论之间不一致，只有破除一致性条件，理论才能更好地得到发展。科学史上几种理论的并立、共存是屡见事实。在并存的不一致的理论间不具"通约"关系，因为不同的理论存在着不可比较的思想（行为、知觉）结构与差异。[②] 这种将理论的多样化与不一致的发展趋势予以明确阐明的思想态度为当下所倡导的复杂性理论奠定了思想基础。此外，后现代主义为了履行多元论的承诺，在具体方法上采取多样化与多维度的视野来对待人类历史上的一切知识，最终目的在于构建起一种开放式的、动态发展的、不断更新的理论模型。

后现代主义多元论折射至档案学领域，则体现在以多样性为核心的后现代档案学方法论的逐渐形成。其中，复杂性理论的提出与应用及档案学领域跨学科研究的日渐兴盛则是多样性方法论的鲜明体现。

首先，复杂性理论呼吁在档案学理论与实践研究中采用"复杂思维"方法。埃德加·莫兰（Edgar Morin）是当代思想史上最先把"复杂性研究"作为课题提出来的学者。他提出了建立"复杂方法""复杂思想""复杂范式"的必要，并在其六卷本巨著《方法》中

---

① 刘宗碧：《多元论：现代主义与后现代主义的区别》，《攀枝花大学学报》1998年第3期，第15~22页。
② 贺善侃：《从逻辑主义到历史主义：逻辑的与历史的统一》，《学术月刊》1996年第1期，第27~34页。

展现了一幅从物理科学到生命科学再到认识论和人文科学的百科全书式的图卷。[①] 由此出发，复杂性科学与复杂性理论被相继提出。按照埃德加·莫兰的解释，复杂性思维是一种"不以孤立和封闭的方式来把握对象，而是通过联系背景和纵观全体来把握对象的认识方法"[②]。复杂思维在档案学领域的渗透虽未正式在论著中明确提出，但电子文件及新媒体时代下档案管理现象的复杂性仍潜移默化地倒逼档案学者采取系统的、联系的、全景化的观点看待纷繁复杂的档案现象。网络归档、社交媒体、文件管理数字转型等课题的出现与研究的开展，正预示着复杂性理论可以有效地改善我们对复杂档案现象的理解力与透视力。

其次，跨学科研究的恰当引入促进了档案学理论的革新。2014 年，中国档案学会档案学基础理论学术委员会曾撰写了一份名为《多学科视角下的档案学理论研究进展》[③] 的学术报告，该报告深刻认识到随着后现代主义思潮泛滥，传统的思维、生活和工作方式被全方位地批判和反思，社会环境的多元变动促使档案领域主动或被动地进行变革以适应社会发展的需要，档案学理论研究开始朝向多学科交叉研究的方向发展。档案学基础理论和应用理论研究，都在多元视角的切入下取得了突破性进展，使得档案学理论研究领域呈现海纳百川、百花齐放之势。在此种趋势下，多学科的研究视角是档案学理论取得新突破的必然选择。而总结现有的档案学跨学科研究成果，可以发现历史学、管理学、法学、社会学、传播学和信息技术六大学科视角应用最多、影响最大。值得注意的是，档案学的跨学科研究与档案学本身的特质密切相关，而非随意地进行主观嫁接。档案学具有鲜明的综合性、交叉性特征，既有人文社会科学的性质，又有自然科学技术的属性；既有理论学科的特点，又有应用学科的特征。这种学科性质决定了档案学研究视角的多元性。而随着学科融合与分化趋势的日益深化，档案学跨学科研究也将取得更大的理论创新，档案学的横向扩展与纵向深化势必更加明显。

4.2.3.3 档案多元论及后现代档案学多元宇宙观的提出

后现代主义多元论投射到各个知识领域后，表现出其源源不息的创造力和生命力，法律多元论、价值多元论、文化多元论、政治多元论、宗教多元论、语言多元论、意识形态多元论、社会职能多元论……不一而足。档案多元论即是在这股后现代主义多元论

① 陈一壮：《试论复杂性理论的精髓》，《哲学研究》2005 年第 6 期，第 108~114 页。
② ［法］埃德加·莫兰著，陈一壮译：《复杂性理论与教育问题》，北京：北京大学出版社，2004 年版，第 2 页。
③ 中国档案学会档案学基础理论学术委员会：《多学科视角下的档案学理论研究进展》，2014 年。该报告审稿人为冯惠玲、张斌，执笔人为徐拥军、加小双、丁子涵、刘晓菲、张倩。

的浪潮中逐渐发展起来的重要档案理论。档案多元论（archival pluralism）在西方又被称为档案多元宇宙观（archival multiverse），二者虽称谓不同（抑或翻译不同），但其理论内涵及实践价值异曲同工。虽然在现有英文文献中尚未发现对两者关系的具体阐释与详细研究，但按照安小米团队的研究表明："archival multiverse"实质为21世纪档案学领域对档案多种可能存在形式及其属性认识的一套假说，包括档案学、政治学、社会学、人类学、宗教学等跨学科研究视角认知档案，跨机构、跨文化全球化视野认知档案权力、档案话语、档案实践模式及其社会影响，提供了融合实证主义方法论和解释主义方法论的混合方法论。"archival pluralism"则为"archival multiverse"多元世界观下，档案学领域为应对复杂的政治、经济、技术、社会影响和全球性巨大挑战而产生的跨学科、跨机构和跨文化共同建构档案的多样化合作途径与多主体共同参与模式。两者的区别是："archival multiverse"更多地关注的是思维方式及其所持立场即视角；"archival pluralism"更多地关注的是行动方式及行为结果即路径。两者相互联系互为补充为档案多元现象的解释和多元问题的解答提供了方法论和方法。① 也就是说，档案多元论和档案多元宇宙观为档案多元现象的一体两面，前者为"视角"，后者为"路径"，共同指导着档案学研究的多元化发展。

　　档案多元论的主要提倡者与研究者——来自加州大学洛杉矶分校（University of California，Los Angeles）的安妮·吉利兰在这一方面著述颇丰，并在全球享有众多追随者。按照安妮·吉利兰的研究，"multiverse"概念最早由美国哲学家兼心理学家威廉姆·詹姆斯（William James）在1895年提出，并在物理学、心理学和文学领域得以广泛使用，意指关于多种可能存在的世界的一套假想。随即，"多元论"假想被安妮·吉利兰引入档案学领域，并引起理论界对档案的多元价值属性②、多种族社会与非主流社群记忆建构③、多元化的档案管理方式及技术应用④、多元视阈与多学科背景下的档案学研究⑤、全球视野下档案教育理论与实践的多元化发展⑥等方面的深入研究，并取得了一系列研究成果，很快

---

① 安小米、郝春红:《国外档案多元论研究及其启示》,《北京档案》2014年第6期, 第16~20页。

② CASWELL M., *On archival pluralism: What religious pluralism（and its critics）can teach us about archives*. Archival Science, 2013, 13（4）, pp. 273–292.

③ BATTLEY B., DANIELS E. & ROLAN G., *Archives as multifaceted narratives: Linking the "touchstones" of community memory*. Archives and Manuscript, 2014, 42（2）, pp. 155–157.

④ SHILTON K. & SRINIVASAN R., *Participatory appraisal and arrangement for multicultural archival collections*. Archivaria, 2007, 63, pp. 87–101.

⑤ GILLILAND A. & MCKEMMISH S., *Recordkeeping metadata, the archival multiverse, and societal grand challenges*. Proceedings of the 12th International Conference on Dublin Core and Metadata Applications, 2012.

⑥ The Archival Education and Research Institute（AERI）& Pluralizing the Archival Curriculum Group（PACG）, *Educating for the archival multiverse*. The American Archivist, 2011, 74（1）, pp. 69–101.

成为国际档案界的热点问题。

至于档案多元论及档案多元宇宙观的理论意义与实践价值、在不同视阈下的研究现状与具体应用等，5.5 节将予以详述。

4.2.4 虚无倾向：后现代档案学理论的悖论与局限

后现代主义提倡理论批判、思维更新、多元主张的思想理念，呼吁不断创新、范式重构的学术立场，指引档案界在新时代的理论转型与实践转向。但对一种"主义"或思潮的认识与研究，并不止于它所引发或倡导的那份合理的文化态度与学术立场，更应以思辨的哲学观看待这种"主义"所带来的悖论与局限，而这种悖论与局限在后现代主义本身则体现得尤为明显。"后现代主义的不确定性、含糊不清的特质，不应该对讲授、叙述和研究后现代主义的任何过程，确定任何明确的计划或方法，这是一种矛盾和无奈。"[1]后现代主义的核心词汇——"断裂""无中心""碎片""解构""非理性主义"等，这些不加解释与不易解释的论述一定程度上"原汁原味地"彰显出后现代主义特立独行、区别传统的语言转向，但带有明显的虚无主义气质，这不可避免地导致以后现代主义为启蒙、受后现代思潮裹挟的后现代档案学理论带有一种不可言说的神秘感，并在一定程度上将实践性很强的档案学术研究引向虚无主义倾向。档案学者易陷于以此为研究基点的自说自话，将后现代主义视作思想创造的灵感来源，但这也成为后现代主义"永远在路上、永远在更新、永远无定式"的最佳诠释。而这一切悖论正是由后现代主义的本性所决定的，并烙印在后现代档案学理论的文本阐释之中。具体而言，后现代档案学理论的悖论与局限体现在技术决定论对档案理论的过分消解、不确定性引发的档案学虚无主义倾向、激进而软弱的档案学批判立场三个方面。

4.2.4.1 技术决定论对档案理论的过分消解

后现代主义对于现代科学知识的批判和超越，主要体现在对知识信息化的批判上面。让－弗朗索瓦·利奥塔一方面深入细致地分析知识信息化的整个社会历史进程，另一方面把知识信息化和社会因素之间的双向共时互动，具体地展现在知识信息化和社会生产力病态膨胀、商业网络全球化、管理技术高度科学化和政治化、通信媒体的渗透性、知识语言结构和描述方式及西方人思想模式的多元化和不确定性的论题分析上。[2]后现代社会知识的信息化、信息的符号化及其社会意义、知识真理标准客观性的丧失、后现代信

---

① 高宣扬：《后现代：思想与艺术的悖论》，北京：北京大学出版社，2013 年版，第 1~2 页。
② 高宣扬：《后现代：思想与艺术的悖论》，北京：北京大学出版社，2013 年版，第 94 页。

息的媒体化、知识论述和信息系统的权力功能、信息化对于伦理价值体系的冲击等，也成为了后现代主义信息化批判领域的重点议题。这种信息化批判在被誉为"后现代主义牧师"①的让·鲍德里亚那里得以深化并不断被传扬。让·鲍德里亚是"迄今为止立场最为鲜明的后现代思想家之一……他发展出了迄今为止最引人注目也最极端的后现代性理论，他的理论深刻地影响了文化理论以及有关当代媒体、艺术和社会的话语"②。在让·鲍德里亚看来，后现代是一个拟真、拟像的时代，模型、符码、控制论是这一时代的典型事物，它们构造了一个全新的社会秩序。在此种社会秩序中，主客体的关系被反转，大众媒体的作用与日俱增，媒介技术成为新的意识形态工具。

无论让-弗朗索瓦·利奥塔还是让·鲍德里亚，他们都认识到生物工程技术、计算机信息技术和媒介传播技术的迅猛发展，促进了"后现代转向"。不同领域的理论家也从不同角度描述了后现代的社会面貌。受到微电子学飞速发展的启发，丹尼尔·贝尔（Daniel Bell）把后工业社会具体地指称为"信息社会"，这种社会形态是以知识的生产和处理为基础的，信息成为社会运行主导的战略资源；曼纽尔·卡斯特尔（Manuel Castells）则称之为"网络社会"，他认为信息技术的快速发展使人类社会发生了巨变，最终将出现一种与过去的农业社会和工业社会截然不同的、新的社会文化形态。③称之"信息社会"也好，"网络社会"也罢，其实质却异曲同工：技术的作用不断被强化，并不断重塑学界的理论风格和学术立场。这一影响在后现代档案学理论中体现得尤为明显，并成为后现代档案学理论与传统档案学理论相互区别的重要特征。

档案学者以其敏锐的学术敏感性抓住"时下"新兴的信息技术热点"大做文章"，以竭尽所能地避免被这个飞速发展的时代淘汰。于是，区块链技术一夜间从高端的学术论坛走向普通的社交媒体，档案学界同样开始积极思考区块链对档案工作、档案事业、档案学的理论价值和实践意义。同样的情况还出现在大数据、云计算等技术兴起之时，类似现象不断重复。此种观念本无可厚非，档案学是向前发展的，自20世纪后半期开始对电子文件予以研究以来，技术发展就在档案学研究领域占据了一席之地，从此开启了档案学研究的"新纪元"。档案学出现了诸多新的学术增长点，并在信息时代取得了一定的话语地位。但如果将更多的笔墨和着力点局限于技术化或信息化研究，那么档案学理论

---

① MIKE G. ed., *Baudrillard live: Selected interviews*. London: Routledge, 1993, p. 22.

② [美] 道格拉斯·凯尔纳、斯蒂文·贝斯特著，张志斌译：《后现代理论：批判性的质疑》，北京：中央编译出版社，2004年版，第143页。

③ 张劲松：《重释与批判：鲍德里亚的后现代理论研究》，上海：上海人民出版社，2013年版，第234页。

恐怕会在"跨学科"的研究热潮中，逐渐丧失掉自己本身的特质，从而在与计算机科学、信息科学、数据科学等研究领域"水乳交融"的过程中，逐渐消解掉档案理论的"档案化"本质。正如信息学院联盟 iSchool 运动在全球范围的迅速扩张，导致国内外院校在学院改名、学位改名与学科重组过程中，逐渐"去图书馆化""去档案化"，转而与计算机系/学院/学科合并。此种趋势对于档案学科而言虽是机遇，但更多的挑战和诘难也纷至沓来。

4.2.4.2　不确定性引发的档案学虚无主义倾向

不确定性，被视为后现代在当代社会的基本特征。顾名思义，不确定即无法确定、可随时随地发生更改，其内涵或意涵、其概念或原则、其理念或方法均无法言说，更无从讨论。"它和后现代主义的其他表述策略一样，实际上表现了后现代主义的一种悖论，其目的在于揭示传统文化本身的危机的不可救药性，在于显示传统艺术深陷绝境的无可奈何的状况以及后现代本身的悖论性。"[①] 虽然，不确定性的精神特质指向对传统理念所倡导的同一性与确定性原则的彻底背叛与抛弃，具有革命性的颠覆意义，但一味强调不确定性反而使得后现代主义者陷入虚无主义的立场，"可随时随地发生更改"的状态虽然适应时代的发展而使理论趋于灵活、处于等待不断被修订的状态，但又使理论陷入丧失根基的泥淖而无法自拔。如果引用伊哈布·哈桑的观点，后现代主义所强调的不确定性态度就是：含混不清（ambiguity）、不连续性（discontinuity）、异质性（heterodoxy）、多元主义（pluralism）、随意性（randomness）、叛逆（revolt）、变态（perversion）、变形（deformation）等。所有这些多少带有闪烁其词色彩的表达，无非是为了避免重新陷入传统的陷阱，以实现破除创造（decreation）、反整合（disintegration）、解构（deconstruction）、离心（decenterment）、移位（displacement）、差异（difference）、脱节（disjunction）、消失（disappearance）、分解（decomposition）、解除定义（dedefinition）、非神秘化（dymystification）、消除总体化（detotalization）、去合法化（delegitimation）等效果。[②] 而这些佶屈聱牙的词汇虽然解释了"不确定性"的意指，但其本身的含义似乎也很难明确后现代主义所倡导的理念，更遑论其实践指导意义能够趋于明晰。

后现代主义的不确定性特质在后现代档案学理论的发展中亦有体现，其导致的不良

---

① 高宣扬：《后现代：思想与艺术的悖论》，北京：北京大学出版社，2013 年版，第 4 页。

② HASSAN I., *The dismemberment of orpheus: Toward a postmodern literature*（2nd edition）. Madison: University of Wisconsin Press，1982，p. 269；HASSAN I.，*The postmodern turn: Essays in postmodern theory and culture.* Columbus: Ohio State University Press，1987，pp. 21-27.

影响则一定程度上引发了档案学的虚无主义倾向。这种虚无主义倾向在后现代档案学理论的诸多议题中均或多或少有所体现。以档案与身份认同为例，后现代语境下身份的不确定性与快速流动使得个体或群体对某一身份的认同感与归属感开始变得模糊，原本坚固的身份认同开始出现裂隙，个体身份认同与群体身份认同随着后现代不确定性的倡导而变得日益难以确认。后现代档案学理论尽管强调档案可以作为身份认同建构的工具和媒介，但档案在建构身份认同的同时是否会因其客观性的迷失、整体的碎片化和叙事的游戏化等倾向（如第 7 章所述）而导致相关理论探讨走向虚无？甚至可以认为，后现代主义所强调的不确定性倡导，使得档案在参与身份认同建构的同时一定程度上加深了隔阂，甚至走向反认同。尤其是随着后现代语境下技术决定论对档案理论的消解，数字媒介技术在对档案进行数字化管理与传播的过程中，不仅存在审美的消失问题，更存在对数字符号解释趣味的忽略及对人类记忆与情感的背离等倾向。与此同时，社会的网络化、身份的虚拟化、交流的去中心化使得我们每个人的身份浸染于后现代语境中以档案等为代表的电子媒介这一"人类社会的后巷"[①]而变成了一个个符码，这种变化有时会让我们变得手足无措。甚至在后现代主义思潮影响下，这些不再客观的、碎片化的档案难以呈现与建构一个完整的与客观的身份。由此可见，不确定性和虚无倾向使得档案在捍卫身份认同中的价值限度面临一定的挑战。在后现代档案理论的其他议题中，相似现象同样值得学界进一步审思。

4.2.4.3　激进而软弱的档案学批判立场

后现代主义的兴起与 20 世纪西方激进政治的传统紧密相关。[②]"激进"也成为部分后现代主义者的代名词。"彻底批判""全部否定""颠覆性变革""强调断裂、差异和冲突"等词汇无一不显示出后现代主义的激进立场。

回顾档案学发展史，西奥多·谢伦伯格的文件双重价值论是基于美国第二次世界大战之后"文山会海"的管理困境及对英国詹金逊式古典档案管理学的抨击而提出的，阿普沃德的文件连续体理论是基于电子时代文件管理的现实困境及对文件生命周期理论的抨击而提出的。那么，后现代档案学理论既然已具备了生长的环境与土壤，加之批判性理论已成为一股重要的学界思潮，因此，后现代档案学理论更应摆脱此种激进而软弱的批判立场，从实践唯物主义和辩证分析方法中汲取营养，增加自身的理论阐释力和实践关照力。

---

① ［美］曼纽尔·卡斯特著，曹荣湘译：《认同的力量》（第 2 版），北京：社会科学文献出版社，2006 年版，第 419 页。
② 张劲松：《重释与批判：鲍德里亚的后现代理论研究》，上海：上海人民出版社，2013 年版，第 306 页。

总体而言，自 20 世纪 90 年代中后期档案学界开始广泛探讨后现代档案现象以来，在历经 20 余年的学术探索之后，后现代档案学理论框架初步明晰却又饱含悖论，这无疑为这一理论的后续发展带来了更多挑战。面对挑战，后现代档案学唯有纵横扩展、固本培元，开阔格局、慎思明辨，方可从容应对这一思潮本身的非难。

纵横扩展、固本培元，即在正确理解与践行后现代档案学理论思想实质的基础上，坚守档案学科本身的特质。后现代档案学所倡导的理论批判、思维更新与多元主张是任何时代背景下档案学持续发展、保持活力的思想源泉。理论批判强调的是对传统档案学中不合时宜的理性主义档案观、科学主义档案观、机械主义档案观的批判；思维更新强调的是由传统的宏大叙事、主流话语、权威构建转向微观表达、边缘声音和权力解构；多元主张强调的是在档案学研究中尊重差异、包容不同。但这其中对传统档案学的批判与更新并非意味着对传统的摒弃，反之，档案的历史记录性、档案学理论性与应用性兼备的管理科学属性这些档案学研究的本质特征，仍值得永久珍视，这些特质彰显了档案学在信息时代不可被替代的价值。正如在被视为受后现代主义冲击最为猛烈的历史学研究中，也尚未抛弃利奥波德·冯·兰克（Leopold Von Ranke）"如实直书"[1]的信条那样，后现代档案学在其纵横扩展的研究领域里，仍需为传统档案学的核心理念留有一席之地。

更进一步言，后现代档案学的纵横扩展与固本培元则需要一个开阔的视野格局、一种冷静的思考辨析。这就要求我们在面对技术决定论对档案理论的过分消解时，要辨清技术的工具理性和价值理性，厘清技术与社会文化之间的互动关系，而不至于陷入"技术至上主义"的旋涡。在面对不确定性所引发的档案学虚无主义倾向时，要谨记档案学的实践性特征与现实关照力，厘清档案学科的社会价值与功能定位，在更加开放、多元、关联和动态的叙述模式中实现学科突围。在面对激进而软弱的档案学批判立场时，要铭记档案学者的使命，一方面以"立法者"的心态将所研究的理论问题转化为实践导向，从而使理论发挥出实际效力；另一方面以"阐释者"[2]的心态为现有社会现象提供档案学视角的解读，提高档案学的社会认知度与社会融入度，从而在后现代主义的大潮中捍卫档案学科的学术尊严。

因此，后现代档案学理论的发展与完善仍任重而道远。

---

① 注：兰克的名言"如实直书"（wie es eigentlich gewesen），即要求历史学家不带偏见、不带目的地如实陈述历史事实。虽然从表面上来看，兰克想追求的是所谓"客观"的史学，但其实他对历史也有浓厚的哲学理解。
② 注：已故社会学家、思想家齐格蒙·鲍曼将知识分子划分为"立法者"和"阐释者"两种角色。

第5章　后现代档案学理论的主要内容

后现代档案学理论泛指自 20 世纪 80 年代以来，档案学界在后现代主义思潮影响下探索的新的研究领域和研究主题，产生的新的档案观念和思想，目前包括档案记忆观、档案与身份认同、档案信任论、档案与社会正义、档案多元论、社群档案、档案情感价值、档案第五维度等主题或思想。

5.1　档案记忆观

1992 年，联合国教科文组织发起"世界记忆"（Memory of the World）工程，旨在促进对人类珍贵历史档案、文献遗产的保护与利用。1996 年在北京召开的第十三届国际档案大会上，加拿大档案学家特里·库克在主报告中指出："全世界的档案人员，仍然在建造记忆宫殿。"[①] 此后，"记忆"成为档案学界的一个高频词，档案与集体记忆、社会记忆成为档案学研究的一个重要主题。近年来，档案学者逐渐将有关档案与集体记忆、社会记忆的研究发展为"档案记忆观"，即从集体记忆、社会记忆视角认识档案的性质与价值，设计档案工作的内容与机制，定位档案工作者的功能与角色。

---

① ［加拿大］特里·库克著，黄霄羽译：《1898 年荷兰手册出版以来档案理论与实践的相互影响》，载《第十三届国际档案大会文件报告集》，北京：中国档案出版社，1997 年版，第 143~176 页。

5.1.1　档案记忆观的理论与实践基础

5.1.1.1　档案记忆观的理论基础

档案记忆观的提出有其深厚的理论基础。后现代主义思潮为档案记忆观提供了哲学和方法论指导，后保管时代档案理论、档案范式理论为档案记忆观提供了档案学的理论依据，社会记忆理论为档案记忆观提供了社会学的理论基石。

在后保管时代档案理论方面，特里·库克和弗兰克·阿普沃德作为后保管时代档案学者的重要代表，前者基于后现代主义思维方式论证了后保管范式，后者基于后现代主义结构化理论发展了文件连续体理论。特里·库克的档案后保管范式理论促进人们从更广阔的社会背景、从档案与社会的关系中认识档案，认识到档案在"证据"之外的"知识""记忆"功能，认识到档案工作者在"保管"之外的"建构"之责，从而为档案记忆观的形成提供了有力的理论支撑。弗兰克·阿普沃德在文件连续体理论中，明确指出文件在第三、四维中，表现的价值形式为机构记忆、社会记忆。这从文件运动规律、档案价值理论上为档案记忆观提供了充分的理论依据。

在档案范式理论方面，特里·库克深刻地分析了档案的记忆属性、证据与记忆的关系。他指出档案记忆范式产生的背景：随着国家产生的文件数量爆炸式增长，档案鉴定变得更加重要，档案人员的作用也愈发关键，他们远非中立和客观，而是有意识地构建公共记忆。特里·库克的这一思想，既是档案记忆观的重要思想来源，也是档案记忆观的重要组成部分。丁华东认为档案社会记忆理论是档案学的前沿范式，这一范式将档案视为社会记忆，强调档案的记忆传承功能与价值。它将在理论上引发对档案、档案管理及其与社会情境关系的重新认识，同时在实践上促使对档案政策、档案工作者角色的重视审视。特里·库克和丁华东都深刻地认证了"记忆"是档案理论与实践发展过程中一个重要范式。这表明，档案成为一种社会记忆，是档案这一客观事物、社会现象自身发展规律的内在要求；从社会记忆的角度审视档案，并不是档案学者和档案工作者为了提升自己学科和工作的地位而刻意地"傍附"于社会记忆领域，而是档案学发展的必然趋势。档案范式理论为档案记忆观提供了本学科内在的理论依据。

在社会记忆理论方面，受后现代主义思潮影响，具有强烈时代感和使命感的档案学者抛弃传统的档案观念，跳开原有的档案"圈子"，从更广阔的社会背景审视档案的价值，思考档案工作的功能，探索档案工作者的角色。这时，社会记忆作为一种与档案有着内在深刻联系的概念，就被引入档案学领域。经过三十余年的研究，社会记忆理论已成为档案记忆观的社会学理论基石。丁华东指出，"从中介的角度切入社会记忆研究，这是档案记忆研究在社会记忆理论研究框架中的坐标点或立足点。"[①]

5.1.1.2 档案记忆观的实践基础

自 1992 年联合国教科文组织发起"世界记忆"工程以来，许多国家和地区实施了各种记忆工程，保护和传播包括档案在内甚至以档案为主体的文献资源，促进国家、地方或社区记忆的建构。由于观念、政策、地缘、技术等优势，欧美地区最先开展记忆工程，现有成果也较为成熟可观，其宝贵经验值得其他国家和地区借鉴；当然，也有越来越多的发展中国家或地区在一点一点地投入到记忆工程的建设中。目前，根据资助方式，可将记忆工程大致分为两类：（1）各国家、地区、城市资助开展的记忆工程；（2）联合国教科文组织推荐、"世界记忆"工程资助开展的记忆工程。二者并不能完全区分，有些由国家、地区或城市资助开展的记忆工程可能同时受到联合国教科文组织的推荐及"世界记忆"工程的资助。

我国档案机构在记忆工程的建设中也有相应的实践基础，自 2002 年青岛市档案部门率先提出实施"城市记忆工程"以来，全国许多地区都在实施各种各样的"城市记忆工程""乡村记忆工程"，并开展了大量的工作，取得了显著的成效。调查中国城乡记忆工程的发展情况、总结其经验和教训，并以档案记忆观为指导，提出改进策略，有助于更好地保护和传承中华民族集体记忆。

上述记忆工程建设的热潮证明了社会记忆构建的重要现实价值，以及档案在其中可以发挥的重要作用。档案是建构集体记忆的不可替代要素，档案记忆观对于记忆工程建设具有重要的指导价值。

笔者认为，档案记忆观主要是指从集体记忆、社会记忆视角对档案、档案工作及档案工作者的系统认知，还包括从档案学视角对集体记忆、社会记忆及其建构的独特认知。在理论层面，它不是简单的关于档案与记忆、社会记忆关系的论述，而是有着丰富的思想内涵，甚至是一种新的档案学理论范式。在实践层面，档案记忆观的研究与当前我国各地开展的记忆工程相伴而行，承载了我国个人、地方和国家等多维度的实践理念与指导方法，具有深厚的实践基础。

5.1.2 档案记忆观的含义

总体来说，尽管"记忆"已经成为档案界的一个高频词，但是"档案记忆"一词仍

---

① 丁华东：《档案与社会记忆研究》，北京：人民出版社，2016 年版，第 51 页。

然较少被使用。"档案记忆"的构词法类似于"档案信息""档案知识"。"档案信息""档案知识"包括两层含义:第一,强调档案是一种信息、知识(资源),或者说蕴含了信息、知识,具有信息属性、知识属性;第二,强调应发挥档案的信息、知识(资源)价值。同样,"档案记忆"一词,一是强调档案是一种社会记忆、集体记忆,或者说承载了社会记忆、集体记忆,具有记忆属性;二是强调应发挥档案的记忆(资源)价值。

"档案记忆"一词,在国内始见于《中国档案报》原总编辑王德俊在《北京档案》1998 年第 1 期上发表的《当前国际档案界学术新动态新观点》一文。后来,上海大学丁华东及其学生将"档案记忆"推广开来。国际上,2003 年,美国著名社会学家兰德尔·吉姆森将"个人记忆"(personal memory)、"集体记忆"(collective memory)、"历史记忆"(historical memory)和"档案记忆"(archival memory)视为四种记忆类型,在这里他明确了使用"档案记忆"一词。[①]此后,法国历史学家雅克·勒高夫(Jacques Le Goff)也提道:"史学经历了一场真正的文献革命,计算机只是这场革命中的一个因素而已,档案记忆已被一种新兴的记忆颠覆,这就是'数据银行'。"[②]

至于"档案记忆观"一词,始于 2006 年上海空军政治学院薛匡勇提出的"档案社会记忆观"。薛匡勇教授将"档案社会记忆观"界定为"人们对于档案作为社会各项活动的原始记录而具有的构建人类社会记忆的作用和价值的基本认识"[③]。2009 年,丁华东明确提出"档案记忆观"一词,并指出:"档案记忆观是 20 世纪末兴起的档案学新观点,其核心内涵是:基于对档案基本属性——社会记忆属性的本质性认识,把档案与社会、国家、民族、家庭的历史记忆联结起来,强调档案是一种社会(或历史、集体)记忆,含有'集体记忆的关键',档案馆是'记忆的保存场所'或'记忆宫殿',并从个人乃至民族的根源感、认同感、身份感的高度去看待档案及其保护的重要性。"[④]2012 年,中国人民大学的冯惠玲将档案记忆观的基本观点归纳为:"档案是建构集体记忆重要且不可替代的要素;档案工作者有责任通过自身的业务活动积极主动地参与集体记忆的建构、维护与传承;档案工作者的观念、工作原则与方法对于集体记忆的真实、完整与鲜活产生正面或负面的影响。"[⑤]

———————————

① JIMERSON R. C., *Archives and memory*. OCLC Systems & Service: Internatonal Digital Library Perspectives,2003,19(3),pp. 89-95.

②[法]雅克·勒高夫著,方仁杰、倪复生译:《历史与记忆》,北京:中国人民大学出版社,2010 年版,第 104 页。

③ 薛匡勇:《现代档案观研究》,《档案学通讯》2006 年第 2 期,第 17~20 页。

④ 丁华东:《档案记忆观的兴起及其理论影响》,《档案管理》2009 年第 1 期,第 16~20 页。

⑤ 冯惠玲:《档案记忆观、资源观与"中国记忆"数字资源建设》,《档案学通讯》2012 年第 3 期,第 4~8 页。

一般认为，档案记忆观是从集体记忆、社会记忆视角认识档案性质与价值，设计档案工作内容与机制，定位档案工作者功能与角色。笔者认为，档案记忆观主要是指从集体记忆、社会记忆视角对档案、档案工作及档案工作者的系统认知，还包括从档案学视角对集体记忆、社会记忆及其建构的独特认知。

档案记忆观有着丰富的思想内涵，主要包括以下要点：第一，档案是建构社会记忆的不可替代要素；第二，档案工作是建构社会记忆的受控选择机制；第三，档案工作者是建构社会记忆的能动主体。

5.1.3　档案是建构社会记忆的不可替代要素

对于档案与社会记忆的关系，学者们提出了"档案是社会记忆的重要载体""档案是社会记忆的重要工具""档案是社会记忆的重要媒介""档案是社会记忆的重要形态""档案是社会记忆的重要资源"等不同的说法。"载体""工具""媒介""形态""资源"这些说法在一定程度上都是正确的，为此，笔者使用"要素"一词概括之。

5.1.3.1　档案是社会记忆的一种重要形态

档案是人类活动过程中所形成的"副产品"（by-products）。作为一种固化信息，档案是一种承载社会记忆的工具与传递社会记忆的媒介，这一功能主要源自它承载着一定的文字、图像等记录符号。符号的意义代表一定客体的信息内容，档案作为一种有意义的指称而实现着客体信息与主体思想之间的相互转换，充当着主体观念地掌握客体的中介。更确切地说，档案"能够以具有共同的、普遍意义的感性形式将人类在实践活动中形成的主体能力和本质力量凝固起来、固定下来并得以延续和传播，成为不同地域不同时空的人类活动相互联结的纽带"[1]。如美国地理学家肯尼斯·福特（Kenneth Foote）所言："档案不像那些短暂出现或刚出现马上就消失的口头或非口头行动，具有物理耐久性的实体、人工品和文献能够让他们跨越人、地点和时间的限制。""档案可以被看作一种超越时空的人类交流方式。"[2] 在某种意义上，所有档案文献的最终目标都是为了长时间地传播和保存信息，实现记忆的传承，这也构成了档案作为一项客观存在在社会记忆体系中的独特地位。

社会记忆理论一个普遍观点是："我们记忆什么与我们如何记忆是直接相关的，即记

① 孙德忠、王峰：《论社会记忆的历史类型》，《湖北社会科学》2006 年第 12 期，第 126~128 页。

② FOOTE K. E., *To remember and forget: Archives, memory, and culture.* The American Archivist, 1990, 53（3），pp. 378–392.

忆的内容和记忆的载体、媒介和技术方式是密切联系在一起的，包括档案在内的文献记录是被普遍认可的一种记忆形式。"①而社会记忆的载体形式和传承方式有很多种，但它主要通过各种社会文化实践（如风俗、节日、仪式、习惯）和物质文化载体（如档案、图片、雕塑、建筑、艺术品）在关系互动和时空要素中得到传播和传承。其中，物质文化载体是实现社会记忆跨时空和跨群体传播的重要依托。对此，法国社会学家米歇尔·福柯（Michel Foucault）曾言："历史是上千年集体记忆的证明，这个记忆依赖于物质的文献以重新获得对自己过去事情的新鲜感。"②

许多学者在对社会记忆的形态进行分类时，直接或间接地指出，档案是社会记忆的一种重要形式（如表 5-1 所示）。

表 5-1　社会记忆的形态结构及档案所属社会记忆形态

学者	社会记忆的形态结构 （原著者的划分）	档案所属社会记忆形态 （笔者的阐释）
彼得·伯克 （Peter Burke）③	回忆社会史范畴分为： √ 口头流传实践 √ 常规历史文献（如回忆录、日记） √ 绘制和拍摄图片 √ 集体纪念礼仪仪式 √ 地理和社会空间	"常规历史文献""绘制和拍摄图片"属于档案
扬·阿斯曼 （Jan Assmann）④	文化记忆分为： √ 潜在形式 √ 现实形式	扬·阿斯曼指出："潜在形式，即以档案资料、图片和行为模式中储存的知识的形式存在。"因此，档案属于"潜在形式"
保罗·康纳顿 （Paul Connerton）⑤	记忆在人身体内的积累方式分为： √ 体化实践 √ 刻写实践	保罗·康纳顿认为，通过人类发明的符号系统传递和保存信息的方式，即是"刻写实践"。因而，档案可被视为"刻写实践"。丁华东认为，可将档案视为刻写记忆（文本记忆/储存记忆）⑥

① 蔡娜：《重大事件档案管理机制研究》，《档案学通讯》2012 年第 3 期，第 65~67 页。
② [法] 米歇尔·福柯著，谢强、马月译：《知识考古学》，北京：生活·读书·新知三联书店，2003 年版，第 6 页。
③ [德] 哈拉尔德·韦尔策编，季斌、王立君、白锡堃译：《社会记忆：历史、回忆、传承》，北京：北京大学出版社，2007 年版，第 6 页。
④ [德] 哈拉尔德·韦尔策编，季斌、王立君、白锡堃译：《社会记忆：历史、回忆、传承》，北京：北京大学出版社，2007 年版，第 5 页。
⑤ WACQUANT L. J. D., *Connerton Paul: How societies remember*. Revue Franaise De Sociologie, 1991, 32（4），p. 634.
⑥ 丁华东：《档案与社会记忆研究》，北京：人民出版社，2016 年版，第 51 页。

学者	社会记忆的形态结构 （原著者的划分）	档案所属社会记忆形态 （笔者的阐释）
阿莱达·阿斯曼 （Aleida Assmann）	∨ 存储记忆 ∨ 功能记忆	档案具有"存储记忆"的属性
沃尔特·阿丹姆森 [1] （Walter Adamson）	历史记忆分为： ∨ 实录记忆 ∨ 认识记忆 ∨ 批评记忆	档案具有一定的"实录记忆"性质
孙德忠 [2]	社会记忆分为： ∨ 神话传说 ∨ 口承记忆 ∨ 文字符号	相当部分"文字符号"被记录在档案之中， 而且口述档案可被视为"口承记忆"
王铭铭 [3]	社区历史形式分为： ∨ 社会实践行为的历史习惯方式 ∨ 象征和仪式所造成的社会性记忆 ∨ 通过文字记载的本土社区史 ∨ 口头传统	档案可属于"通过文字记载的本土社区 史"，口述档案也可被视为"口头传统"

丁华东进一步提出，档案作为社会记忆的一种形态，具有本源性与回溯性的统一、多样态和多媒介的统一、连续性和累积性的统一、层级性和互构性的统一、静态性与动态性的统一、历史重构与历史定格的统一六个特点。[4]

5.1.3.2　档案对社会记忆的建构作用

档案不仅是社会记忆的一种重要形态，还会与社会记忆相互作用。档案对社会记忆具有建构作用。这里所说的"建构"是一个广义的概念，包括通常所说的收集、保护、传承、展现、传播、控制、再现、强化等含义。美国学者保罗·康纳顿认为，"记忆的恢复借助了外来原始资料。"[5] 肯尼斯·富特更直接地指出，档案可以被视为一种延展人类交流时空范围的重要手段，与其他交流手段（如口头表达和传统仪式）一起，帮助信息传递，从而

---

① KELLNER D., *Marx and the disillusionment of Marxism by Walter L. Adamson*. The American Historical Review，1987，92（2），p. 378.

② 孙德忠、王峰：《论社会记忆的历史类型》，《湖北社会科学》2006 年第 12 期，第 126~128 页。

③ 王铭铭：《村落视野中的文化与权力：闽台三村五论》，北京：生活·读书·新知三联书店，1997 年版，第 94 页。

④ 丁华东：《档案与社会记忆研究》，北京：人民出版社，2016 年版，第 102~106 页。

⑤ WACQUANT L. J. D.，*Connerton Paul: How societies remember*. Revue Franaise De Sociologie，1991，32（4），p. 634.

维持记忆的世代相传。[1] 约翰·施瓦兹和特里·库克称，"记忆，和历史一样，根植于档案中。没有档案，记忆将会摇摇欲坠，过去的知识也会消退，共同经验所带来的荣誉感也会消散"[2]。因此，档案不管是公共的还是私人的，都能帮助当下和未来的人认识、回忆、重构"过去"。[3]

丁华东将档案与社会记忆之间的关系总结为载体关系、客化关系、建构关系与控制关系四个方面，并将档案视为社会记忆控制的"结构性媒介"，认为档案的社会记忆建构功能具体表现在触发功能、传承功能、证实与补正功能、形象展示功能和选择张扬功能五个方面。[4] 其观点比较系统地论证了档案是建构社会记忆的重要资源这一观念。

档案具有社会记忆建构功能，这个理念在第十五届国际档案大会得到各国档案学者的共识——"档案在文化记忆、个人记忆和基因记忆的遗忘、构建、重构和恢复中具有重要的社会功能，是寻找遗忘记忆和发现过去记忆事实真相的重要载体，是知识的存储器，是知识咨询和转换的媒介，是保护过去、记录现在和联系未来的桥梁。"[5]

相对于其他社会记忆的要素，档案凭借其本质属性——原始记录性，所建构或参与建构的社会记忆更为可靠、真实。如冯惠玲所言："在这个建构过程中，档案资源是一种经过沉淀的最基本、最稳定、最深层的要素，它给关注者提供事实、关联、依据和理性，通过这种方式浸入每一个时代的集体记忆当中。"[6] 事实上，档案在作为"发现或者恢复那些潜在的已经遗失的记忆的资源"时，其作用体现得最为明显，这主要是因为档案作为历史记录能够影响社会记忆的形成并予以补正和校验，这恰恰是其他事物和行为（如纪念仪式、口述历史及文学作品、电影、图片、音乐各种刻写的符号系统）所不能替代的优势。[7] 因此，档案是建构社会记忆的不可替代要素。

5.1.3.3 社会记忆对档案的反作用

此外，社会记忆对档案具有反作用。从某种意义上来说，人类出于保存和传承社会记忆的需要，尤其是为了突破人脑记忆的不准确性、难长久的限制，而制作文件、记录，

---

[1] FOOTE K. E., *To remember and forget: Archives, memory and culture.* The American Archivist，1990，53（3），pp. 378-392.

[2] SCHWARTZ J. M. & COOK T., *Archives, records, and power: The making of modern memory.* Archival Science，2002，2（1-2），pp. 1-19.

[3] NAKATA M., *Indigenous memory, forgetting and the archives.* Archives and Manuscripts，2012，40（2），pp. 98-105.

[4] 参见：丁华东：《论档案与社会记忆控制》，《档案学通讯》2011年第3期，第4~7页；丁华东：《档案记忆观的兴起及其理论影响》，《档案管理》2009年第1期，第16~20页；丁华东、倪代川：《论档案的社会记忆建构功能——以徽州历史档案为分析对象》，《档案管理》2010年第4期，第10~13页。

[5] 中国城建档案代表团：《第十五届国际档案大会及其学术动向》，《城建档案》2004年第5期，第9~12页。

[6] 冯惠玲：《档案记忆观、资源观与"中国记忆"数字资源建设》，《档案学通讯》2012年第3期，第4~8页。

[7] 卫奕：《论档案编研与社会记忆的构建》，《档案学通讯》2008年第6期，第45~47页。

并形成档案。如美国未来学家阿尔温·托夫勒（Alvin Toffler）在《第三次浪潮》中指出的那样，"第二次浪潮文明冲破记忆的障碍。它传播了群体文化，保存了系统的记录，建造了上千座图书馆和博物馆，发明了档案柜。一句话，它把社会记忆扩展到人们大脑之外，找到了新的储存方法，这样就冲破了原来的局限。"① 中国学者任汉中也认为，"档案的起源是因为人类的自然记忆在面临着社会生活的不断深入和丰富时，遭遇到以大脑为记忆载体的瓶颈而寻求突破的必然性结果。"②

社会记忆还影响档案的内容，即影响哪些东西能够成为档案。如珍妮特·艾利斯·巴斯蒂安（Jeannette Allis Bastian）所指出的，"档案可以使集体记忆变成实在且能被感知，这是档案工作的价值体现，并且能有效提升档案的价值；集体记忆提供了一个通往过去的选择路径，这个路径可以帮助我们充实档案内容。"③ 而且，由于档案受权力影响，掌握国家统治权和社会话语权的阶层决定了哪些信息能被记录、归档，哪些记忆能保存、利用。所以，档案内容不是客观的全面，而是难免主观的片面。

5.1.3.4 档案不等于社会记忆

需要指出的是，档案作为人类活动过程中所自然生成的副产品，它并不是为了后期被用作证据或是记忆而产生的（虽然它在后期确实可以作为证据或记忆来使用，但这并不是其"生成"的理由）。因此，虽然现在档案界普遍承认档案具有记忆属性，但就像档案不等于证据本身而只能被用作证据一样，档案不等于记忆本身，档案通过社会的制度选择、思维认知和情感认同才成为社会记忆。这是因为，"历史档案是死的，是不可更改的认识的积累；社会记忆则是活生生的，它从情感的视角体验过去。"④

社会记忆是一个经历信息接受、体验分析、储存、新信息输入、激活再现或遗忘、交融产生新意义等环节的循环过程，也是一个动态循环的主观建构过程，这种解释主义和建构主义的特性决定了其不能等同于物质性的存在，即不能等同于记录和史实本身。

5.1.4 档案工作是建构社会记忆的受控选择机制

5.1.4.1 档案馆对社会记忆予以选择性保存

和传统档案观念下将档案馆仅仅视作为"客观中立的保管人类活动过程中所产生的

① ［美］阿尔温·托夫勒著，朱志炎、潘琪、张焱译：《第三次浪潮》，北京：生活·读书·新知三联书店，1984 年版，第 237~239 页。
② 任汉中：《档案起源：人类记忆的一次嬗变》，《湖北大学学报（哲学社会科学版）》，2013 年第 6 期，第 139~143 页。
③ BASTIAN J. A., *Flowers for homestead: A case study in archives and collective memory*. The American Archivist. 2009, 72（1），pp. 113–132.
④ 郭景萍：《社会记忆：一种社会再生产的情感力量》，《学习与实践》2006 年第 10 期，第 109~112 页。

文件的场所"① 不一样，在档案记忆观看来，档案馆被视为记忆的存储库和唤醒人们相关回忆的场所。事实上，将档案馆理解为"记忆库"的说法历时已久，所罗门群岛的岛民曾以"属于记忆的房间"来描述他们的民族档案馆。②特里·库克在第十三届国际档案大会上，用"记忆宫殿"对档案馆进行描述，他认为"这个宫殿有不同的通道，走向不同的房间，房间有不同的色彩"，并称"全世界档案人员，仍然在建造记忆宫殿"。③日本国家档案馆副馆长大滨彻对此表示认同，"档案馆的确是一个记忆的殿堂。通过档案馆，国家的公民根据保存的记录回想国家的记忆，为了确认作为一名国家的公民，他们的身份。"④因此，"档案馆是保存人类记忆的各种表现形式，保存社会记忆、个人记忆的最权威场所。"⑤

兰德尔·吉姆森提出了四种不同的记忆类型，即个人记忆、集体记忆、历史记忆和档案记忆。⑥他认为：（1）个人记忆通常被理解为个体的认知和生理功能，个体参与某个历史事件所形成的记忆可以构建或者纠正集体记忆。但是，由于个体记忆是易变且不稳定的，它常常会随着个体的经历和经验而出现新的解读。（2）集体记忆是指针对一个群体而言。当档案工作者参与一个特殊群体的记录时，也就在这个群体的认同形成与记忆构建中发挥作用。（3）历史记忆来源于以证据和分析为基础的对早期历史事件的解释。历史学家可能帮助构建集体记忆（相关的概念包括传统、文化遗产和民间传说），或是对那些既有的社会建构提出挑战。在构建过去历史记忆的过程中，历史学家通常依赖于时间发生过程中所生成的原始资料。证据的规则、真实性和可靠性要求历史学家使用唯一可信的信息资源。历史通常成为个人或是集体记忆的矫正。尽管历史学家力求客观公正，但是其中存在主观性，这种主观性体现在他们的问题分析、证据选择和意义解释中。也就是说，历史是解释的，其中存在着确切的社会偏见。个人和集体记忆的偏见因此也在历史解释或者历史记忆中出现。

正如兰德尔·吉姆森所强调的，档案记忆不同于个人记忆、集体记忆、历史记忆，

---

① JENKINSON H., *A manual of archive administration including the problems of war archives and archive making*. Oxford: Clarendon Press, 1922, pp. 688–689.

② FOOTE K. E., *To remember and forget: Archives, memory and culture*. The American Archivist, 1990, 53（3）, pp. 378–392.

③［加拿大］特里·库克著，刘越男译：《电子文件与纸质文件观念：后保管及后现代主义社会里信息与档案管理中面临的一场革命》，《山西档案》1997年第2期，第7~13页。

④徐拥军：《档案记忆观的理论与实践》，北京：中国人民大学出版社，2017年版，第92页。

⑤《西班牙国王胡安·卡洛斯致词》，国家档案局编：《第十四届国际档案大会文集》，北京：中国档案出版社，2002年版，第7~8页。

⑥ DURANTI L. & FRANKS P. C. eds., *Encyclopedia of Archival Science*. Lanham: Rowman & Littlefield, 2015, p. 99.

它既是一种长时间保存个体或集体记忆的媒介，依赖于个体、集体对其进行解释然后形成对于历史的解释性记忆，同时，它体现了档案馆作为一种社会记忆建构的社会选择机制。这种社会选择机制的存在是因为档案馆需要通过对档案的鉴定与筛选，按照现实的需要，决定哪些历史事件需要保存下来，哪些历史事件不应该存留，哪些要广为传播，哪些要严密封锁，从而形成一定的馆藏结构，遗留后世，确立档案的历史话语霸权地位，这实际上就为社会选择和框定了记忆的基本内容。而且，档案馆通过对馆藏档案的开放和传播，进一步发挥着对社会的记忆过程进行搭桥、引导与控制的功能。温莎大学档案馆研究员布莱恩·欧文斯（Brian Owens）称，"档案机构开放文件可触发社会记忆，无论是阅览这些文件还是传递开放这些文件的消息……查阅档案文件可以厘清对过去的记忆，为我们提供把自己与前事相连的资料。档案文件能够用先前的一个现象确定我们的身份，或者用相关的真相改变甚至粉碎我们的个人记忆。保存在档案馆里的书面文字具有确定和改变我们信以为真的那些记忆的力量。"[①]

有学者对此总结道，"作为一个社会组织，档案馆正是以其社会记忆的工具价值而存在的。以档案为物质基础和工作对象而建立的档案馆的工具价值就体现在其是人类自觉创建的社会记忆的信息控制系统。"[②]虽然这种说法有夸大其词的成分，但也在某种程度传达了这样一种理念，即档案馆会参与到社会记忆的选择与控制之中，不管是有意识的还是无意识的。

5.1.4.2 档案馆对社会记忆的选择受权力控制

自古以来，档案都是国家权力的产物和象征。档案学者一般认为，文字的发明和国家的产生是档案起源的两个基本条件，即随着阶级的出现和国家的形成，国家机关利用文字记载和传达各种事务，于是产生了文书，它们被保存起来便形成了档案。[③]可见，档案从一开始就是国家权力的产物。在古代中国，档案被"登于天府""置之宗庙""藏于金匮"[④]，被赋予了神圣性和神秘性，甚至被打上了政治和权力的烙印。在古代西方，档案被称为国家的"胸甲和灵魂""君主的心脏、安慰和珍宝"[⑤]，体现出档案的统治武器、权力工具性质。而且在古代中西方，档案利用只是少数统治者所享受的特权。直至今天，档案工作的国家、政治、权力属性仍被反复强调。1956年国务院发布了《关于加强

---

① [加拿大] 欧文斯著，李音译：《档案馆：记忆的中心和传承者》，《中国档案》2011年第4期，第59~61页。

② 任汉中：《档案馆社会化服务的理论探讨》，《档案管理》2009年第3期，第17~20页。

③《中国大百科全书档案学分册》，北京：中国大百科全书出版社，1993年版，第22~23页。

④ 周雪恒主编：《中国档案事业史》，北京：中国人民大学出版社，1994年版，第52~54页。

⑤ 韩玉梅、黄霄羽主编：《外国档案管理》，北京：中国人民大学出版社，1998年版，第188页。

国家档案工作的决定》。2014 年中共中央办公厅、国务院办公厅印发的《关于加强和改进新形势下档案工作的意见》仍然强调"档案工作是党和国家工作中不可缺少的基础性工作"[①]。

当代历史学家、社会学家、档案学家更是充分地论述了档案与权力的关系，指出档案为权力所影响和控制。雅克·勒高夫说，自古以来，掌权者决定谁可以说话，谁必须保持沉默，即使在档案材料中也是如此。[②] 玛格丽特·赫德斯特罗姆（Margaret Hedstrom）认为，某些社会记忆是体现特权的，而其他的非权力核心的故事则被边缘化。[③] 丁华东说："历史从来就是统治者的历史、精英的历史、正式的历史和文字的历史，记忆被权力所规训。"[④] 社会各群体对权力尤其是话语权的争夺，既延伸至也体现于社会记忆的选择性保存和限制性利用之中。如雅克·勒高夫所言，"集体记忆成为了发达社会与发展中社会、主流阶层与非主流阶层为权力、生活、生存、发展而激烈争夺的一部分。"[⑤]

因此，凡尔纳·哈里斯（Verne Harris）认为，档案远不是对现实的简单反映，它是构建个人和集体发展过程的动态窗口，更是现行权力关系更迭和调整的重要工具。[⑥] 档案从其产生之日，就带有意识形态性质。档案馆在统治阶级和权势阶层的控制下，有选择地保存社会记忆。

在我国，档案馆工作是档案事业的主体，而档案室是档案事业的基础。在西方，按照文件生命周期理论和文件连续体理论，档案工作也应从档案馆阶段向前延伸至文件形成之初。因此，不仅档案馆在权力控制之下选择性地建构社会记忆，而且整个档案工作是建构社会记忆的一种受控选择机制。

5.1.5　档案工作者是建构社会记忆的能动主体

5.1.5.1　档案工作者参与"记忆"与"遗忘"

记忆总是伴随着遗忘而存在，对记忆的理解离不开对其对立面"遗忘"的理解。每

---

① 《中共中央办公厅 国务院办公厅印发〈关于加强和改进新形势下档案工作的意见〉》，《中国档案》2014 年第 5 期，第 12~14 页。

② ［加拿大］特里·库克著，刘越男译：《电子文件与纸质文件观念：后保管及后现代主义社会里信息与档案管理中面临的一场革命》，《山西档案》1997 年第 2 期，第 7~13 页。

③ HEDSTROM M., *Archives, memory, and interfaces with the past*. Archival Science，2002，2（1-2），pp. 21–43.

④ 丁华东：《论档案与社会记忆控制》，《档案学通讯》2011 年第 3 期，第 4~7 页。

⑤ ［法］雅克·勒高夫著，方仁杰、倪复生译：《历史与记忆》，北京：中国人民大学出版社，2010 年版，第 104 页。

⑥ HARRIS V., *The archival sliver: Power, memory, and archives in South Africa*. Archival Science，2002，2（1-2），pp. 63–86.

一个记忆的行为都涉及遗忘的要素，社会对于遗忘的需要并不亚于其对记忆的需要，不管是刻意的遗忘（可能源于遗忘某段充满痛苦的过去，也可能出于统治阶层强化统治的需要），还是无意的遗忘（可能源于对某类记忆的不重视，也可能来源于"记忆载体"的缺失）。对此，阿莱达·阿斯曼总结了社会遗忘的七种形式：（1）材料的、生物的和技术的自动忘却；（2）档案入口处——为保存而遗忘；（3）选择性遗忘——聚焦与记忆框架的意义；（4）破坏性与镇压性遗忘；（5）保护加害者的防守性和共谋性遗忘；（6）建设性遗忘；（7）治疗性遗忘①。其中，前三种属于人类自然的心理意识，具有一定的中立色彩；第四、五种是负面消极的控制行为；第六、七种则是正面积极的努力。

阿莱达·阿斯曼将档案视为一种"为保存而遗忘"的手段，这实际上是基于这样一种理念——如果我们承认档案是作为记忆载体而存在的，那么选择将档案保存于档案馆中本身就是一个对特定记忆进行选择和对另外一些记忆进行销毁的过程。当然，档案在"社会遗忘"上的作用显然不仅仅体现为"为保存而遗忘"，在压制性遗忘或清除性遗忘时，也需要对既有的档案等记忆载体进行破坏或销毁。换言之，体现主观性的保存记忆行为或是遗忘记忆行为，都无可避免地指向对档案的"保存"或"销毁"，这也使档案超越其体现管理与业务上的客观性与中立性，而更加具有社会和文化上的主观性和情感性。

尽管没有一个简单的公式来计算记忆和遗忘之间的关系，但是档案工作者作为"文件生成者和文件存储机构之间、档案和用户之间、过去概念和现存文献之间的中介者"②，当他在选择和鉴定把哪些文件放入档案机构时，便已然参与到社会是"记忆"还是"遗忘"的建构中。加拿大历史学家乔伊·帕尔（Joy Parr）说，历史诠释始于历史学家在档案馆阅览室打开档案盒那一刻。历史学家只选择从某个档案盒里阅读某些案卷，只注意某些作者、群体或地区的文件，然后利用这些文件建立特定的叙述和诠释框架。对此，特里·库克认为，现实情景远比乔伊·帕尔描述的更令人震惊——"主要的历史诠释行为并非发生在史学家打开档案盒之时，而是发生在档案工作者装盒之际。"③从这个意义上来说，档案工作者有意识或无意识地决定社会的哪些方面或哪些群体将会被未来记忆，其思想观念、工作原则和工作方法对社会记忆的真实性、完整性与鲜活性产生正面或负面的影响，当然，这些思想观念、工作原则和工作方法本身会受到各种要素的影响，包括政治、经济、

---

① 2015 年 11 月至 12 月，德国著名学者扬·阿斯曼（Jan Assmann）和阿莱达·阿斯曼（Aleida Assmann）在中国进行关于"记忆与遗忘"系列讲座与讨论，本次讲座聚焦于扬·阿斯曼和阿莱达·阿斯曼在"文化记忆""建构过往的视界"和"记忆空间"方面的研究成果。文中关于记忆的遗忘形式的表述源于阿莱达·阿斯曼关于"遗忘的形式"的主题讲座。

② BLOUIN F. X., *Archivists, mediation, and constructs of social memory.* Archival Issues. 1999, 24（2）, pp. 101–112.

③ [加拿大] T. 库克著，李音译：《铭记未来——档案在建构社会记忆中的作用》，《档案学通讯》2002 年第 2 期，第 74~78 页。

文化、技术及其个人经验等。

5.1.5.2 档案工作者应成为积极的社会记忆建构者

从社会记忆理论来看，档案工作者在决定社会是"记忆"还是"遗忘"上扮演着重要角色。因而，越来越多的人呼吁档案工作者实现由"被动的文件保管者"到"积极的记忆构建者"的角色转变。特里·库克认为，每一份文件都是由其生成者形成的，然后由档案工作者呈现或是表达的。"档案工作者是建构社会和历史记忆的积极因素。在此过程中，他们不仅有义务保护或记录过去，还有责任把未来的需要和期望铭记于心，惟其如此，才更能反映社会的'价值'而不只是某些重要用户或传统用户的价值。"[①] 因此，档案工作者要牢记自身的历史责任，增强在建构社会记忆中的主体意识。

上述这种角色转变实际上是对传统档案工作者作为"客观的""中立的""无偏见的"保管者角色提出了挑战。事实上，早在1970年，美国历史学家霍华德·津恩便首次对档案工作者的"中立性"进行了批判，称"所谓的中立，就是一个虚假概念，是对档案事业固有的政治本质的一种危险的消极回避。因为档案的中立性允许档案工作者以一个低成本的代价维持现状，来反映和加强社会的经济和政治差异，并且保持富余的、权势的、教育程度高的或是其他特权阶层的利益"[②]。他强调档案工作者应该"承认和面对其对边缘阶层、穷人、无文化的人，甚至是普通人的社会偏见和忽略"，强调"档案工作者应该建设体现普通群众的生活、希望和需求的记录体系"。[③] 这个关于档案保存及历史选择的权力不对称关系的观点，打开了批判档案实践固有的政治本质的大门，在当时引发了广泛的讨论和争议。

几十年之后，这个理念重新为档案记忆观所激活和强化。特别是伴随着后现代主义和后殖民理念的深入，越来越多的人意识到"那些弱势的或是边缘性的群体不会生成文件，即使生成了文件，也不会保存在档案馆中"[④]，因为"权力群体在档案上享有特权，只有他们的声音更多地被记录下来，以此频繁地被历史重申"[⑤]。在上述背景下，社会记忆理论将档案工作者从业务导向的、附着于权力群体的管理者角色中脱离出来，而将其放置于更广泛的社会文化，甚至是政治背景中进行阐释。有学者称这种关于档案和权力、记忆、

---

① ［加拿大］T. 库克著，李音译：《铭记未来——档案在建构社会记忆中的作用》，《档案学通讯》，2002 年第 2 期，第 74~78 页。

② 徐拥军：《档案记忆观：社会学与档案学的双向审视》，《求索》2017 年第 7 期，第 159~166 页。

③ ZINN H, *The archivist and radical reform*. unpublished manuscript.

④ BLOUIN F. X., *Archivists, mediation, and constructs of social memory*. Archival Issues, 1999, 24（2），pp. 101–112.

⑤ JIMERSON R. C., *Archives and memory*. OCLC Systems & Services: International Digital Library Perspectives, 2003, 19（3），pp. 89–95.

认同等问题的讨论,在本质体现为对"档案公民权"（civil rights archives）①的追寻。于是,越来越多的人开始呼吁档案工作者"不应该仅仅接收和保管只反映社会某一个层面的大量文件,他们应该以保护全面的社会记忆的角度来参与到文件的生成和塑造过程中"②。这其实是要求档案工作者应该以社会记忆的积极建构者为定位,将"保存整个社会方方面面的记忆"作为其历史使命与社会职责,而不是仅仅服从于社会和政治权力对于过去的未来记忆的塑造,支持那些权力和精英群体对于历史话语权的控制,他们应该"仔细地考虑如何决定什么样的文件将成为档案,并尽可能地减少个人偏见来确保其保存的文献记录了社会的所有方面"③。

更确切地说,档案工作者"应该树立一种社会化的职业意识,应该运用他们自己的权力——决定什么文件应该为后代保存下来,并且向研究者说明这些文献——来满足社会所有成员的利益"④。对此,特里·库克进一步强调了档案工作者在鉴定时所应注意的问题,称"档案工作者应该明白他们将哪些群体和哪些事情从档案记忆中排除,以及为什么要排除,然后,他们应该建立关于鉴定的策略、方法和标准来纠正这种情况。……在鉴定文件时（包括保管期限和文件处置）,档案工作者应该尽量避免文化偏见和预设,即鉴定应该像对待那些在官方机构文件中所体现的权力声音一样来照顾到那些边缘化的,甚至是那些'沉默'的声音"⑤。

特别是在后现代和后保管时代,一种以"文件社区"（community of records）为特征的社区档案运动在英国、美国、加拿大、澳大利亚等国家蓬勃兴起。这些文化社区既是一个文件生成的实体,也是这个社区生成文件的记忆框架,其兴起和发展的根源在于"当边缘群体不能让其声音被主流档案馆听到,他们有时候便会生成自己的保存机构"⑥。已出现和仍在不断出现的社区性档案实践表明,除了主流档案馆所保存的记忆,以社区为单位的边缘记忆也开始不断得到强调和重视。而在这其中,以伦敦大学学院（University

① JIMERSON R. C., *Archives and memory*. OCLC Systems & Services: International Digital Library Perspectives, 2003, 19（3）, pp. 89-95.

② NESMITH T., *Seeing archives: Postmodernism and the changing intellectual place of archives*. The American Archivist, 2002, 65（1）, pp. 24-41.

③ JIMERSON R. C., *Archives and memory*. OCLC Systems & Services: International Digital Library Perspectives, 2003, 19（3）, pp. 89-95.

④ JIMERSON R. C., *Archives for all: Professional responsibility and social justice*. The American Archivist, 2007, 70（2）, pp. 252-281.

⑤ COOK T., *Fashionable nonsense or professional rebirth: Postmodernism and the practice of archives*. Archivaria, 2001, 51, pp. 14-35.

⑥ BASTIAN J. A., *Owning memory: How a Caribbean community lost its archives and found its history*. Westport: Libraries Unlimited, 2003.

College London）信息研究员安德鲁·弗林（Andrew Flinn）为代表的一些档案学者开始呼吁档案工作者"积极参与到这种社区性档案资源建设中"[①]，并将其作为一项核心职责。尽管该观点至今仍被较多人质疑，但是"多元化地保存档案，维护社会记忆的多样性"这一观点在推动档案工作者的职能转型上仍然具有重大参考意义。

2011年，特里·库克对档案工作者的历史责任做了更为详细的阐述[②]，他把西方档案学的观念和战略变化归结为四个范式：证据、记忆、认同和社会/社区，其中第一次范式演进就是从"证据"到"记忆"，表现为档案工作者从被动地守护"自然"的档案遗存证据转向"积极的档案塑造者"，"有意识地构建公共记忆"。这个转向从第二次世界大战后开始，一直贯穿于档案工作的发展之中。第二个档案范式更关心历史学者型的档案员怎样主观地创建文化记忆资源（而不是他们如何守护继承下来的司法证据遗存），如何运用现代业务工具和方法有效地管理不断增加的馆藏。因此，在过去的20世纪，档案工作者已经从"詹金逊式"的遗留残缺文献的被动保管者，转变成档案遗产的积极构建者。档案工作者及他们在博物馆、美术馆、图书馆、历史遗址等部门里的同行，是建构社会长久记忆的主建筑师。若不承认档案工作者在以文献证据为基础的记忆建构中的中介和干预作用，对于公正的、客观的及历史"真相"之镜的证据诉求，必定是，而且实际上就是一句空话。

综上所述，档案记忆观为我们认识档案、档案工作、档案工作者提供了一条新的思维路径，它不仅在理论上对档案、档案工作与社会情境的关系进行了新的解释和揭示，而且在实践上也促使我们去重新审视档案政策和档案工作者的角色，"从典范档案中走出"。同时，档案记忆观为我们提供了从档案学视角对集体记忆、社会记忆及其建构的独特认知，可以丰富和深化社会记忆理论。

5.2 档案与身份认同

档案与身份认同的关系是在档案与集体记忆的关系构建基础上衍生而来的。21世纪

---

① FLINN A., *The impact of independent and community archives on professional archival thinking and practice.* In HILL J. ed., *The future of archives and recordkeeping: A reader.* London：Facet，2011，pp. 145-169.

②［加拿大］特里·库克著，李音译：《四个范式：欧洲档案学的观念和战略的变化——1840年以来西方档案观念与战略的变化》，《档案学研究》2011年第3期，第81~87页。

初，随着档案在集体记忆构建上的作用越来越得到认可和强调，其在身份认同建构上的价值也呼之欲出。

5.2.1 档案与身份认同的理论与实践基础

"档案与身份认同"的提出，是档案界对当代社会与文化需求的一种响应，具有一定的理论依据和实践背景。

5.2.1.1 理论基础

档案与身份认同的提出可被视为档案记忆观在社会和文化意义上的价值延伸。档案记忆观体现了社会学与档案学的双向互动，它不仅指从社会记忆、集体记忆视角对档案、档案工作及档案工作者的系统认知，而且是从档案学视域对社会记忆、集体记忆及其建构的独特认知。[①] 由于记忆与认同天然相连，身份认同本身就是基于集体记忆的选择性过程，一个特定的群体通过共同的过去和记忆来确定身份并认识自己。共同的过去，从过去延续到现在，成为一个社群或社区具有连续性、凝聚力和连贯性的因素。故在论及档案与社会记忆时，"档案与身份认同"也不可避免地随后进入研究视线，档案记忆观也因此成为档案与身份认同研究的重要理论基础。

5.2.1.2 实践基础

全球范围内社群建档运动的蓬勃兴起为档案与身份认同研究提供了实践基础。从 20 世纪 60 年代开始，社群建档运动开始在世界范围内蓬勃兴起，并受到档案界的广泛关注。这种特殊的群体性记录行动主要包括两种形式：（1）以社群自身为主体的草根活动，旨在记录、控制和管理社群记忆和遗产；（2）以记忆保存机构、学术研究机构、公益性组织或企业等特定机构为代表所开展的创新性实践活动，主要表现形式为创建关于某个社群的档案汇集。总体来说，社群建档运动可以被视为一种以记录和分享社群历史和文化为目标，以广泛收集和保管社群内部生成或与社群密切相关的记录为主要内容，以社群成员广泛参与为基础的社会文化活动。[②] 从驱动力上来说，社群建档活动往往是源于想要记录和分享某个特定的社会共同体多元经历和故事的愿望，进而构建社群的身份认同感，增强社群的内在凝聚力；从开展形式上来说，社群建档活动主要是以保管社群历史和记忆的目的而开展的记录保管活动。

---

① 徐拥军：《档案记忆观：社会学与档案学的双向审视》，《求索》2017 年第 7 期，第 159~166 页。

② 加小双、安小米：《数字档案资源建设中的参与式图景》，《档案学研究》2016 年第 2 期，第 83~88 页。

5.2.2 档案与身份认同的基本观点

5.2.2.1 集体记忆是身份认同的力量之源

"身份认同"一词比较抽象，往往和"我是谁""来自哪里""去往何方"等人生终极问题密切相关。这个概念一般涉及三个层面不断递进的内容，即强调"差异性"的"身份"，强调"一致性"的"认同"，以及在个人与他人或其他群体的"差异"和"一致"的相互作用下，最终确定的个人定位并以此形成对某种"身份"的"认同"。

所有的社会人都会自然而然地、本能地关心自己在社会中的"身份"，进而不断追寻对这些身份的认同与被认同。可以说，"身份认同"是社会人的一种本性，意指"主体对某一种社会范畴或类型的身份归属的认可"，其基本内涵为确定"身份"及追寻具有归属意义的"认同"。身份认同涉及个体确认其在集体或文化等不同层面上的身份感、归属感、地位感和价值感。

身份认同具有以下特征：一是多重性，即由于身份具有普遍多重性，一种身份的重要性并不抹杀掉其他身份的重要性，即多重身份是可以并存的，且每种身份都能在某个时刻给予个体一种归属感和认同感。二是选择性，即身份要素发生冲突和矛盾时，主体可能拒斥某一身份属性而选择认同另外的成分，主体的价值观不同，对于身份认同的选择也不尽相同。三是层次性，即主体会根据自己的价值判断对身份认同的类型进行排序，一旦这些身份认同在某种场合下发生矛盾和冲突，主体便会舍弃一些身份，而选择自己认为最主要的身份。[①]

身份认同和集体记忆天然相连。进入现代社会后，个体的存在和活动越来越紧密地镶嵌在集体存在与活动之中。法国社会学家阿尔弗雷德·格罗塞（Alfred Grosser）曾说，"经历部分由个人记忆决定，但是更主要的是由家庭、学校和媒体传递所谓的'集体记忆'所决定……无论主动追求还是被迫塑造，有限制的身份认同几乎总是建立在一种对'集体记忆'的呼唤之上。"[②] 莫里斯·哈布瓦赫（Maurice Halbwachs）认为，集体记忆是"一个特定社会群体之成员共享往事的过程和结果"[③]。这个过程往往是群体成员共同经验的累积，里面包含着一种共同的情感和信仰，其结果就是最终形成一种固定且鲜明的文化标识以区别于其他群体。这个标识就是我们所说的"身份"，"身份"内化于群体中的每个个体，成为认同的基础性前提。

[①] 加小双、徐拥军：《档案与身份认同：背景、内容与影响》，《档案学研究》2019 年第 5 期，第 16~21 页。

[②] ［法］阿尔弗雷德·格罗塞著，王鲲译：《身份认同的困境》，北京：社会科学文献出版社，2010 年版，第 3 页。

[③] ［法］莫里斯·哈布瓦赫著，毕然、郭金华译：《论集体记忆》，上海：上海人民出版社，2002 年版，第 37 页。

集体记忆所提供的事实、情感构成了其群体认同的基础。以材料为基础的集体记忆是一种作为群体认知表征的集体记忆，是由群体来生产、体制化、守护的，并在群体成员之间相互作用和传递的关于群体的过去。[①] 当然，集体记忆和身份认同之间的关系十分复杂，还有待学者进一步去探索，但是至少可以确定，集体记忆为主体对于自己的界定和认同构建了一个强有力的想象化情景，进而为后继者提供了身份认同中最重要的心理基础与认同依据。

身份认同离不开集体记忆的支持，人们在对身份认同追寻过程中往往会从集体记忆中汲取养分，以期从中获得归属感和安全感。"当他们失去目标时，过去给予他们方向；当他们在外漂泊时，过去给予他们归属；当他们感到绝望时，过去给予他们力量。"[②] 或者可以这样理解，社会成员在长期的共同实践中，形成了一种以经验、情感、信仰所共同组成的，一种被称为"身份"的文化标识。这种"身份"是集体记忆的产物，故而人们对于"身份"标识的追寻必然要诉诸集体记忆本身，通过对集体记忆的构建和强化以完成自己身份认同的构建和强化。

5.2.2.2 "档案—记忆—认同"（AMI）模型

冯惠玲从历史主义和结构主义出发考察了档案在身份认同中的价值。她认为，从纵深度看，档案是贯通古今的历史长卷，可以为身份认同的历史主义分析提供追踪性、连续性素材；从横断面看，档案是覆盖社会生活方方面面的全景式图像，可以为身份认同的结构分析提供多视角、多层次的素材。[③] 在她看来，档案既是身份认同的判据，也是身份认同的结构，它构建了社会存在的逻辑性和合法性，从档案中可以透视当代认同的历史线索和现实凭据，获得心灵深处同其所同、异其所异，纵有源流、横有所属的信息基础。

档案是集体记忆的重要载体，人们可以通过对集体记忆的追溯找到身份认同并由此获得力量。尽管我们强调档案与身份认同之间的关系，并承认档案在身份认同上的重要价值。但是有一个基本点必须明确，即档案本身不会产生身份认同。档案身份认同价值的实现需要通过一个中介——集体记忆来实现。三者之间的内在逻辑关系如图 5–1 所示：档案通过构建、重建、强化集体记忆来实现其认同价值[④]，集体记忆是连接档案记录和身

① 艾娟、汪新建：《集体记忆：研究群体认同的新路径》，《新疆社会科学》2011 年第 2 期，第 121~126 页。

② SCHWARTZ B., *The reconstruction of Abraham Lincoln.* In MIDDLETON D. & EDWARDS D. eds., *Collective remembering.* London：Sage，1990，pp. 81–107.

③ 冯惠玲：《当代身份认同中的档案价值》，《中国人民大学学报》2015 年第 1 期，第 96~103 页。

④ CARON D. J. & KELLERHALS A., *Archiving for self-ascertainment, identity-building and permanent self-questioning: Archives between scepticism and certitude.* Archival Science，2013，13（2–3），pp. 207–216.

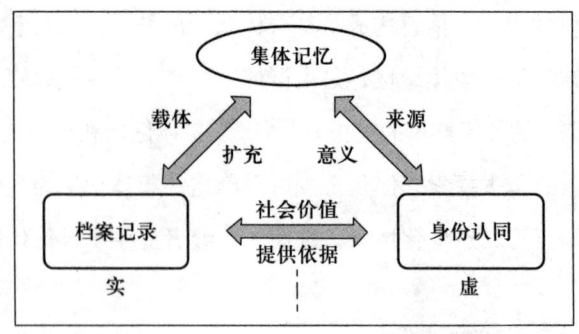

图 5-1 "档案—记忆—认同"（AMI）模型

份认同的纽带，它使档案的身份认同价值成为可能，同时为人们获得身份认同提供了一条现实路径。由此可知：

第一，集体记忆需要记录和空间。档案具有记忆属性，是集体记忆的重要承载形式，提供形成记忆的可能，能有效参与集体记忆的构建、重建、强化。

第二，身份认同根植于集体记忆中。集体记忆是身份认同的力量源泉，它使身份具有意义并且可以让人们从中获得归属感和安全感。

第三，集体记忆可以通过档案被唤起，进而身份认同得以建构或重构。同时，在这个过程中，档案本身被赋予了新含义、实现了新价值。

总的来看，档案能帮助人们传承集体记忆，最终从中寻求身份并获得认同。[1] 档案不是为了人们实现身份认同而生的，但是其身份认同价值是档案的凭证属性和记忆属性综合作用的结果。作为社会记录，档案对历史学术、集体记忆和国家认同的形成和发展，对于我们如何认识自己的个体身份、群体身份和社会身份具有重要作用。[2] 档案是原始的、可信的，经过固化沉淀，以合规方式传承下来的核心部分，可以为人们"寻求身份"和"获得认同"提供合法性凭证，凝固和深化身份认同的厚重感。而身份认同的实现又给档案增加了新的社会价值，推动档案信息资源的进一步开发利用。

5.2.3 档案与身份认同的价值

虽然关于档案与身份认同的探讨仍待深入，但是它已经开始拓展档案理论与实践的边界，并潜移默化地推动着档案领域的转型。

---

[1] 加小双：《当代身份认同中家族档案的价值》，《档案学通讯》2015 年第 3 期，第 29~34 页。

[2] SCHWARTZ J. M. & COOK T., *Archives, records, and power: The making of modern memory.* Archival Science. 2002, 2（1–2），pp. 1–19.

5.2.3.1　档案与身份认同的理论价值

第一，档案的身份认同价值为确立档案的记忆属性提供了理论支持。传统档案理论对于档案的边界构建了一种具有严格和绝对普适性的默认规则——档案的证据特性。但是，随着档案的集体记忆和身份认同价值得到认可，档案的记忆属性也获得了合理依据。越来越多的档案学者开始认可，证据和记忆已经构成档案的两大基本属性或价值。特里·库克用"硬币的两面"来形容档案的证据和记忆价值，强调二者互相矛盾但又彼此依赖。[1]《档案共同宣言》将档案界定为决策、行动和记忆的记录，是代代相传的、独特且不可替代的遗产。[2] 这个表述既认同存在"证据—记忆"的档案，也承认存在"记忆—证据"的档案。档案在证据和记忆之间所形成的差异性张力，既大大增添了档案的不确定性，也给档案领域带来了前所未有的创新性。这种差异性张力为档案理论和实践创新提供了源泉和动力，拓展了创新空间。

第二，档案认同价值的提出是对档案价值理论的补充。档案价值是指档案对国家、社会组织或个人的有用性，是主体需要和客体属性的统一和结合。档案价值的认知可以从不同的维度来展开。根据西奥多·谢伦伯格的文件双重价值理论，文件的第一价值是文件对其形成机关的价值，即文件的原始价值，包括行政价值、法律价值、财务价值和执行价值；文件的第二价值是文件对其他机关和个人利用者的价值，又称从属价值或档案价值，包括证据价值和情报价值，体现的是档案在事实、知识和经验上的意义。[3] 在这个基础上进行理解，档案在身份认同建构或重构上的价值，即文件的身份认同价值，其实是进一步扩充了文件的第二价值，是对档案价值理论的补充，体现了档案对主体心理和情感的意义。这种价值的提出和明确具有重要意义，它进一步凸显了档案在社会层面和文化层面的重要作用，既为我们认识和解释私人建档、社群建档等档案自治现象提供了重要的理论基础，也为档案专业领域有效应对这些档案新实践提供了路径支持。档案在身份认同上的价值扩展也体现了档案价值的扩展规律，体现了档案作用性质的变化所导致的档案价值在更广范围内的实现。

5.2.3.2　档案与身份认同的实践价值

随着档案身份认同价值的不断凸显，一种基于个体和社群的新兴社会化档案理念应

---

① COOK T., *Evidence, memory, identity, and community: Four shifting archival paradigms.* Archival Science，2013
（2-3），13，pp. 95–120.

②《档案共同宣言》，《中国档案报》2010 年 11 月 18 日。

③ SCHELLENBERG T. R., *Modern archives: Principles and techniques.* Chicago：University of Chicago Press，1975，p.
144.

运而生，档案自治实践也开始不断兴盛。正如埃瑞克·卡特拉所言："每个社群都有其集体认同，代表着这个社群怎么通过共同的过去来定位自己……因此，社群的存在必须以共同的过去经验为基础，这会指向包括口述、书写，甚至是实物在内的所有记忆文本。"[①] 具体来说，档案与身份认同的实践影响主要体现在以下方面。

第一，推动了社群建档实践的发展。对档案与身份认同的研究来源于社群建档的实践发展，又反过来推动了社群建档的发展，这主要是因为档案身份认同价值的确立推动了档案专业力量对社群建档实践的支持。一方面，越来越多的档案工作者开始加入社群建档实践中。越来越多的档案学者在研究中转而成为社群建档活动的积极号召者，他们大力呼吁档案工作者重新定位自身角色，积极参与到社群记忆建构中共建共享档案。米歇尔·卡斯威尔（Michelle Caswell）称："尽管很多档案学者对关于社群档案的论述响应很慢，甚至持有怀疑态度，但是，已经有不少档案学者在号召接纳这种以'社群'为中心的价值观。"[②] 另一方面，越来越多的高校逐渐将相关课程纳入其档案学教育课程体系中。这些课程的开设本身也会促进社群建档活动的进一步发展，因为这些课程在教学过程中往往会让学生切身参与到某个社群建档项目中，这实际上为社群建档活动投入了相当的人力资本和知识资本，能够促进其进一步发展和推进。例如，伦敦大学学院、加州大学洛杉矶分校开设与社群建档有关的课程较早，课程内容也较为丰富。它们积极与各类社群建档实践相结合，许多学生已经亲身参与并且活跃于社群建档实践项目中。

第二，推动了档案工作者的职能转型。社群档案机构和公共档案机构之间的边界正在松动，特里·库克所呼吁的"社会/社群范式下的参与式档案及辅导员型的档案工作者"[③]，已然在许多国家和地区壮大、成熟起来。2012年，英国国家档案馆制定"21世纪档案行动计划"，其中明确规定了"通过积极参与文化和学习伙伴关系以促进社群认同和定位"这一行动目标的具体规划，这是世界上首个明确将"促进和参与社群建档活动"纳入官方档案机构的工作使命中的计划，实际上是在官方档案机构和社群群体之间建立合作模式。在这个新模式中，不是从这些社群中把材料拿走，而是赋予社群更多的自主权，让社群带着一种对自己遗产和身份的责任感和自豪感，通过聘请专业档案专家及引进更

---

① KETELAAR E., *Sharing: Collected memories in communities of records.* Archives and Manuscripts，2005，33（1），pp. 44-61.

② CASWELL M., *Toward a survivor-centered approach to records documenting human rights abuse: Lessons from community archives.* Archival Science，2014，14（3-4），pp. 307-322.

③ COOK T., *Evidence, memory, identity, and community: Four shifting archival paradigms.* Archival Science，2013，13（2-3），pp. 95-120.

多档案数字设备来管理自己的文件和档案，特别是数字型文件和档案。[①]

第三，进一步推动档案信息资源的开放和利用。公民日益增长的记忆和认同需求必然带来对档案信息资源的利用需求。现在，档案机构正在不断变成记忆实践的空间，人们在这里可以通过利用文件尝试把他们的历史、记忆和情感放入当时的语境中，通过为他们的经历赋予意义而获得认同感。人们借助基于证据的共同记忆找到社会的认同，这必然在某种程度上能助力档案信息资源在全社会范围内的进一步开放和利用。同时，"记忆社群过去和服务未来研究"是大部分社群建档活动的重要目标之一，因为社群要获得社会认同，就必须要让社群外的群体通过其社群档案来认识他们。在这个意义上，社群建档的重要目标就是尽力推动这些社群档案被公众感知并被社会广泛利用，以帮助该社群获得社会认同。可见，不管是社群档案，还是公共档案，都在记忆和认同的驱动下走向全民利用，这已经成为必然趋势。

5.3 档案信任论

档案承载着个人、组织的身份背景信息，同当前社会普遍存在的信任危机息息相关。通过分析档案在信任关系中所扮演的角色，思考公众信任档案的原因，有助于探究档案工作应如何应对自身的公众信任和社会信任危机。同时，对于档案学本身而言，应对信任危机的过程可以启发学者更好地研究档案的真实性、记忆性和现实价值等问题。

5.3.1 档案信任论的理论与实践基础

信任本身是一种相当复杂的社会现象，涉及伦理学、心理学、哲学、社会学、传播学和经济学等领域。基于不同领域提供的理论与实践基础，把信任作为一个整体进行研究，可以让人们从中找到档案在信任关系构建中可能承担的角色与功能，对档案信任论建立起更加准确和全面的认知与定位。

5.3.1.1 **理论基础**

一是普遍信任理论。该理论主张通过重构社会信任格局，诱导性或强制性地把个人、组织与国家的非信任状态转化为完全信任状态，主要针对的问题是档案造假和档案腐败

[①] COOK T., *Evidence, memory, identity, and community: Four shifting archival paradigms.* Archival Science，2013，13（2-3），pp. 95-120.

等问题，以及现代社会要素和信息的流动大大加快等新要求。①

二是档案记忆观。该理论为档案信任提供了面向社会、跨越实践的信任场景，为档案信任论从私人场景向更广层面的社会场景过渡提供了思路与指导。社会记忆作为档案固化信任机制的重要作用对象，档案记忆观在其中承担了提供理论可行性的作用。

三是信息传播理论。在传播学领域中，一般将信息传播方式分为人内传播、人际传播、群体传播、组织传播和大众传播等方式。人内传播也就是个体内部做出信任决定的心理活动过程。因为没有借助复杂的信任系统机制，人际传播和群体传播可被归为关系信任状态。而组织传播和大众传播则可被归为系统信任状态。在此基础上，消除信任不确定性的过程就是通过不同类型的信息传播媒介消除信息熵的过程。基于这一思路，现代社会中，对于虚假和冗余信息的判别就显得极为重要。将档案与信任的关系置于信息传播理论的视角下，可以强调档案的媒介价值和中介属性，为分析档案、公众与真实世界之间的对应关系，从总体上，为档案信任论提供了分析模型。

5.3.1.2 实践基础

一方面，现代社会的信任模式尚不健全。2016 年，中国社会科学院社会学研究所发布的《中国社会心态研究报告 2016》得出如下结论：在所有 15 870 个调查样本中，仅有约 1/3（33.6%）的受访者认为社会上大多数人是值得信任的，有将近 4 成的受访者（38.4%）认为社会上大多数人是不能信任的，另外还有超过 1/4（28%）的受访者对于社会上大多数人是否值得信任持中立态度。② 这说明，适应陌生人社会的现代信任模式尚未建立起来。同时，受访者偏向保守的态度和模糊不清的回答，都体现了对大多数人不信任的心理状态，现代社会信任体系的构建任重而道远。③ 全球最大独立公关公司爱德曼最新发布的《2022 年度爱德曼信任度晴雨表》（2022 Edelman Trust Barometer）显示，新型冠状病毒感染疫情、经济危机、种族主义和政治不稳定等因素使得全球信任系统面临前所未有的挑战，使四个机构——企业、政府、非政府组织和媒体，处于信任破产的环境中，并被公众要求重建信任关系和规划新的发展道路。在新的信息化背景下，爱德曼称全世界的人们都正在面临"全球信息疾病"（global infodemic），没有可信任的中介机构和具有公信力的领导力量，都导致人们在信息时代建立信任时更加无所适从。新的不确定因素之所以带来信任破产等问题，主要是因为适应新时代背景的社会信任模式还有待建立与完善，除了基于亲缘、

---

① 万秀萍：《档案制度变迁的驱动机制》，《北京档案》2010 年第 12 期，第 9~10 页。
② 王俊秀主编：《中国社会心态研究报告（2016）》，北京：社会科学文献出版社，2016 年版，第 23 页。
③ 王俊秀主编：《中国社会心态研究报告（2016）》，北京：社会科学文献出版社，2016 年版，第 23 页。

地缘和业缘等熟人关系建立信任，身处信息时代，大部分人的信任对象更趋向于匿名化、异质化、非人格化。因而，为了应对复杂、虚拟的信任对象，人们不得不更加依赖于抽象的中介信任形态，新的信息社会信任模式亟须建立。

另一方面，确保信息真实性的难度越来越大。新技术环境下，人们的信任关系在社会审核制度和责任机制尚不健全的情况下是自发的、脆弱的和有依赖性的。同时，社会建立信任关系的场景大多由线下转为线上，对电子文件的凭证和查考价值有了更高的要求，具体表现为：电子文件的准确性、真实性和可靠性受到了很大的质疑，电子文件存储的安全性、隐私性和可信度面临极大的挑战，以及信息透明和信息安全之间的矛盾更加尖锐等。

2012年，第十七届国际档案大会将"信任与档案"列为大会的三大主题之一。此后，"信任与档案"问题开始引起档案学界的关注。档案信任论更加强调了档案的信息中介特征，将档案至于社会信任的宏观背景下，去重新反思档案的媒介属性、证据属性和真实属性等，与当前社会实践的信任问题一脉相承，实现了两者之间的紧密结合，可以为档案本身的信任问题及参与信任提供实践模式参考。

5.3.2 信任的含义与特征

信任是指在没有血缘、地缘等先天性条件的支持下，人们在开展社会活动的过程中，为了克服对选择的不确定性或者简化活动机制的复杂性，以档案、专家系统和合同契约等为主要中介，跨越人与人、人与组织、组织与组织之间的关键性心理鸿沟，最终从个体层面作出评价性的心理倾向、从组织层面作出决策的社会化行动。本书中，档案信任论是指主要基于社会层面对"档案与信任"的认识和思考。信任的应用场景是人们进行日常社会活动时所需要的一种心理倾向和作用机制。这里所说的"社会活动"，将熟人社会中基于血缘、地缘等关系产生的先天性信任排除在外，是指需要借助其他中介产生信任的社会活动，尤其是指处于首次开展合作或者初次建立社会关系的情景下。

信任具有以下四个方面的主要特征：一是信任是一种稳定的互动关系。信任具有明显的行动力，是一种主、客体之间建立的稳定互动关系。二是信任客体不等于信任主体。信任是一种针对他人的心理活动，意味着信任客体不等于信任主体。三是信任是一种多主体参与活动。信任是一种主体行为，必须发生在两个以上的行动者（社会组织）之间。四是信任关系具有复杂的社会背景。信任一般具有复杂的社会背景、目标任务和关系网络，信任客体的诚信、信任中介的真实不等于可以被主体信任。在此基础上，档案信任论主要从以下四个方面进行分析。

5.3.3　档案在信任关系中的角色分析

信任关系包括三个角色——信任主体、信任客体和信任中介。信任主体具有复杂的心理活动特征且基于信任活动会采取某种行动，必须是人。信任客体是被付诸信任的对象，是多样的，可以是具体的人和物，也可以是抽象化的组织目标、行动计划等。信任中介是联结信息主体和信息客体的桥梁、渠道。一般来说，信任客体与信任中介之间相较于信息主体与信任中介之间，更具有稳定、紧密的直接联系。信任主体必须具有主观能动性，只有作为群体或个人可以承担；而信任客体、信任中介对主观能动性没有要求，因此无论物质层面的具体工具，还是系统层面的抽象制度，都可以承担这两个角色。档案作为信息及载体，不具有主观能动性，所以充当的是信任客体和信任中介两大角色。具体分为以下两种情况：

情况 1：若档案承担信任客体这一角色，其是面向社会的公共服务之一，因此，信任主体必然是公众。这种情况是最简单的垂直信任模型，即"公众—中介—档案"，空白区域在于"中介"这一角色，即"公众为什么（中介）信任档案"，对应的基本问题是公众信任档案的原因。

情况 2：若档案承担信任中介这一角色，则其可以被个人、公众和社会组织等用于各种信任场景。信任主体可以是整体概念上的公众，也可以是具体的个人、组织等。信任客体除了是公众、个人和组织，还可以是抽象的组织目标和业务活动等。这种情况下是较为复杂的水平信任模型，即"主体—档案—客体"，空白区域在于"主体"和"客体"这两大角色。档案作为连接两者的桥梁，需要分析的问题是档案如何促进信任主体作出信任决断，如何促进信任客体赢取他人信任，也就是档案参与信任构建的价值问题。

上述两种情况如图 5-2 所示。

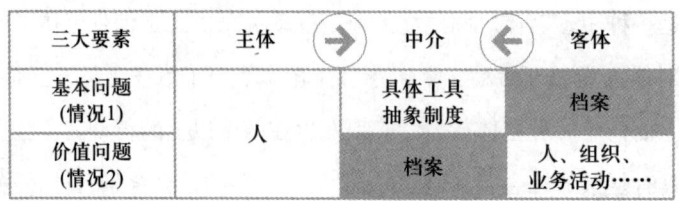

三大要素	主体	→ 中介 ←	客体
基本问题 （情况1）	人	具体工具 抽象制度	档案
价值问题 （情况2）		档案	人、组织、 业务活动……

图 5-2　档案在信任体系中的角色分析表

值得注意的是,基本问题是价值问题的研究前提,只有先分析"公众对档案是信任的"这一事实,才可以进一步研究当档案作为中介参与信任构建可以发挥的价值。因为档案的本质属性是原始记录性,公众信任档案实则信任的是其内容的真实可靠,这也是档案作为信任客体的核心价值所在。

5.3.4 公众信任档案的原因——档案作为信任客体

尽管当前社会存在层出不穷的各种篡改人事档案事件,公众对于档案依然保留着基本的信任。2015 年 11 月,陈家业就"公众对档案的信任"这一现象向 300 名社会公众随机发放调查问卷,并据此进行统计分析。半数以上的调查对象对档案的认知较为模糊,但都对档案内容的可信性表示了认可。一是对于"您对档案文件中的内容是否信任",半数以上(55.06%)的调查对象选择了"非常信任"或"比较信任"。二是对于"您认为档案信息的可靠性如何",选择"非常可靠"和"比较可靠"的调查对象占 68.54%。[①] 公众对档案的信任不是简单的短时现象,而是具有历史性和复杂性的多种社会、文化和制度因素共同作用而形成的。因此,笔者认为,有必要从宏观层面,基于心理学、社会学和传播学等维度研究当档案作为信任客体时,公众信任档案的原因及其影响因素。

5.3.4.1 基于心理学维度——从公众视角出发

格奥尔格·西美尔(Georg Simmel)提出,"信任处在人对一个人知和无知之间"[②],即人们作出信任判断需要经历一个搜集信息、思考计算或者情感冲动的缓冲阶段。然而,从大部分公众的查档行为来看,是已经从认知层面认可了档案的真实性和信任价值,无论这种认知来自政府或者社会权威的引导,还是源自自身对于档案形成过程的感知。总之,笔者认为,公众对档案真实性的认可更像是一种固化的心理认知,这种心理认知并非来自后天有意识的学习培养,而是带有较为明显的历史积淀性。

具体而言,笔者认为,公众对档案的信任主要来源于以下三个方面。

一是来源于国家的认可。在古代社会中,档案是统治阶级管理国家、巩固政权的政治工具。直至今日,档案仍具有较为鲜明的政治性色彩。一方面,这种政治性是一种覆盖整个社会的、无形的文化引导机制,国家对档案的重视和对档案真实性的认可,已经深入影响到公众对档案的功能定位和基本认知;另一方面,从现实利用目的考虑,国家将档案定位为承认事实存在的重要信息来源和身份认证机制,而获得国家和社会的认可

① 陈家业:《关于档案部门公信力的调查研究及启示》,《北京档案》2016 年第 9 期,第 19~21 页。
② [德] 西美尔著,陈戎女、耿开君、文聘元译:《货币哲学》,北京:华夏出版社,2002 年版,第 111 页。

是大部分公众利用档案、获取信息必须满足的基本要求，因此，公众利用档案是现实目的引导下的集体自然选择。

二是来源于法律的规定。世界各国的证据法一般都将档案列为重要的法律证据。《中华人民共和国档案法实施办法》第二十条规定："档案缩微品和其他复制形式的档案载有档案收藏单位法定代表人的签名或者印章标记的，具有与档案原件同等的效力。"该规定为档案提供了更广泛的社会利用场景，也肯定了档案本身的法律效力。此处需要强调的是，档案的证据价值不等于法律效力，法律效力是国家以正当程序赋予的价值，但是证据价值必须是与案件事实有联系的真相，其真实性必须是确定无疑的。档案不可能完全排除内容的失真和伪造的可能，即使是真的档案，有的也需相关的国家权力机构确认其真实、合法后才可以作为证据加以采信，这就是说档案不是在任何情况下都被认可为证据的。[①]因此，此处的法律效力更多表现为一种凭证价值而非证据价值，而只有凭证价值才可体现档案对于信任的构建作用，证据价值呈现的是客观无疑的现实，并不存在信任可以作用的空间。

三是来源于自身的生活感受。档案具有社会性，每一个人都有自己的人事档案，对于档案的形成过程都有基本认知与切身感受，尽管个人对档案形成过程的认知并未上升到"原始记录性"的理论层面，但是对于"档案是历史记录""是人类活动过程中直接形成的"等有自己的感知，并在无意识中将这种感知固化成"档案是真实的"的刻板印象。

5.3.4.2 基于社会学维度——从档案视角出发

（1）手段：控制、监督和惩戒

信任与管理的结合是社会信任体系不断精细化的重要渠道。信任中介在其中发挥价值所采取的管理手段主要包括控制、监督和惩戒等。控制是从过程上通过制度、技术和标准等现实工具确保信任过程可以受到人为精细化、专业化的管理。监督和惩戒更经常伴随出现，通过对整个信任过程进行监督，确保背叛、欺骗和造假等违反信任规则的行为将受到惩罚，进而确保信任客体的行为满足信任主体的预期，推动主客体之间建立稳定持久的信任关系。一般情况下，这三者共同作用，形成信任中介价值。

（2）场景：人格信任与中介信任

当前社会的主流信任形态是中介信任。但是，即便基于中介信任建立起信任关系，也并不意味着所有信任活动全部转移到非直接对话的虚拟交往场景。现实生活中，跳

---

① 张世林：《档案具有法律效力吗？——兼与刘家真、李军商榷》，《档案学通讯》2001年第2期，第35~38页。

过中介信任，人与人之间直接进行对话与交流是极为常见的，由此涉及尼克劳斯·卢曼（Niklas Luhmann）所提出的"人格信任"（personal trust）[1]。人格信任不同于人际信任（inter-personal trust）[2]，它仍属于陌生人社会。当人们决定是否信任陌生人时，必然会与该人的道德品行、业务能力和行为动机等方面挂钩，此时即为人格信任的作用场景。人格信任具有一定的特殊性和主观性，因而通常还会通过制定从业者规范、设置资格认证门槛等客观制度加以控制。但是不可否认的是，以主客体是否面对面对话为标准，人格信任与中介信任共同构成了当前社会信任的主要场景。

基于社会学维度，档案获得公众信任的可能场景主要包括：一是针对非面对面对话的场景，以国家档案行政监管体系、国家档案法律法规、档案管理制度标准、档案管理系统等为代表的中介信任；二是针对面对面对话的场景，以档案机构和档案工作者的外表形象为代表的人格信任。

在系统信任中，档案管理标准、制度、系统主要侧重于从技术和流程上对档案的客观性和真实性进行管控，国家档案政策法规和国家行政监管体制主要侧重于从监督与惩罚上杜绝档案造假、遗失等违反公众信任预期的行为发生，确保档案业务活动的开展符合制度和系统规划。

在人格信任中，实际上是在"公众（主体）—档案工作者（中介）—档案（客体）"的信任模式（简称模式1）中，又插入了一层中介信任，从而形成了"公众（主体）—档案职业规范（中介）—档案工作者（客体/中介）—档案（客体）"的模式（简称模式2），如图5-3所示。这也体现了中介信任具有层叠性。在模式1中，信任主体是公众，信任客体是档案，此时，以档案工作者建立的人格信任为中介。在模式2中，档案工作者既是通过档案职业规范作用的信任客体，也是公众信任档案所借助的信任中介。由于人格信任的主观性，为了确保档案工作者的服务质量、专业能力和品行素养等符合信任预期，又加入了控制元素，通过档案职业规范等作为信任中介，使得档案工作者的职业形象可以有利于公众对档案建立起普遍信任。由此亦可见，公众信任档案的实质非常复杂，具体到现实的社会场景中，对查档公众而言，是否信任档案还取决于档案机构的业务水平和档案工作者的服务能力，而并非仅仅是档案的真实性。

5.3.4.3 基于传播学维度——从过程视角出发

除了分析公众信任心理和具体的信任场景，基于传播学维度，公众信任档案过程中

① LUHMANN N., *Trust and power*. Chichester: John Wiley, 1979, p. 43.

② DODGSON M., *Learning, trust, and technological collaboration*. Human Relations, 1993, 46（1）, pp. 77-95.

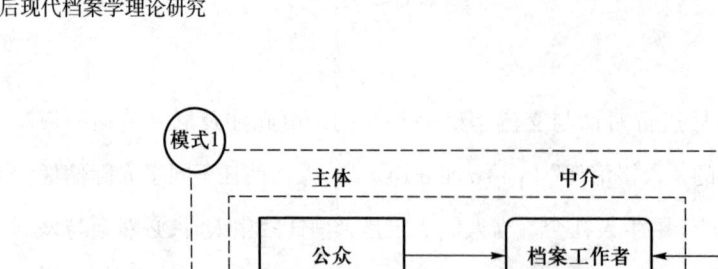

图 5-3　人格信任（Personal Trust）的两种模式

还受到以下两个方面的影响：一是信源本身的可信度；二是传播过程中的公众舆论。一方面，传播学上认为公众对信息的信任存在"休眠效果"[①]，对于高可信度信源发出的信息，由于人们的信任，它最初的说服效果会大于信息内容本身的说服力，低可信度信源发出的信息相反。但随着时间的推移，人们对信源的记忆会减淡，这时信息内容本身的说服力才比较完整地发挥出来。基于国家的认可和机构的政治性，档案机构作为档案的信源，具有较高的可信度。在取得公众信任的过程中，首先起决定作用的是档案机构（信源）的可信度。其次随着时间的推移，档案信息本身的真实性和可信度会潜移默化地超越公众对信源的记忆，也就是说最终影响公众信任的是档案信息本身的真实性，而非档案机构的权威性。另一方面，公众舆论也是影响公众对档案信任的重要因素。传播学认为：舆论的本体是意见，即公众对公共事务的评价性意见。[②]沃尔特·李普曼（Walter Lippmann）提出："不管我们认识什么熟悉的东西，我们都会借助于我们脑子中已有的印象。"[③]家庭、学校、新闻媒介和周围朋友等意见主体会对档案形成主流的评价性意见，而这些评价性意见会在人脑中不断积累，最终左右公众形成对档案是否值得信任的印象、偏见和固定成见。因而，公众在选择是否信任档案时，社会舆论为档案塑造的固有成见会极大地左右公众的判断。

5.3.4.4　数字背景下公众信任档案的变化

在数字背景下，公众信任档案的影响因素发生了很大的变化，具体表现在具体工具、

[①] 休眠效果：实证研究证明，信源的可信度越高，其说服效果越大。但随着时间的推移，高可信度的说服效果会出现衰减，而低可信度信源的说服效果则有上升的趋势。

[②] 陈力丹：《舆论学：舆论导向研究》，北京：中国广播电视出版社，1999年版，第9~10页；李良荣：《新闻学导论》（修订版），北京：高等教育出版社，2006年版，第46页。

[③] ［美］沃尔特·李普曼著，阎克文、江红译：《公众舆论》，上海：上海人民出版社，2006年版，第44页。

管理手段和信任场景三个方面。

首先，在具体工具方面，由制度、标准工具向技术工具转移。在数字环境中，电子文件本身的数字化形态对于现实制度的依赖性逐渐减弱，对于配套技术系统的依赖性逐渐提高。同时，技术工具更能精准地、客观地、避免人为干扰地规范电子文件的真实性，确保电子文件管理活动的规范性和符合预期。

其次，在管理手段方面，控制在其中发挥的作用逐渐超越了监督与惩罚。事实上，监督与惩罚这两个手段本身实际协同作用于电子文件形成之后，想要发挥的核心价值不在于事后惩罚，而在于提前预警和正确引导。相对而言，控制是伴随整个档案管理流程的，是即时的、计划性的、可调节的，因此，在各方面条件都具备的情况下，控制在稳定性与效率方面的实际效用要优于监督与惩罚。当前的数字环境为以控制手段为主导的信任中介的形成提供了充分的技术支持，既然具有充分控制技术基础，监督与惩罚手段在信任中介中所占比例会自然降低，以提升档案获取公众信任的稳定性与效率。

最后，在信任场景方面，人格信任所占比重呈现明显下降趋势。数字环境下，线上交流方式的出现减少了公众与档案工作者直接接触的频率，公众对档案的信任更多借助于虚拟的计算机系统进行人机对话，档案工作者树立的人格信任可发挥价值的现实空间逐渐减少。因此，人格信任对于公众信任档案的影响逐渐减弱。

5.3.5 档案参与信任构建的价值——档案作为信任中介

人们可能需要与社会上的任何事物建立信任关系，档案作为社会性产物，具备为信任建立桥梁的广泛关联条件，更从时间和空间维度为信任主体提供了"熟悉的特征和过去的记录"，以便于信任客体以此搭建解释域，促进积极的信任决断的发生。信任关系的构建是从信任主体的信任需求出发的，以档案为中介，使得信任客体最终满足主体的预期，成功构建起信任关系。因此，可以从主体和客体构建信任关系的需求出发，结合档案的本质属性，分析档案参与信任构建的主要场景。

5.3.5.1 基于信任主体视角——促使信任决断的发生

信任是主观且私密的。更加直接地加以分析，当档案和档案管理制度作为一种客观事物被公众赋予信任，公众实则信任的是形成和管理档案的人、制定档案制度的人。因此，剥去中间的重重间接转化和改造环节，任何信任关系都是人与人之间的相互影响行为，这也是信任作用的本质。信任只是一种判断倾向与心理机制，它并非社会的强制性规则，也并没有强制性维持的要求。社会能够通过很多手段促进和鼓励信任的产生，可以设置一些规则尽可能避免社会中的不信任行为，但是信任或不信任终究是人或组织自己的一种选择，其建立或放弃都是自愿和自由的。信任不是通过强制手段作用于人的，而是通过积极的信任心理、习俗和文化等软因素来影响人的态度和行为的。[①]

无论通过心理、习俗还是文化的形式，都需要将档案作为记录载体。这三个因素成立并发挥作用的基础是记忆与遗忘并存，因此需要使用各种形式的档案记录过去，避免遗忘。过去的经历物化为档案后，反过来对信任主体在心理、习俗和文化等方面带来影响。在这个过程中，档案主要承担的是记录过去、传承经验的使命，最终影响信任决断的还是记录内容本身，即关于合作或信任的记忆如果是"愉快"的，就会促使人们作出积极的信任判断。心理主要作用于零散的个体或者具有稳定经验传承机制的组织。而习俗和文化则偏重于情感记忆的维系，即档案所传递的信任信息一般是模糊且不可量化的，尤其是习俗更倾向于通过符号文化传递信任，是一种集体意识的重复性叠加，带有区域性和历史性的特征。文化的影响更加宏观且深层次，代表了社会整体所推崇的信任文化与理念，因其影响深远且关系到社会整体利益，大部分情况下是社会内部规则的调整性产物，最终由档案提供辅助性的证据与文化价值扩散影响到整个社会。

5.3.5.2 基于信任客体视角——推动赢取他人的信任

从社会学角度来看，人们是从以血缘、地缘关系为核心的基础信任和关系信任逐渐发展到了系统信任阶段，亲人和邻居在固定区域内累积起来的熟悉感是信任的重要来源，界限分明的地域直接决定了亲疏关系和了解程度。进入陌生人社会后，我们的生活半径不再受到空间的限制，与陌生人的接触是一件没有"过去"的事情，我们不知道对方的性情、品格和能力。我们与他人的交往大部分情况是"不打照面"的，中介信任形态特征之一——脱域性。我们的生存和幸福所依赖的那些人的行动的匿名性和非人格化不断增加[②]，而如果想要满足自己的利益和幸福，必须通过了解他人的能力或者行动以建立稳定可靠的信任关系。在这样的情况下，档案作为陌生人社会的信任依据，因其是人们在社会各项活动中直接形成的历史记录，是一个机构长期以来历史记忆的浓缩，所以可以作为人们以过去推导未来的重要凭证。

实践中，政府部门将政府信息公开作为展示政府公信力、获取公众认可和支持的重要举措之一。许多企业为了开拓用户市场、获取用户对产品的信任，以企业历史文化悠久为宣传热点，对历史档案进行开发利用，将其融入企业历史文化和企业品牌形象建设

---

① 韩若画：《论档案与信任的关系》，中国人民大学本科学位论文，2013 年，第 21 页。

② 郭慧云：《论信任》，重庆：西南师范大学出版社，2016 年版，第 112 页。

战略中。譬如，招商局集团档案馆成立"企业历史研究会"，主要进行招商局企业历史档案展览、编研产品开发、开展近代企业历史研究等。招商局档案馆还积极与高校历史研究专家开展合作研究，出版各类历史学术成果；利用企业历史材料积极与各个媒体开展合作，宣传推广集团品牌。[1] 值得注意的是，如果出现了虚假档案，从信任角度而言，信任关系会因为欺骗和背叛而遭到极大的破坏，而信任一旦出现了破裂便很难修复，尤其是对于政府与公众、企业与用户这两对信任关系而言，确保档案信息的真实更为重要。

5.3.5.3　数字背景下的档案参与信任构建的新途径

正如前文所述，严格来说，带着真实性结果的档案并不具有信任的特征，无法参与到信任关系的构建中。但是，并非说档案不具有作为信任中介的能力，而是可以换一种思路，从"预支真实性"和"预测未来"两个方面入手分析档案所具有的取信特征。

（1）预支真实性

在信任关系构建中，我们需要摒弃当前对档案本质属性定位的刻板印象，档案的真实性并非只可以作为结果，还可以突破时间维度，成为类似于格奥尔格·西美尔所说的"成果预付"和尼克劳斯·卢曼提出的"透支信息"。格奥尔格·西美尔认为，信任打开了行动的可能性，只有在行动之后，可能的成果才能实现，必须先行动，信任为时间问题架了桥，它为成果做了预付。[2] 尼克劳斯·卢曼认为，可利用的信息总是少于保证成功的信息，行动者总是有意识地克服信息这一缺点，称为"透支信息"。[3] 按照"成果预付"和"透支信息"，可将档案作为一种真实性的提前预支，同时将档案的社会性和事务性提升一个高度，使其与严格缜密的管控体系结合起来，通过文件嵌入业务的系统化管理，以促进未来各种业务活动的秩序性和稳定性。此时，这符合当前系统信任状态的一大特点，"信任在这里被赋予的，不是个人，而是抽象能力"[4]。信任中介是结合各种控制手段的抽象文件管理体系，信任对象是基于文件管理的各项业务活动，最终想要达成的信任期待是各项活动可以有秩序、高效率、合法合规地运转。在这个过程中，需要重点关注的是文件与业务活动的嵌入机制和全过程确保文件真实性的控制手段，所运用的理论工具是博弈论，博弈论将信任看作一种风险行动，引入了利益计算和效率计算，认为以此为依据的话，

第 5 章　后现代档案学理论的主要内容

---

① 根据笔者实践调研所获材料。

② MÖLLERING G., *The nature of trust: From Georg Simmel to a theory of expectation, interpretation and suspension*. Sociology, 2001, 35（2），pp. 403-420.

③ LUHMANN N., *Trust and power*. Chichester: John Wiley, 1979, pp. 32-33.

④［英］安东尼·吉登斯著，田禾译：《现代性的后果》，南京：译林出版社，2000 年版，第 23 页。

信任的效用将会更大。① 从心理学角度的信任形成过程来看，文件管控系统主要提供的是计算理性依据，以当前或者长远的组织效益为目标。

以华为技术有限公司档案部门为例，他们采用独立的文档管理技术平台，为各部门提供制定文档管理计划、公布文档审批结果、集成文档管理应用、支持业务系统自动归档等多种服务。该技术平台还可支持各个业务系统的同步归档。在具备了基础技术条件之后，华为技术有限公司致力于推动文件在业务活动流转过程的自动化，公司所有文件与档案适用同一套管理规则，所有业务活动文件与档案遵循同一套文件与档案运转流程和运营体系。他们按照研究、销售、变革和开放等具体业务流程对文件与档案进行管理。譬如，为了确保生产经营活动有法可依，确定文件与档案分类清单及模板；为了提高业务效率，对项目文件与档案管理计划进行事前规划；为了确保管理业务切实落地，对管理过程进行跟踪提醒。②

（2）预测未来

信任是将自身的利益寄托在别人未来的行动之上。信任是否会被辜负，主要由信任客体未来的行动决定。因此，需要信任主体尽可能预测未来以寻求可靠性。档案是历史数据的积累。尤其在数据分析需要大量数据资源作为基础的情况下，档案数据的价值日益凸显。数据分析本身是一种基于过去记录对未来行动的风险性预测，可以归于信任形成过程中的理性认知依据。因此，另一种突破时间维度的思路是借助大数据分析等技术手段，将历史档案数据的分析结果作为决定未来行动的重要依凭。迪亚戈·甘贝塔（Diego Gambetta）认为，信任是信任者评估被信任对象将会进行某一特定行动或者发生某一现象的主观概率水平，这种评估先于信任者对此行动的监控，并会影响到信任者自己的行动。③ 信任依靠的是未来，为了避免对未来的盲目信任，将对未来的预测作为一种信任依据，从而减少不确定性和信任的风险，更易于成功地付诸行动。此时，信任中介是档案数据，信任对象是信任客体未来行动是否可能符合期待，所运用的方法是概率论。概率论认为未来发生的事件是不确定的，但是发生事件的概率却是确定的。而档案数据资源之所以可以发挥这样的功能，主要凭借的是档案所具有的真实性和记录性，将以过去推论未来精细化为可计算的概率预测。

---

① 郭慧云：《论信任》，重庆：西南师范大学出版社，2016 年版，第 67 页。

② 根据笔者实践调研所获材料。

③ GAMBATTA D., *Can we trust trust*. In GAMBETTA D. ed., *Trust: Making and breaking cooperative relations*. Oxford: Blackwell, 1988, p. 217.

以某核电公司为例，该公司档案部门面向各个部门提供大数据分析服务，他们对每一个核电设备和基本要件进行精准标识，同时随时跟踪记录该设备的生产、运营和维修等情况。档案部门即可通过分析这些设备数据，得出哪些设备、哪个备件、什么时间容易出现故障等设备分析报告，进而方便公司维护相关设备。对于设备提供商而言，这也是极有价值的数据分析报告。[①]

5.3.6 档案信任论的价值

档案信任论不仅可以丰富和深化对档案学基础理论的研究，而且可以为档案工作提供诸多启示。

5.3.6.1 重视人格信息对档案事业发展的意义

当前社会上较为常见的信任组合为"中介信任+人格信任"。大部分陌生人的信任关系是建立在信任抽象制度和普遍社会契约的基础之上的，而较为主观的人格信任主要是对信任客体的道德品行和良好动机的信任，虽然不及中介信任那么客观，但也是重要的信任动力之一。现实生活中，档案与公众之间的信任关系并非仅仅限于中介信任，还包括对档案机构、档案工作者的人格信任。在中介信任层面，主要包括档案管理法规、制度、规范、标准及档案职业资格、职业规范等，无论针对的是档案管理还是档案工作者，均是通过受社会认可的规范媒介和权威性的监督机制来确保档案的信任价值和行为的可预期性。在人格信任层面，当档案工作者与公众进行现实互动时，主要考量的是档案工作者的态度品性、职业素养和行为动机等。人格信任是中介信任占据主导地位下也无法避免的信任场景，即使档案工作者经过了资格审查也无法确保总是处于值得信任的工作状态，所以总是需要制定各种监督审查制度，通过强化中介信任来降低人格信任的风险。

相比较中介信任的客观性和系统性，人格信任是需要档案机构进行自我管理、重点提升的主观改造部分。安东尼·吉登斯提出了"积极的信任"的概念。他认为，信任是相互发现的过程，必须通过自我挖掘的过程来建立信任[②]，需要身处其中的人都建立起一个积极主动的态度。因此，人格信任与档案事业发展之间还存在相互促进的循环关系。档案机构、档案工作者的态度、形象和行为会以人格信任的形式影响到档案与信任的关系；反之，公众对档案的信任也会在声誉上产生隐性约束力，在心理上产生良性的激励力。这种激励和约束力不同于强制性的制度规范，而是一种隐性持久的影响力，可以激发档

---

① 根据笔者实践调研所获材料。
② ［英］安东尼·吉登斯著，田禾译：《现代性的后果》，南京：译林出版社，2000年版，第107页。

案工作者的职业使命感和认同感，让他们自觉地想要为公众树立可信赖的信任形象，并从中获得价值感和归属感。被人无条件信任的感觉更类似于一种责任意识的触发点，从中激发出来的道德素质和文化力量是强制性契约无法做到的。在信任客体的积极期待下，档案工作者的工作效率和质量也可出现质的提升。由此，公众在经历了成功、美好的信任体验后，又会在心理上强化对档案工作者的人格信任，最终形成一个档案工作者和公众信任相互促进的循环关系。

5.3.6.2 推动拓展档案参与信任构建的价值空间

当前社会，人们建立信用档案的主要目的并不是为了作用于信任关系的构建，或者补充信任依据，而是为了在信任关系构建后警示违约和非诚信行为，更多地表现为一种公开的道德监督力量。从档案所发挥的效用来讲，这种基于后端的控制对档案真实性的利用也是低效率的。因为档案真实性只是为了赢取公众的信任，事后监督审查的功能也在某种程度上促成了档案造假现象的出现，在更多情况下，其监督功能和影响力也受到侥幸心理驱使，或者限于过多的监督对象和过高的成本问题而作用有限，对于公众的监督与约束很多情况下都流于形式。

档案与理性在信任领域的融合是留有悬置区的，这是档案真正发挥信任价值的重要依据，而留白的信任悬置区也为档案与业务活动的结合提供了空间。换个角度思考，不仅仅信任需要档案，档案也可以利用信任。根据罗伯特·艾克斯罗德(Robert Axelrod)的"囚徒困境"(prisoner's dilemma)理论，在双方会重复交往的情况下，未来的利益与长期发展会促使双方选择信任与互惠。[①] 也就是说，人们最终进化出来的是建立一种长期稳定的合作关系，这也从行为学上为人们的积极信任决策提供了依据。因此，档案作为过程性信息，而非独立于业务活动的记录手段或者事后审查工具，使档案的真实性满足基本理性依据，但仍处于悬置状态，即正好站在信任的悬置点附近，辅之以信任以实现从悬置点到信任终点的跨越，最终使信任主体的心理活动过程真正卷入行动中。即前述的"预支真实性"，将档案的记录功能深化为一种档案与业务活动签订的契约。既然我们所期待的业务活动结果必然出现在行动发生之后，那么，就可以以文件的产生代表我们对业务行动结果的预期，以此为契约来确保未来业务活动的有序性和可预期性。这样可以使档案的真实性价值得到现实的发挥和即时的反馈，给信任的情感和理性都留出空间，也为档案在信任关系构建、企业经营活动、文件管理改革等方面提供了新的思路。

---

①［美］罗伯特·艾克斯罗德著，吴坚忠译：《对策中的制胜之道——合作的进化》，上海：上海人民出版社，1996 年版，第 76 页。

5.3.6.3　推动档案参与信任构建的开放与宣传

社会化分工将信任完全融入了我们的生活中，所以，可以说信任是一种普遍化的社会交互活动。安东尼·吉登斯说："信任不再是给定的，而是建构起来的，而这种建构意味着一个相互的自我开放的过程。"[①] 在这样的状态下，档案作为信任中介，必须要先进行"自我开放"，脱离封闭的内部查档场景，通过互联网将档案应用到各种匿名化、社会化的虚拟信任场景之中。事实上，档案本身的社会性决定了其价值不可能仅仅局限在形成者内部。尤其是在现代信息技术提供充分技术支持的条件下，信任中介这一角色可以促使档案从幕后走到台前，以抽象、持久的文化形式融入社会发展，在推动社会合作和和谐社会建设等方面发挥更大价值。

在开放性的基础上，档案机构也可以适当进行符合自身形象的宣传推广，档案所追求的价值目标不应该仅仅是"有迹可循"，所记录的过去需要得到合理的开放利用，才能使其作用于社会公众，并最终真正参与到塑造社会记忆和构建信任关系中来。单方面的记录如果只是封闭式保存或者无人问津，那么其后续的文化氛围营造、信任规则选择和对档案工作者的反向作用也都无从谈起。此处，可以基于自身的形象定位，借鉴广告的宣传手段和技巧，着力档案信任形象的打造，同时可以对档案记录的社会信任内容进行公益宣传，作为打造和谐社会、提高政府公信力的一大手段。

5.4　档案与社会正义

进入 21 世纪，档案与社会正义的研究成为国际档案界一股不可忽视的潮流。学者认为，档案所具有的原始记录属性及其自身难以取代的证据价值使其成为实现社会正义的重要工具。档案与社会正义的提出是档案参与社会发展的重要表现之一，也进一步推动了档案工作者重新认识其身份使命，促使整个社会深化对于档案价值的认知。

5.4.1　档案与社会正义的理论与实践基础

5.4.1.1　理论基础

一是档案本质。档案本质是指档案最为本源的内在特质，也是档案与其他事物

---

① [英] 安东尼·吉登斯著，田禾译：《现代性的后果》，南京：译林出版社，2000 年版，第 106 页。

相区分的依据。"档案本质是原始记录"这一论断受到学界广泛认同，也是档案能够支持社会正义的根源。原始记录包含两层性质：一为原始性，二为记录性。正是这两种性质的叠加使得档案成为如实记录过去的工具。通过档案，人们能够清晰了解记录内容，还原历史真相，从而识别不正义现象，为弱势群体寻求正义。更重要的是，原始记录特性赋予档案可信的证据价值，使其能够成为诉讼和审判的有力证据。

二是档案记忆观。档案记忆观论述档案、档案工作、档案工作者与社会记忆的关系，核心观点包括：档案是建构社会记忆重要且不可替代的要素[①]，档案工作是建构社会记忆的受控选择机制，档案工作者是建构社会记忆的能动主体，档案记忆促进身份认同[②]。不论个人还是群体，记忆都是必不可少的。档案通过对过去的记录和揭示建构记忆。记忆不但面向过去，更指向现在与未来。档案通过构建社会记忆，使个人或群体形成对某一事件、某一行为的感知，是一种符合社会正义要求的行为。

三是约翰·罗尔斯（John Rawls）的正义论思想。1971年，美国学者约翰·罗尔斯在其出版的《正义论》一书中探讨了公平、正义与自由等话题。其正义论思想的核心，是将人的自由平等视为正义的本质，在此基础上他提出了自由原则（平等享有社会权利）和差异原则（社会分配活动应致力于改善社会底层处境）。[③]约翰·罗尔斯的正义论思想深刻影响了档案与社会正义的研究，其自由平等的思想为学者所继承，成为档案与社会正义研究的架构基础。

四是解构主义思想。解构主义思想是对结构主义的反对与批驳，是一种认识世界的观点。解构主义思想的代表人物雅克·德里达认为，人们通过文本与符号认识事物，而传统文本与符号是基于在场的统治写就的。[④]要从固有结构中走出，才能更加清晰地认识世界。雅克·德里达的解构主义思想被学者理解为对于权力统治的批驳与对正义的呼唤[⑤]，由此提出"档案工作必须是正义的工作"[⑥]"档案工作者应该成为反对压迫的积极分子"等主张。学者对档案、档案工作与档案工作者正义性的论断，在一定程度上是以解构主义为根基的。

---

① 冯惠玲：《档案记忆观、资源观与"中国记忆"数字资源建设》，《档案学通讯》2012年第3期，第4~8页。

② 徐拥军：《档案记忆观的理论与实践》，北京：中国人民大学出版社，2017年版，第84页。

③ 程世礼：《评罗尔斯的正义论》，《华南师范大学学报（社会科学版）》2002年第5期，第23~26页。

④ 杜小真：《德里达的解构主义》，《首都师范大学学报（社会科学版）》2000年第3期，第95~103页。

⑤ 注：凡尔纳·哈里斯将雅克·德里达的"档案热病"（archival fever）解读为"公权力"的影响。

⑥ HARRIS V., *Jacques Derrida meets Nelson Mandela: Archival ethics at the endgame*. Archival Science, 2011, 11（1-2），pp. 113-124.

5.4.1.2 实践背景

一是档案工作者道德伦理要求。第二次世界大战后，各国逐渐重视对于档案工作者的道德规范。美国先后于 1955 年和 1980 年颁布了《档案工作者守则》（*The Archivist's Code*）和《档案工作者伦理守则》（*Code of Ethics for Archivists*）。其中，《档案工作者伦理守则》要求，档案工作者不应把自己的作用仅仅视为保护自己或机构的利益。个人的隐私经常受到记录内容披露的影响。由于这些人不能为自己说话，档案工作者应该考虑他们的权利。[1] 这一要求事实上也暗含着维护弱势群体权利的要求，在一定程度上反映出档案工作者维护正义的社会责任。

二是社群档案的兴起。大约从 20 世纪 60 年代开始，社群档案建设开始在英国、美国、加拿大等国兴起。近年来，随着社会对于社群的接纳度提升，社群档案建设也逐渐走出幕后、走向大众。[2] 国际社群档案的蓬勃发展有利于弱势群体获得记录自身经历的权利，摆脱传统宏大叙事下公权力对于记录权利的垄断，从而以弱势群体的视角最大程度还原历史事实，揭露少数社群所遭受的不公正待遇，争取社会认同与权利。

三是民族解放运动的发展。20 世纪 50 年代到 80 年代，由于第二次世界大战后的世界版图处于持续动荡与不稳定状态，部分国家仍然存在专制统治与压迫。随着民族解放运动的发展，独裁政权倒台，民主制度取而代之。此时专制制度下的受害者寻求道歉和索赔的诉求日渐增多，档案作为前政府专制行为的真实完整的记录成为法庭审判的重要证据，档案工作者在此过程中发挥了重要作用。也正是基于废除南非种族隔离制度的实践经验，南非档案学者凡尔纳·哈里斯提出了"档案正义"思想[3]，成为档案与社会正义领域的开创者。

四是建设公平正义社会主义的需要。约翰·罗尔斯的正义论强调自由平等地享有社会权利，这实际上与习近平新时代中国特色社会主义思想具有类似的价值追求。习近平新时代中国特色社会主义思想强调"公平正义是中国特色社会主义的内在要求，所以必须……加紧建设对保障社会公平正义具有重大作用的制度，逐步建立社会公平保障体系。……朝着共同富裕方向稳步前进"[4]。在建立社会公平保障体系的过程中，档案不但是建立社会信任的重要资本，也是推动法治社会建设的有力支撑。

---

① HORN D. E.，*The development of ethics in archival practice*. The American Archivist，1989，52（1），pp. 64~71.
② 李孟秋：《我国社群档案建设的意义、困境与路径》，《档案学研究》2019 年第 2 期，第 71~76 页。
③ HARRIS V.，*Archives and justice: A South African perspective*. Chicago：Society of American Archivists，2007.
④ 习近平：《紧紧围绕坚持和发展中国特色社会主义 学习宣传贯彻党的十八大精神》，中共中央文献研究室编：《十八大以来重要文献选编（上）》，北京：中央文献出版社，2014 年版，第 78~79 页。

5.4.2　档案与社会正义的基本观点

5.4.2.1　档案对社会正义具有两面作用

关于档案与社会正义的研究正式开始于 21 世纪，但事实上，关于档案参与更广泛的社会活动的呼吁在此之前便已产生。在 20 世纪 70、80 年代，档案学家汉斯·布姆斯（Hans Booms）和历史学家霍华德·津恩呼吁档案工作的社会影响应得到更多的关注。档案工作的发展体现在一个国家中档案为社会发声的趋势，并进一步凸显档案的包容性及其反映社会存在的必要性。[①] 此后，人们对于档案参与社会活动的认识逐渐深化，开始形成档案与社会正义的相关理论。在认识档案的社会正义作用时，学者逐渐认识到，档案对社会正义具有两面性。档案对社会正义既能够产生积极作用，也能够产生消极作用。

一方面，档案作为"社会组织或个人在以往的社会实践活动中直接形成的具有清晰、确定的原始记录作用的固化信息"[②]，对于过去所发生的事件起到了记录和刻画作用。因此，人们能够借助档案记录了解过去所发生事件的全貌。档案提供了过去人们如何成为不公正施行者、受害者和旁观者的细节，这可以为研究过去、比较过去和现在或者发展正义和变革理论的学者提供感兴趣的信息。档案为随着时间推移而变化的规范和行为提供了证据，它们详细介绍了过去各种形式的不正义。档案所具有的原始记录属性，使其拥有其他信息资源所不具备的证据价值。[③] 在以程序正义为主导、注重证据的现代司法体系中，没有证据往往意味着不存在。因此档案起到了重要的证据作用，对于揭示事件真实面貌，为弱势群体争取权益起到了重要的作用。

另一方面，尽管社会公正的议题通常不在档案研究和档案工作的界限之中，但随着档案学越来越多地参与对社会公正议题的讨论，如何系统地通过档案促进社会公正这一问题也变得愈加重要。[④] 随着人们越发认可档案在追求社会正义过程中所起的作用，档案自身却陷入一种危险境地。人们对于档案的信任基于档案的客观记录属性。然而，档案虽然是对社会实践的原始记录，但追根溯源，档案是由人形成、记录的。这也就意味着

---

① PUNZALAN R. L. & CASWELL M., *Critical directions for archival approaches to social justice.* The Library Quarterly, 2016, 86（1）, pp. 25–42.

② 冯惠玲、张辑哲主编:《档案学概论》，北京:中国人民大学出版社，2001 年版，第 6 页。

③ SABBAGH C. & SCHMITT M. eds., *Handbook of social justice theory and research.* New York: Springer, 2016, p. 447.

④ DUFF W. M., FLINN A. & SUURTAMM K. E. et al., *Social justice impact of archives: A preliminary investigation.* Archival Science，2013，13（4），pp. 317–348.

人为因素会不可避免地对档案产生影响。在档案形成的过程中，难以保证人为因素不会影响档案的客观、真实记录，虚假的档案记录会阻碍正确认知的形成。而且，人为因素的影响可能施加于档案管理的流程中，如在 1990 年至 1994 年间，南非政府机关销毁了大量公共记录，试图隐藏种族隔离这一国家最黑暗的秘密。[①]

5.4.2.2 "权力—档案—记忆"的互相建构

权力、档案与记忆是档案与社会正义研究中三个互相影响的要素，这三个要素之间的互相建构构成了档案影响社会正义的动力机制。

档案是人类在社会活动中的原始记录，也就是说，档案具有先天的社会性，是人与社会现象的互动成果。因此，档案在其发挥作用的过程中会对人施加影响，这种影响可能是正向的，也可能是负向的。为了避免档案产生负面作用，人类会通过各种手段对档案施加影响，其中最为显著的影响因素就是权力。也有很多学者认为，档案本身，便是权力的产物。苏珊·奥博托（Susan Opotow）和金伯利·贝尔蒙特（Kimberly Belmonte）提出，"档案起源于权力等级制度，并在压迫政权中发挥作用"[②]。在后现代主义话语体系下，档案的叙述方式仍然为主流体系所束缚，权力运行的目的是实现控制。在权力的影响下，档案无法实现对客观现实的真实记录，对于社会正义的实现起到了消极影响。

凡尔纳·哈里斯指出，"记忆总是不可避免地建立在原始遗忘的基础上"[③]。阿曼达·施特劳斯（Amanda Strauss）提出，"记忆是必不可少的。它不是独立生存的，而是必须维持下去，必须记录在案。记忆就像档案一样，永远不会结束"[④]。记忆被视为实现社会正义有效的途径之一，因为记忆不但承载过去，也指向现在与未来。通过档案的真实记录所实现的社会正义指向过去，但也是现实的一部分，因为记忆依托承载记忆的人或物存活。然而，更重要的是，当见证档案实现社会正义的亲历者和目击者逝去，档案促进社会正义这一价值理念仍然需要被铭记和传承。因此，档案对于社会正义更重要的意义是维持对于未来的梦想。

莫里斯·哈布瓦赫认为，"集体记忆不是一个既定的概念，而是一个社会建构的概

① HARRIS V., *The archival sliver: Power, memory, and archives in South Africa.* Archival Science，2002，2（1-2），pp. 63-86.

② SABBAGH C. & SCHMITT M. eds., *Handbook of social justice theory and research.* New York：Springer，2016，p. 447.

③ HARRIS V., *Antonyms of our remembering.* Archival Science，2014，14（3-4），pp. 215-229.

④ STRAUSS A., *Treading the ground of contested memory: Archivists and the human rights movement in Chile.* Archival Science，2015，15（4），pp. 369-397.

念"①。在此基础上，档案记忆观提出，档案是储存记忆的重要中介和载体，在建构集体记忆的过程中，档案起到不可替代的作用。一个国家、一个集体所传承的记忆，对于认知、判断社会起到重要作用，福柯从"反记忆"的角度入手，他认为"谁控制了人们的记忆，也就控制了人们的原动力"②。因此，出于统治与社会控制的目的，权力同样参与到集体记忆的建构中。凡尔纳·哈里斯提出，"行使霸权的一个关键因素是国家对社会记忆的控制，这种控制包括记忆和遗忘"③。权力不但可以对档案记录内容施加影响，也可以决定档案的存与毁。也就是说，权力通过作用于记忆内容及记忆载体，最终实现对于集体记忆的控制，使社会按照权力预设的轨迹运行。

5.4.2.3　档案实践推动社会正义的实现

温迪·达夫（Wendy M. Duff）、安德鲁·弗林等人认为，档案与社会正义的联系主要包括以下内容：主动允许参与和访问档案；注意档案中的排斥、缺席和沉默，并考虑如何通过文化记忆方法弥补这些不足；了解档案如何通过保护、补充和促进记录来实现正义。④可见，档案自身难以对推动社会正义产生正向的积极作用，档案参与社会实践才是社会正义得以实现的充分条件。为了支持社会正义工作，需要加强行动主义，对档案法律、政策、系统和行为进行超越个别组织和管辖范围的变革。⑤在以社会正义为主导的档案实践框架下，实际包含两大因素——档案的形成与档案的保存。

档案的形成决定档案以何种面貌应对群体的社会正义诉求，其中首要问题是档案的内容。档案对历史和事实进行客观真实的记录，不但能够让利用者获取有保障的信息，从而支持社会正义行为，更能够形成一种文化。这种文化支持问责与透明原则，对权力主体形成威慑。档案的形成还决定档案以何种方式得以记录。数字化时代，在传统记录方式之外，档案得以在线形成并保存，这有利于档案摆脱传统的宏大叙事方式，反映长期被排除在社会主流之外的弱势群体的生活与诉求，并鼓励社会公众参与其中，形成巨大合力，支持更广泛的权利诉求。

---

① [法] 莫里斯·哈布瓦赫著，毕然、郭金华译：《论集体记忆》，上海：上海人民出版社，2002 年版，第 39 页。

② FOUCAULT M., *Language, counter-memory, practice: Selected essays and interviews*. New York：Cornell University Press，1977，pp. 79–89.

③ HARRIS V., *The archival sliver: Power, memory, and archives in South Africa*. Archival Science，2002，2（1–2），pp. 63–86.

④ DUFF W. M., FLINN A. & SUURTAMM K. E. et al., *Social justice impact of archives: A preliminary investigation*. Archival Science，2013，13（4），pp. 317–348.

⑤ EVANS J., MCKEMMISH S. & DANIELS E. et al., *Self-determination and archival autonomy: Advocating activism*. Archival Science，2015，15（4），pp. 337–368.

档案的保存涉及档案的选择、鉴定、销毁、利用等环节。在司法体系逐渐成熟的现代社会，司法审判逐渐成为彰显社会正义的重要手段，而证据成为法庭审判的关键要素。在非洲、亚洲、南美洲一些国家的司法审判中可以发现，档案材料逐渐成为具有决定性的司法证据。南非司法审判的实践表明，尽管档案管理不是促进有效司法系统的唯一因素，但档案保存不良与司法不公之间存在着密切联系。① 档案是否得到有效保存，取决于档案馆的保存能力。囿于传统档案的记录形式，档案数量与档案馆保管能力的矛盾依然存在，因此档案馆如何选择馆藏，是否将实现社会正义的要求纳入档案鉴定、销毁标准，以及是否能够及时满足社会的档案利用需求，都是档案能否推动社会正义的影响因素。档案馆不但是"保存人类记忆的各种表现形式，是保存社会记忆、个人记忆的最权威场所"②，也是实现社会正义的底线与良心。

5.4.2.4 档案工作者是实现社会正义的有机力量

在主流档案工作中，受以希拉里·詹金逊为代表的传统档案学者的影响，档案工作者被要求保持对档案内容的隔离，以客观的态度对待档案工作。这一中立的价值取向在档案与社会正义中被质疑与重构。随着后现代思想逐渐浸透档案学界，部分档案学者开始反思，他们认为，档案职业受到权力的影响，档案中立实际上是一种职业幻想。③ 因此，在档案促进社会正义的理念下，档案工作者的职业中立被打破，他们不再是公正的保管人，而是支持或反对压迫制度的记忆积极分子。④

档案工作者在实现社会正义的进程中扮演着重要角色。他们拥有权力，这份权力不仅在于保护文献，而且在于控制和塑造研究对象；他们允许学者接触特定档案材料，而不是其他材料。⑤ 许多弱势群体，其关于身份、利益和生活的诉求与档案有关，但由于开放等原因的限制，他们的需求难以得到满足。档案工作者看到需求，他们能够采取行动帮助弱势群体访问、利用档案，打破社会主流对社会话语体系的垄断，实现社会公平。

因此，档案工作者在实现社会正义的过程中不是中立的守门员，而是积极的参与者和建构者。档案工作者通过运用其专业知识与素养，主动聆听与响应社会正义需求，为

① NGOEPE M. & MAKHUBELA S., *"Justice delayed is justice denied"*: *Records management and the travesty of justice in South Africa*. Records Management Journal，2015，25（3），pp. 288-305.

②《西班牙国王胡安·卡洛斯致词》，国家档案局编：《第十四届国际档案大会文集》，北京：中国档案出版社，2002 年版，第 7~8 页。

③ GILLILAND A.，*Neutrality，social justice and the obligations of archival education and educators in the twenty-first century*. Archival Science，2011，11（3-4），pp. 193-209.

④ HARRIS V.，*Jacques Derrida meets Nelson Mandela: Archival ethics at the endgame*. Archival Science，2011，11（1-2），pp. 113-124.

⑤ TESAR M.，*Ethics and truth in archival research*. History of Education，2015，44（1），pp. 101-114.

推动社会正义提供材料与证据。

5.4.3 档案与社会正义的理论意义与实践价值

5.4.3.1 理论意义

第一，档案与社会正义深化档案价值，拓展档案价值理论的应用范围。档案价值是指档案对国家、社会组织或个人的有用性，是主体需要和客体属性的统一。西奥多·谢伦伯格的档案双重价值理论认为，档案的原始价值是指档案对文件形成机关的价值，档案的从属价值是指档案对其他机关和个人利用者的价值。[①]无论档案的原始价值还是从属价值，实际上都强调对于社会主流群体的价值，而在一定程度上忽视弱势群体的利益与诉求。档案与社会正义理论将档案价值理论的应用范围拓展至社会弱势群体，将范围更加广阔的社会活动纳入其中，为人们重新认识、应用档案价值规律提供契机。

第二，档案与社会正义拓宽档案外延，促进档案与其他信息资源的整合。贝弗利·巴特勒（Beverley Butler）以巴勒斯坦难民档案为例，提出档案的定义在当时的巴勒斯坦背景下得到扩展，不仅包括书面文件证据的储存库，而且超越了这一范围。他采用了一种"遗产"范式，承认有形和无形遗产资源。这也导致博物馆、遗址和文化资源被认为是"公正"档案领域的必要组成部分。[②]在包括巴勒斯坦难民档案在内的案例中，档案都不囿于传统档案学科的概念认知，而是融合实物等信息载体的复合概念。这一变化也适应了信息时代的发展需求，以多层次、多形式、多载体呈现档案资源，为档案与其他信息资源的整合开辟渠道。

5.4.3.2 实践价值

第一，在档案工作中融入正义诉求。随着越来越多的档案推动社会正义案例的出现，传统的档案工作者保持中立的工作要求愈发难以阻碍其将社会正义的价值追求融入职业信条。档案工作者可以将自己视为积极的社会活动分子，他们利用档案为过去的经历寻求正义，并为更公正的未来而努力。档案工作者有理由相信，这一工作角色的转变不是源于外部，而是来自内部。档案工作者不需回避，而是要拥抱这一角色及其带来的权力，为正义而努力[③]，在社会正义的进步中承担积极角色。

---

① ［美］T.R. 谢伦伯格著，黄坤坊等译：《现代档案——原则与技术》，北京：档案出版社，1983 年版，第 144 页。

② BUTLER B., *"Othering" the archive—From exile to inclusion and heritage dignity: The case of Palestinian archival memory.* Archival Science，2009，9（1-2），pp. 57-69.

③ CASWELL M., *Toward a survivor-centered approach to records documenting human rights abuse: Lessons from community archives.* Archival Science，2014，14（3-4），pp. 307-322.

第二，推动网络建档的发展。吉妮西丝·埃尔南德斯（Genesis Hernandez）通过调研提出，网络发展使档案资源的便利获取成为可能，进而促进社会正义。[1]网络时代逐渐实现以用户为中心。在虚拟世界中，用户均拥有平等创建记录的权利，能够打破纸质时代权力对于记录创建与保存的垄断。因此，网络环境下，档案工作者们开始探索利用网络建档存储重要信息的方法和途径，并逐渐降低专业知识与技能对于建档行为的限制。档案工作者开始向合作者的角色转化，与公民、社群等社会力量共同参与网络建档，使其成为实现社会正义的有力辅助。

5.5　档案多元论

档案多元论"archival pluralism"又被称为档案多元宇宙观"archival multiverse"，其概念应该从多元宇宙观"multiverse"概念来追溯。"Multiverse"作为一个术语，最初由美国哲学家和心理学家威廉·詹姆斯（William James）于 1895 年提出。[2]随后宇宙学、物理学、天文学、文学研究等不同学科领域开始对该术语进行引入、诠释和探索，档案学领域也不例外。档案多元宇宙观"archival multiverse"在最初提出时旨在"通过教育实现档案范式的多元化"[3]，档案学教育是多元视域中的第一阵地。在 2011 年美国档案教育与研究协会年会上，安妮·吉利兰等学者联名发布《多元环境下档案多元化工作进展报告》（*Pluralising the Archives in the Multiverse: A Report on Work in Progress*），首次对"archival multiverse"这一术语的内涵作出明确界定。"Archival multiverse"指涵盖证据性文本（产生于多样文化背景下的各种形式的记录），社会记忆建构，政府、个人意志体现，社群观点、需求，多样文化、法律构建在内的档案多元化体系。[4]另外，与"archival multiverse"意义相近的一个术语"archival pluralism"也被北美档案界广泛使用。"Archival pluralism"则指多元世界观下，档案学领域为应对复杂的政治、经济、技术、社会影响和全球性巨

① GENESIS H. *Queering the archive: An integration of web development and virtual reality as a tool for social justice*. Oakland: Mills College, 2018, p. 1.

② GILLILAND A. & MCKEMMISH S., *Pluralising the archives in the multiverse: A report on work in progress*. Atlanti: Review for Modern Archival Theory and Practice, 2011, 21, pp. 177–185.

③ WHITE K. L. & GILLILAND A., *Promoting reflexivity and inclusivity in archival education, research, and practice*. The Library Quarterly, 2010, 80（3）, pp. 231–248.

④ GILLILAND A. & MCKEMMISH S., *Pluralising the archives in the multiverse: A report on work in progress*. Atlanti: Review for Modern Archival Theory and Practice, 2011, 21, pp. 177–185.

大挑战而产生的跨学科、跨机构和跨文化共同建构档案的多样化合作途径与多主体共同参与模式。

档案多元论是在多元世界观指导下对档案的价值与功能、来源主体、管理方式、教育与研究方法等方面存在的多元现象进行研究，并经过系统化、理论化总结的产物。档案多元论可被视为北美档案界对全球化背景下档案多元现象的积极思考与回应。

5.5.1 档案多元论的理论与实践基础

5.5.1.1 理论基础

档案多元论的提出有深厚的理论支撑。西方后现代主义思潮为档案多元论的提出提供了哲学和方法论层面的指导。后现代主义主张多元性的思维方法，倡导以多维视角和多元概念来认知事物、解释世界，反对一个中心、一个文本、单一概念和固化的结构。[①]这种"解构主义"和"去中心化"理念对档案及档案工作概念的重新定义和建构产生了影响，为人们提供了多样化视角去思考档案现象，创新档案工作。在后现代主义思潮的影响下，传统的档案概念和档案理论受到新的质疑与挑战。

首先，档案的概念和权属发生变化。档案自产生起，便作为权力机构活动的原始记录，是官方组织、社会主流群体留存活动痕迹、把控社会叙事的工具。然而，后现代主义主张的"去中心化"和"多元化"逐渐削弱了档案作为官方、主流群体的"专属特权"的属性，使得档案逐渐转变为非官方、多元化社会群体的"所有之物"。私人档案、社群档案的兴起即是这一变化的重要表征。

其次，档案的社会属性更加显著。尽管档案多元论研究并不过多地提及后现代主义，但是不得不承认后现代思维深刻地影响了北美和澳大利亚档案界的学者。米歇尔·福柯、雅克·德里达等后现代主义思想家认为档案是社会建构的组成部分。米歇尔·福柯在《知识考古学》一书中对"archives"进行新的解读，认为档案并不是由过去保留下来的历史文件和文本所组成的，而是由一些决定那一时期的认识型式、范畴或先天原则所组成。[②]这也在实质上承认了档案作为社会话语体系组成部分所具有的内在权力属性。在此背景下，档案的社会属性更加显著，档案参与社会记忆建构、社群权利维护成为档案学、社会学、人类学等多个学科领域共同关注的问题。多元主体参与档案工作，尊重多元化的档案来源，维护多元社会群体建立档案、参与管理档案的权利等档案多元论观点均带有浓厚的后现

---

① 徐拥军：《档案记忆观的理论与实践》，北京：中国人民大学出版社，2017 年版，第 60~61 页。
② 李佩仑：《后现代主义与档案学：从德里达、福柯到特里·库克》，《档案学通讯》2012 年第 2 期，第 4~7 页。

代主义色彩。

5.5.1.2 实践背景

档案多元论的提出离不开实践土壤的培育与滋养。20世纪下半叶，欧美国家历史、文化、社会学研究对档案工作提出新要求，直接推动了档案多元现象、档案多元论观点的形成与发展。

作为典型的移民国家，美国社会文化所呈现的多元性历来是欧美各国社会学家、历史学家、人类学家研究的重点。1976年，罗伯特·M.华纳（Robert M. Warner）等在《记录：美国人口大迁徙和种族化的一百年》（"Documenting the Great Migrations and a Century of Ethnicity in America"）一文中提出：对于档案工作者而言，将美国1820年至1920年间的大规模人口迁移及其所造成的种族化特征记录下来将是一件独特且艰巨的挑战。[①]为更好地记录美国移民的经历，档案工作者必须清楚地了解不同种族移民、定居的大致历程。同时，档案工作者应该敏锐地认识到研究移民问题的重要资源往往被淹没在那些看似对美国历史上其他话题的研究更具利用价值的文件记录中，如教会记录、商业记录、政府记录、社会福利记录和报刊。至此，对文化与种族多元性问题的思考、研究正式走入档案工作者的视野。1978年，尼古拉斯·V.蒙塔图（Nicholas V. Montalto）提出：在一个民主化、多元化的社会中，如果档案保管人员不能重新定义其档案保管任务，那么将如民族发言人路易斯·亚当米克（Louis Adamic）等预言的那样——1880年至1924年间欧洲流亡美国移民的文件记录将会永远消失在历史长河中。[②]档案工作者应意识到，移民和种族作为多元社会主体的组成部分，在社会活动中产生的文件记录具有重要价值，理应作为国家和社会共有档案资源予以妥善收集与保管。同时，多元文化社会中的档案收集、保管应遵从多社会主体来源的法则。这为后来档案多元论系统观点的正式提出与发展奠定了实践基础。

5.5.2 档案多元论的基本观点

档案多元论以存在于多样性社会、文化和技术环境中的复杂档案现象为研究对象，主张以多视角、多维度、多层次为档案及档案工作提供新的方法论指导和实施路径参考，

---

① WARNER R. M. & BLOUIN F. X., *Documenting the great migrations and a century of ethnicity in America*. The American Archivist，1976，39（3），pp. 319–328.

② MONTALTO N. V., *The challenge of preservation in a pluralistic society*. The American Archivist，1978，41（4），pp. 399–404.

为跨机构、跨文化、跨社群的全球视野下认知档案权力、档案话语、档案实践模式及社会影响提供融合实证主义和解释主义的混合方法论。[1]

从研究对象看，档案多元论的研究对象是存在于多样性的社会、文化和技术环境中的复杂档案现象。档案学自产生便作为内容学科而存在，其理论与实践研究紧紧围绕着档案与档案工作向前推进。然而，在全球化背景下，基于多元的文化、社会、政治、经济、技术等因素的综合作用，档案学"元领域"（meta-field）逐渐受到多元世界观的渗透并向多元学科领域拓展。[2] 传统档案一元世界观向多元世界观转变，直接导致过去相对纯粹、单一的档案理论认知和实践模式向混合、多元的档案理论认知和实践模式的转变。[3] 在此情况下，档案本身也由过去彰显国家意志的官方活动"副产品"转变为体现社会公民意志、存留社会记忆的社会活动记录。[4] 档案的证据性特征向文化性、历史性、社会性等多元化属性特征转变。

从思维框架看，档案多元论是从多视角、多维度、多层面对档案及档案工作的研究。传统环境与数字环境下的档案工作均应被纳入文件连续体理论、档案后保管范式、后殖民及后冲突主义的思维框架内。[5] 文件连续体理论从多种视角和维度考察文件形成及运动的过程，突出文件与形成文件的各类业务行为、业务环境之间的互动，这与档案多元论倡导的多元世界观下档案形成主体的多元性相联通。档案后保管时代档案工作者的职能和工作定位也应当适应多元的世界观、文化观、社会发展观。正如特里·库克所言，档案理论范式已经由证据性文本向社会记忆构建再到社群身份认同转移，后保管时代的档案工作者应由过去被动的档案保管员转变为社群服务人员。[6] 鉴于此，档案多元化的思维体系对新时期档案工作的开展具有启发性意义。

从适用范围看，档案多元论为档案业务、档案教育和研究工作提供了新的理论指导。[7] 具体体现在：一方面，档案多元论可以帮助档案机构和档案工作者顺利推进档案工作转

---

① 安小米，郝春红：《国外档案多元论研究及其启示》，《北京档案》2014 年第 11 期，第 16~20 页。

② GILLILAND A. & MCKEMMISH S., *Building an infrastructure for archival research*. Archival Science，2004，4（3–4），pp. 149–197.

③ GILLILAND A., *Conceptualizing 21st-century archives*. Chicago：Society of American Archivists，2013，p. 19.

④ WILLIAMSON K. & JOHANSON G. eds., *Research methods: Information, systems, and contexts*. Sawston：Chandos Publishing，2018，pp. 79–112.

⑤ The Archival Education and Research Institute（AERI）& Pluralizing the Archival Curriculum Group（PACG），*Educating for the archival multiverse*. The American Archivist，2011，74（1），pp. 69–101.

⑥ COOK T., *Evidence, memory, identity, and community: Four shifting archival paradigms*. Archival Science，2013（2–3），13，pp. 95–120.

⑦ GILLILAND A. & MCKEMMISH S., *Pluralising the archives in the multiverse: A report on work in progress*. Atlanti：Review for Modern Archival Theory and Practice，2011，pp. 177–185.

型以满足国家或地区层面的社群需求，支持社会正义和公民权利的维护与发展，为具有种族社群多样化特点的新型国家的整体运作提供基础性服务；另一方面，该理论也为全球化背景下跨区域、跨文化、跨学科、跨机构档案研究和教育活动的开展提供实施路径和方法，其主张尊重文化差异，重视解决文化敏感性问题，为非主流、边缘化社会群体提供平等的档案文化和教育机会。

5.5.3　档案多元论的应用领域

当前，档案多元论的应用主题集中在以下几个方面。

5.5.3.1　档案多元视域下的档案业务变革

首先，立足于档案来源主体的多元化分析，档案馆应进一步扩展其所接收、保管档案的类别和范围。档案收集、鉴定工作的最终目的在于选择并保存具有代表性的文件、记录，从而为社会和国家的各项活动提供凭证。[①] 然而，当前档案馆制定的档案收集进馆政策并不能体现多元社会环境下不同种族、不同社群的利用诉求。[②] 鉴于此，档案馆在接收、保管政府机构、企业、主流社群的档案之外，还应重点关注各类移民群体、少数民族、边缘化社群组织等在社会活动中形成的文件记录，积极采取措施对其予以妥善的管理与保管。[③]

其次，档案来源主体的多元性对传统档案鉴定、整理、描述工作提出新的业务要求，旨在将过去以官方组织为中心、以内容鉴定为原则的档案管理模式重新定位为以社群为中心的参与式档案管理模式。[④] 这种以社群为中心的参与式档案管理模式一方面为档案馆当前已保存的边缘化社群档案回归公众视野提供了途径，另一方面使得边缘化社群获得"发声"的工具，可借助档案、文件记录和社会公众广泛地分享自身独特的历史与文化资源。

5.5.3.2　档案多元视域下的电子文件管理

在数字环境下，电子文件、档案产生及运动的复杂性激发了档案多元论的应用需求。国外关于电子文件、档案长期保存元数据的研究开展已久，涉及元数据的自动生成、提取、管理等方面。电子文件保存元数据是指对社会或组织机构活动中形成的电子文件进行识别、鉴定、描述、管理和获取的一切标准化信息。[⑤] 在电子文件、档案长期保存领域，元

---

① COUTURE C., *Archival appraisal: A status report*. Archivaria，2005，59，p. 84.

② JOHNSTON I., *Whose history is it anyway?* Journal of the Society of Archivists，2001，22（2），pp. 213–229.

③ MITRA A., *Marginal voices in cyberspace*. New Media & Society，2001，3（1），p. 31.

④ SHILTON K. & SRINIVASAN R., *Participatory appraisal and arrangement for multicultural archival collections*. Archivaria，2007，63，pp. 87–101.

⑤ ISO 23081-1：2017. *Information and documentation—Records management processes—Metadata for records*.

数据来源和形式的多样性历来被视为官方机构文件记录管理、保存工作关注的重点。当前，国际标准 ISO 23081《信息与文献——文件管理流程——文件元数据》和其他档案著录标准多由专业或正式信息机构及相关行业信息专业人员参与制定，而少数民族、种族及当地社群几乎未参与标准的制定和协商工作，这些群体对自身所形成的文件记录或叙述故事的展现方式、相关术语运用、来源主体、所有权限、传播方式等均有其特殊的看法和观点。[①] 针对此种情况，澳大利亚和美国的当地社群通过制定相关条款阐述如何获取、标识、保存可视化本群体形成的各种类型的记录及知识。例如，澳大利亚为当地原住民社群建立基于样本元数据驱动的可持续性档案馆项目。美国的 AERI 的未来发展项目，立足未来国家及国际社会面临的"大挑战"（气候变化、和平与安全问题、人权等方面）分析当前电子文件及档案元数据方案、框架、标准存在的问题及优化方向，提出增强元数据的互操作性、法规透明性、满足社会文化多样性、社群需求等发展方向。[②]

5.5.3.3 档案多元视域下的档案研究与教育创新

北美、欧洲和大洋洲的档案教育工作者早已于 2007 年开始探讨如何拓展档案研究领域以适应社群及社会主体身份多样化的时代特征。美国的 AERI 作为北美地区享誉盛名的档案学跨校学术合作机构之一，对档案多元论的形成与发展产生深刻影响。AERI 下设档案课程多元化小组（Pluralizing the Archival Curriculum Group，PACG）负责开展档案学教育与研究多元范式的研究，主要涉及内容包括：新一代档案工作者、档案教育工作者及研究人员在档案教育活动中的角色定位；文化多元性背景下开展档案研究的多样化方法；跨地区、跨文化档案教育课程设置的科学性和适用性；非主流社会群体、历史上被殖民地区群体平等参与档案文化、教育活动（远程教育）等。[③]

AERI 在多元视域下所倡导和主张的档案学教育与研究新范式逐渐显露其内核：以全球化、国际化为背景，将后现代主义、后殖民主义、后保管主义等理论应用于档案学教育和研究中，以关注边缘社群、强调多元背景、参与社会治理、推进公平正义、探索历史真相、呼吁应对挑战为核心理念的新范式。以 AERI 的 2009 年会的分研讨会"构建

① GILLILAND A. & KELVIN W., *Digital recordkeeping in support of social inclusion in an society*. Proceedings of the IADIS International Conference on e-Society，2009.

② GILLILAND A. & MCKEMMISH S., *Recordkeeping metadata, the archival multiverse, and societal grand challenges*. Proceedings of the 12th International Conference on Dublin Core and Metadata Applications，2012.

③ The Archival Education and Research Institute（AERI）& Pluralizing the Archival Curriculum Group（PACG），*Educating for the archival multiverse*. The American Archivist，2011，74（1），pp. 69–101；GILLILAND A.，LAU A. & LU Y. et al.，*Pluralizing the archival paradigm through education：Critical discussions around the Pacific Rim*. Archives and Manuscripts，2007，35（2），p. 10.

反映文化敏感性的档案课程体系"为例，与会者探讨了文件／档案在人们关联自身知识、承担社会责任、建构社会记忆及促进身份认同等方面发挥的重要作用。同时学者们提出，档案是社会特权群体传播或隐藏社会声音的工具。鉴于此，档案教育多元观要求在对文件／档案生成、保管和利用进行定义时必须承认文化和社会背景的潜在影响和渗透力，以此保障非社会特权群体的档案教育权利。另外，与会者提出，实现多元化档案课程和教学方法的目标将面临三大关键点：首先，应明确社会主流文化范式对档案教学方法、理论与实践研究的影响及其渗透方式；其次，在此基础上设想并探索非主流文化范式对档案教学方法、理论与实践研究的影响；最后，制定出一个立足多元化档案理论与实践视角的档案教育框架，以推动档案教育专业及社会评估机制的确立。[1]

5.5.3.4 档案多元视域下的社会记忆建构

文件记录作为支持社群价值观塑造、维护社群生存与发展权利的基石，可以成为帮助社群居民保存集体记忆、建构身份认同的有效工具。过去档案馆主要接收官方和主流社群的宏大叙事档案，然而在档案多元论视域下，非官方、非主流社群叙事档案成为社会记忆构建的重要组成部分。因此，档案馆接收微观、多面叙事档案工作的顺利开展需要广大档案工作者逐渐加快转变其固化的业务工作方式和职业情感认知，立足于组织机构和社会群体所产生文件记录的实际特点，从文件内容、格式等方面出发进行有效接收、组织和管理。另外，由于档案馆长期以来开展档案著录工作的最终目的主要在于管理档案，而非鼓励社群积极参与档案管理工作，因而，档案工作者提供的档案元数据通常著录质量低、关联性弱，各类社群成员的实际需求几乎被"隔离"在档案工作之外，很难获取对其有重要价值的档案。[2]

为解决上述问题，柏林达·巴特莱（Belinda Battley）等在《档案：多面叙事方式连接社群记忆》（"Archives as Multifaceted Narratives: Linking the 'Touchstones' of Community Memory"）中提出三种解决方案实施路径：第一，试图建立一种适应多面定义和叙述的档案实践工作方法论。第二，探索社群如何利用自身形成的文件记录建构集体记忆，以及在此过程中档案工作者如何帮助社群保存其文化遗产，例如，档案馆现行的文件及档案管理系统是否能满足社群的特殊需求。第三，设计出支持互操作、兼容性强且满足社群

① The Archival Education and Research Institute（AERI）& Pluralizing the Archival Curriculum Group（PACG），*Educating for the archival multiverse*. The American Archivist，2011，74（1），pp. 69–101.

② MCKEMMISH S. & PIGGOTT M.，*Toward the archival multiverse: Challenging the binary opposition of the personal and corporate archive in modern archival theory and practice*. Archivaria，2013，76，pp. 111–144.

记忆构建需求的文件／档案管理系统。[1]迄今为止，电子文件保存和归档标准过于强调系统的法规遵从性，而缺乏对系统长远发展的思考。系统设计往往是经验驱动而非概念驱动，系统互操作性、开放性的目标难以实现。[2]例如，当前的文件／档案管理系统尤其是基于 Web 的搜索和获取界面往往是异质和孤立的。社群记忆构建目标的实现需要互操作性、兼容性、外接性强的文件／档案管理系统的技术支持。

5.5.3.5 档案多元视域下人类权利维护

档案多元论是理解档案和档案制度、实践活动转型变革的新框架，档案馆和档案工作者可以在档案多元论的指导下借助档案及档案工作为维护社群生存与发展权利和社会正义服务。2017 年出版的《档案多元论研究》（*Research in the Archival Multiverse*）对档案参与人权维护进行探讨，并提出档案领域的社会公平正义涉及档案资源的平等。[3]社会正义可以借助档案原则、档案机构使命、记录本身，以及档案工作者、档案教育工作者、档案研究人员的积极行动来推进。

早在 2005 年美国档案工作者协会年会上，兰德尔·吉姆森便强调档案不再是中立机构，记录在生成时沉浸在社会权力和经济动态之中，并指出档案活动同样受到社会政治、经济力量的影响。档案工作者 F. 杰拉尔德·汉姆受历史学家霍华德·津恩 1970 年演讲的启发，呼吁"积极的档案工作者"要通过积极主动地记录社会来纠正档案记录中的不公平与失衡现象。[4]档案工作者可以帮助那些被主流社群忽视的群体发声，并协助相关机构实现对该类群体生存权和发展权的维护。通过开放获取档案文件，档案记录和保护着社会公民的权利。当前，全球档案教育工作者已经在档案多元视域下探讨如何在档案教学中实施社会正义框架。"Archival multiverse"本身就是对"价值中立"的档案传统的突破，承认不同文化群体中多种思维范式和研究模式的存在，并理解不同文化范式对档案传统造成的影响。这就要求在档案课程设计和研究开展过程中，要敢于承认政治、权力等要素对文化群体地位和档案传统带来的影响。[5]

---

① BATTLEY B., DANIELS E. & ROLAN G., *Archives as multifaceted narratives: Linking the "touchstones" of community memory.* Archives and Manuscripts, 2014, 42（2），pp. 155-157.

② EVANS J., MCKEMMISH S. M. & REED B., *Making metadata matter: Outcomes from the clever recordkeeping metadata project.* Archives and Manuscripts, 2009, 37（1），pp. 28-56.

③ GILLILAND A., MCKEMMISH S. M. & LAU A. J., *Research in the archival multiverse.* Clayton, Victoria: Monash University Publishing, 2017, p. 935.

④ HAM F. G., *The archival edge.* The American Archivist, 1975, 38（1），p. 6.; ZINN H., *Secrecy, archives, and the public interest.* Midwestern Archivist, 1977, 2（2），pp. 14-26.

⑤ 祁天娇、李子林、孙嘉睿《多元视域下档案学教育与研究新范式的探讨：基于 AERI 十年回顾与启示》，《档案学通讯》2019 年第 3 期。

5.6　社群档案

社群档案是"具有共同身份特征的特定社群成员所形成的、记录社群历史的文件集合"[①]。社群档案的概念自 20 世纪 60、70 年代出现以来,取得较为迅速的发展,已成为当前档案学研究中不可忽视的主题。社群档案代表非主流群体的价值取向,在批判社会主流叙事结构的背景下提倡记录并保存特定群体的历史,实现社会的多元发展。社群档案的发展是传统档案理论与实践包容性和拓展性的体现。

5.6.1　社群档案的理论和实践基础

5.6.1.1　理论基础

社群档案的概念提出和实践发展有丰富的多学科理论基础,主要包括以下方面。

一是社群主义理论。社群主义理论的核心观点在于:把社群(集体)而不是个人作为分析历史的基本单位,个人对于自我的认知唯有依赖群体才能实现。社群主义者认为,如果没有社群,个人将难以确立存在根基,个人只有投身社群环境之中才能更好地理解自身。实际上,社群主义的政治哲学追求并没有为社群档案所继承,但是两者对于社群定位的认知是一脉相承的。社群主义认为,社群对于个人起到重要的建构作用。这一观念也被吸纳到社群档案建设之中。早期社群档案建设是一种自发行为,人们对于社群档案的认识并没有上升到理论高度,社群主义的盛行为社群档案参与者提供了理论支持。社群不仅是身份层面的,也是认同层面的,社群成员之间必然存在某种共同连接的基础。这一基础为社群成员所普遍认可和接受,社群档案通过记录社群成员共同经历的历史,构建身份认同。而且,社群主义认为,社群的一切活动是关于正义与社会公益的,社会正义优先于个人利益,社群档案通过对历史的记录和还原,成为社群成员追求正义与平等的重要证据。

二是档案社群范式。档案社群范式是特里·库克四个范式中的最后一个阶段。档案社群范式认为:通过社群成员与档案专业人员的合作共建,普通民众能够通过保管档案构建记忆。其核心观点在于:档案工作者与社群成员共同建设档案,非专业的个人也能够成为保管自身回忆的档案员。社会群体在社群范式下保存其记忆,冲破传统档案叙事的局限,实现档案叙事的包容性。在档案社群范式下,档案思维的重点向社会转移,档

[①] FLINN A., STEVENS M. & SHEPHERD E., *Whose memories, whose archives? Independent community archives, autonomy and the mainstream.* Archival Science, 2009, 9(1-2), pp. 71-86.

案工作社会化已是不可逆的趋势。社群档案建设直接体现了档案社群范式的理念与特征。具体表现为：首先，档案的核心原则发生改变，档案的内涵与外延进一步扩展，档案不再以专家眼中服务于政务的记录这一主要面貌存在，越来越多的声音呼吁"档案工作者放弃他们最近来之不易的专家、控制、权力的咒语，转而与社群分享档案"[①]；其次，档案工作者的身份发生变化，他们不再只是档案工作的幕后参与者，而是跳出档案工作的固有藩篱，成为档案建设的指导员和教练员；最后，在互联网环境下，得益于日益扩张的网络空间，每个人都可能成为建档的积极参与者，无数的团体和个人得益于共有的身份特征聚集在一起，记录他们特有的历史，创造自己的记录。

三是社群信息学。社群信息学的核心观点在于：以社群为主体，致力于消除社群内部与社群之间存在的信息鸿沟，促进社会发展。社群信息学在理论方面探索社群信息和知识的形成与共享规律，在实践方面重点关注信息通信技术（ICT）的应用，为社群提供信息通信技术以缩小信息鸿沟，与社群形成平衡互动关系，实现公民权利。[②]社群档案与社群信息学间存在密切关系，两者都密切关注数字鸿沟（社群档案对数字鸿沟的关注主要体现为主流档案与社群档案之间的不平等），力图发展理论与实践相协调的学术机制，并且在教育中均涉及相关课程。社群档案能够通过与社群信息学互相借鉴学习实现进一步跨越。因此，社群信息学为社群档案的未来发展指明方向，通过加速信息通信技术在社群内部传播与互动，提升社群成员信息能力与档案素养，适应网络空间下社群档案工作变化。[③]

此外，档案记忆观、档案多元论、档案与社会正义也为社群档案理论与实践发展提供了有力的理论支撑。

5.6.1.2　实践背景

一是社群公民意识觉醒。公民意识是指公民个人在国家中地位的自我认识，体现出公民对于国家的认同。近年来，随着国际环境的稳定与国家的发展，公民意识逐渐发展，社群成员的公民意识也随之增强，一方面对于国家的认同不断强化，另一方面开始争取平等参与社会生活资源的配置。米歇尔·卡斯威尔认为，"独立的、基于社群的档案是抗击历史边缘化群体象征性毁灭的重要工具"[④]。在公民社会，社群档案成为社群成员寻找自

---

① COOK T., *Evidence, memory, identity, and community: Four shifting archival paradigms*. Archival Science，2013（2-3），13，pp. 95-120.

② 闫慧：《社群信息学：一个值得关注的新兴领域》，《图书情报工作》2010 年第 4 期，第 53~55 页。

③ 李孟秋：《我国社群档案建设的意义、困境与路径》，《档案学研究》2019 年第 2 期，第 71~76 页。

④ CASWELL M.，*Seeing yourself in history: Community archives and the fight against symbolic annihilation*. The Public Historian，2014，36（4），pp. 26-37.

身在国家中位置、寻求社会支持的重要工具。

二是社群权利诉求增强。第二次世界大战后，国际社会进入相对稳定的发展阶段，社群在社会发展中起到了愈加重要的作用。然而，在这一过程中，社群并未获得社会公众的广泛认可，也并未获取与其社会贡献相一致的权利。因此，形塑社群、追求社群平等而一致的权利成为社群运动的主题，社群档案在此过程中成为社群成员追求权利的重要工具。如澳大利亚土著居民档案记录了 20 世纪初期土著居民遭受的不公正待遇，由此公众开始广泛关注这一社会问题，政府因此道歉，并推动了土著居民与非土著居民的和解。[①]

三是公众史学运动开展。后现代主义以解构的方式重新审视社会发展逻辑，以批判的眼光看待学术发展。在这一过程中，史学的研究重点由国家史、帝王史向公众史学转移，愈发关注地方历史和社会底层群众的历史。20 世纪 70、80 年代，公众史学的概念最先在美国提出，随后迅速传播至欧洲大陆、加拿大、澳大利亚等地。在这一过程中，社群历史成为公众史学的重要研究对象，社群档案作为重要的研究资料被收藏于相关研究机构中。

四是社会包容度提升。经济的快速发展带动整个社会环境的变化，在这一过程中，社会包容度逐渐提升，公众对于多样化的社会构成形成了开放与包容的态度，对于与自身存在差异的社会主体采取接纳与认同的观点。尤其是 20 世纪 70、80 年代以来，世界范围内的政治、经济发展极大地影响了社会发展态势，社会公众对于社会的多样化发展给予更多理解与支持。这极大地推动了社群为社会所接纳的进程，也为社群档案的保存与利用提供包容的社会环境。

五是现代信息技术发展。现代信息技术的发展使人们可以跨越时空界限进行对话与沟通，网络的便捷催生大量的虚拟社群，从而壮大了社群力量。更为重要的是，网络环境为社群档案的在线保存提供了充足的存储空间，社群成员能够通过在线上传文件实现社群档案的归档保存。如英国"标准档案"（Pararchive）项目、美国"故事团"（StoryCorps）项目均是依托现代信息技术建设、发展的社群档案项目。[②]

5.6.2　社群档案的基本观点

5.6.2.1　社群是具有共同经历群体的集合

社群是一个不断变化、发展的概念。安德鲁·弗林认为，社群是指"一个基于地点、

---

① 谭雪：《常德日本细菌战档案公开——社群范式下档案如何推动社会公正与和解进程》，《档案学研究》2016 年第 3 期，第 54~58 页。

② 李孟秋：《社群档案建设对档案理论与实践的影响》，中国人民大学硕士学位论文，2019 年，第 29 页。

文化、信仰、背景或其他共同身份或利益来定义自己的群体"①,可见,社群的形成基础是多样的。艾玛·沃特顿(Emma Waterton)等人进一步提出,社群"是一个围绕着共同利益、共同事业或集体经历的参照系或方向"②。随着信息通信技术的快速发展和网络虚拟社群的不断壮大,安德鲁·弗林等人指出,"信息通信技术的发展使得虚拟社群得以形成,并使地理上分散的个人能够围绕共同认同的遗产或特定地理位置进行关注和合作"③。综上,社群特指那些因为某些特征、行为和价值观念而聚集在一起,从而与其他群体相区别的一种聚合形态。④ 也就是说,但凡具有某种共同身份特征(包括但不限于爱好、地域、职业、种族等)的群体,均可以被称为社群。

阿米泰·爱茨尼(Amitai Etzioni)对社群界定了两种特征:(1)一个共同体必须要有一群个体之间充满感情的关系网络;(2)共同体需要拥有对一套共享的价值、规范、意义、历史和认同———一种共享文化的承诺。⑤ 可见,社群不但是身份层面的,也是认同层面的。

社群的产生是带有反抗意味的,其发展植根于社群政治运动与权利诉求,如同性恋群体、移民群体等寻求社会认可、争取广泛的社会权利。他们认为,在社会发展中,他们应获取与社会主流群体别无二致的权利。但在现实中,社群成员备受歧视,无法获得公正待遇与平等权利。因此,社群成员联合起来,为了社会认同与社会权利而采取一系列活动。在此过程中,社群成为社群成员的大本营,也在一定程度上成为相关活动的中心。

随着时间的推移,社群成员出现变化发展与迭代。新生代并没有直接获得相关经历的记忆,由此缺少对于社群的身份认同,导致老一代与新一代社群成员之间出现了"认知隔膜"。如大量的移民二代自出生起便在新环境中成长、发展,并将自身视为新社会环境下的有机部分,导致移民群体的珍贵记忆面临丧失的风险。此时,社群亟待通过其整体性行为呼唤新一代社群成员的身份认同,并通过记录性手段将社群的集体记忆加以固化,防止社群面临"失忆"的风险。

随着社会环境变迁与信息技术发展,大量基于兴趣、身份的在线社会集合出现,这

① FLINN A., *Community histories, community archives: Some opportunities and challenges.* Journal of the Society of Archivists, 2007, 28(2), pp. 151–176.

② WATERTON E. & SMITH L., *The recognition and misrecognition of community heritage.* International Journal of Heritage Studies, 2010, 16(1–2), pp. 4–15.

③ FLINN A., STEVENS M. & SHEPHERD E., *Whose memories, whose archives? Independent community archives, autonomy and the mainstream.* Archival Science, 2009, 9(1–2), pp. 71–86.

④ WAKIMOTO D. K., BRUCE. C. & PARTRIDGE H., *Archivist as activist: Lessons from three queer community archives in California.* Archival Science, 2013, 13(4), pp. 293–316.

⑤ 成伯清:《社会建设的情感维度——从社群主义的观点看》,《南京社会科学》2011年第1期,第70~76页。

些社会集合逐渐被社群学者和档案学者承认为"在线虚拟社群"。社群的整体意涵发生一定变化，由争取权利与公平的联合体向具有某种共同身份特征的群体转化。在此过程中，社群所固有的权利诉求与斗争属性不再是认定社群的决定性要素，转而强调群体内部共同认可的价值判断与价值取向。

5.6.2.2 社群档案能够促进社群认同、促使社群融入社会

社群档案的产生之初是为了记录少数群体、弱势群体与非主流群体的活动轨迹。在这一过程中，社群档案的凭证价值与参考价值逐渐显现，成为社群维护自身权利、争取社会认同的有力工具。而随着社群的发展，社群档案又成为记录社群发展沿革、留存社群记忆的载体，进而与社会形成互动关系，使社群进一步融入社会。

社群内部与外部存在严格的区分标准，在某一方面具有清晰的差异，社群档案的建设者和管理者往往将社群内外划分为差异显著、具有鲜明特征的两套社会系统。社群的产生往往是被动而无意识的，这根源于个人特质与社会发展，但社群档案的形成、收集是有意识的主观行为，往往是为实现特定目的而做的准备性工作。因此，社群档案首先对社群产生价值，而在社群成员与社群外部交互时，社群成员的自身行为与价值取向或然地对社会形成冲击与颠覆，由此对社会产生价值。[1]

无论谢伦伯格的原始价值与从属价值理论，还是我国档案学者和宝荣等人在此基础上提炼的第一价值与第二价值理论，实质上均在一定程度上强调政府机关与其他公共部门的直接相关性。社群档案改变了人们对档案形成者关系的固有认知，将档案对于社群的价值作为原始（第一）价值，将档案对于其他社会的价值作为从属（第二）价值。

社群档案的第一价值（社群价值），主要基于记忆与认同的权利斗争。第一，社群档案作为留存社群记忆的重要载体，能够有效建构社群记忆，在社会飞速发展与社群代际更迭的挑战下帮助社群成员铭记社群发展的重要事件，防止记忆遗失；第二，借助社群记忆形成社群认同，帮助社群成员通过社群所共同拥有的过去认识自我，促进社群成员对于自身社群身份的认同，并以社群身份作为参与社会活动的基础，融入社会；第三，在融入社会的基础上改变社会，增加社会对于社群的了解，从而消除社会偏见，获取社会认同，获得与主流社会别无二致的生存权与发展权。

社群档案的第二价值（社会价值），是立足第一价值（社群价值）的，是对整个社会的补充和塑造。第一，立足社会记忆的视角，社群作为宏观社会的有机构成部分，社

---

[1] 李孟秋：《我国社群档案建设的意义、困境与路径》，《档案学研究》2019年第2期，第71~76页。

第5章 后现代档案学理论的主要内容

143

群记忆是社会记忆的重要组成部分，对于建构社会记忆具有无可替代的重要作用。失去了社群档案的记录，国家乃至全人类的记忆都是不完整的。例如，2013年入选"世界记忆遗产名录"的侨批档案保存了侨乡与世界各地的政治、经济和文化交流信息，是世界共同的记忆遗产。第二，社群档案也是一个国家的重要历史文化资源，对于历史、社会研究作用巨大。社群档案揭露了社群发展历程中所经受的歧视与不公待遇，还原历史真相，起到维护社会公平正义的作用。近年来，社会各界公布了相当数量的慰安妇档案，这些档案揭露了日军暴行，也是幸存的慰安妇诉讼索赔的重要证据。第三，社群档案揭示过往公共政策对于社群的歧视与偏见，使管理者意识到其行为的不正当性，从而通过调整政策导向，提升公共管理与公共决策的科学性，增强社会治理水平。在澳大利亚国家档案馆"强制收养历史项目"中，通过档案资料的客观记录，社会各界对于强制收养的政策与背景有了进一步了解，从而推动澳大利亚政府对强制收养受害者给予公开致歉。[①]

5.6.2.3　社群档案工作是对传统档案工作的补充与完善

社群档案工作者认为，传统模式下以档案馆为主体的档案工作是不完整的，存在一定缺陷与不足。社群档案工作通过特有的工作理念、对象、内容与方法，对传统档案工作起到补充与拓展作用。

首先，社群档案工作倡导发展多样性、个性化的档案资源。相较于传统档案收集中对于档案较为严格的限制，社群档案工作采取较为开放的档案资源来源观，在一定程度上模糊图书、文物、实物等与档案的区别与界限，将其纳入社群档案资源结构。模糊档案来源的方式在一定程度上能够充实社群档案资源，并且为社群档案馆与博物馆、图书馆、史学机构等的合作打下基础。另外，通过对社群档案资源实行数字化扫描与在线归档等，社群档案工作走在档案数字保存的前沿，有助于解决挤占档案库房空间等问题。

其次，社群档案工作强调加强对于社会主流群体之外群体的关怀。传统档案工作者主要是档案行政管理人员、档案业务人员和档案学者。其工作目的主要是满足主流群体的档案利用需求，促进社会生产生活，维护社会秩序稳定，传承国家历史文化。在这一目标导向下，长久以来非主流群体、少数群体与弱势群体处于被忽视的地位。为了扭转这一局面，社群档案工作者应致力于维护少数群体、弱势群体与非主流群体的利益，充分考虑其诉求。

再次，社群档案工作提倡社会参与式的工作方法。传统档案工作对于档案工作者的

---

① 谭必勇、陈珍：《社群档案视域下公共档案资源体系的多元化建设路径——以澳大利亚国家档案馆"强制收养历史项目"为例》，《档案学研究》2017年第6期，第117~124页。

要求较为严格，需要具有一定专业技能与知识储备。如此自然过滤掉了缺乏专业知识与专业技能的非专业档案工作者，在一定程度上确保了档案工作的效率与质量。传统档案工作的这一特点为社群档案工作者所质疑，社群档案工作者认为，传统档案工作的内向性特点虽能够保证工作效率，却难以避免工作导向偏离社会需求。社群档案工作鼓励社群成员参与的工作方法，在档案收集、鉴定、利用等环节均一定程度地吸纳了社会力量，根据社群成员的呼声与诉求开展社群档案工作。社会参与的工作方法有助于实现档案工作与社会公众的良好互动，使档案工作符合社会需求，提高社会认可度。

最后，社群档案工作者建议档案工作者放弃自己的专家身份。在传统档案工作中，档案工作者具有充分的专业知识与技能，基本垄断了档案工作的整个过程。在社群档案工作中，档案工作者逐渐放弃自己的专家和权威身份，选择融入社群发展环境，与社群成员共同建设社群档案。随着社会发展趋向多样，会有越来越多的档案现象以不同以往的面貌呈现出来，档案工作者既有的知识储备与工作技能可能无法满足多样化档案现象的管理要求。因此，档案工作者在未来可能在一定场景下放弃自己的专家身份，采取融入式、沉浸式的工作方法，有针对性地满足档案管理需求并提高管理水平。

目前，已有一些高校档案馆开始与社群档案馆建立合作关系，如美国北卡罗来纳大学查佩尔山分校（University of North Carolina at Chapel Hill）南部历史档案馆（Southern Historical Collection）所开展的"社群主导的档案馆"（Community-Driven Archives）项目。[①]在此过程中，高校档案馆为社群档案提供保存空间、资金与技术支持，而社群档案工作者能够获得高校档案馆的正式编制，并接受正式培训。这一合作打开了传统档案馆与社群档案馆合作的大门。在此过程中，两者相互学习、相互促进。传统档案馆主要提供资源支持，社群档案馆主要进行潜移默化的理念转递。未来，社群档案工作与传统档案工作将会形成覆盖范围更广、资源结构更充实、社会参与度更高的档案工作格局。

5.6.3 社群档案的价值

5.6.3.1 理论价值

第一，社群档案的发展有助于重新思考档案属性。在档案发展演变的漫长历史中，对于档案内涵的理解多侧重于阶级统治的工具或者社会活动的凭证。社群档案的发展在一定程度上扭转了人们对档案既有的理解，即档案不再只是与政务活动、社会事务直接

---

① 黄霄羽、陈可彦：《论社群档案工作参与模式》，《档案学通讯》2017年第5期，第89~94页。

相关的产物，而是兼顾多数群体与弱势群体利益诉求的正义代表。档案由公域向私域拓展，其叙述内容具有多样性、矛盾性与不确定性，处于动态发展的平衡之中。档案不再只是主要依赖官方人员管理的专业记录，档案工作者逐渐放弃其专业地位。由于社群档案构成复杂，新来源观经历了再认识的过程，原本虚拟的来源变为更加抽象、综合的概念，相较于文件的形成过程和背景，基于社群档案建设的来源概念更加强调参与和关联。[①]

在社群档案的发展过程中，通过放宽档案定义的限制、弱化数字档案资源的技术规范、强化档案与相关资源的融合，社群档案在一定程度上拓宽了档案的外延。由于社群档案自身发展的曲折性，若以既往的认知方式理解档案的外延，那么，社群档案资源将会面临很大局限，因此许多在传统认知中难以被界定为档案的资源（如图书、资料、文物、实物、建筑）获得了社群档案工作者的认可。这一宽松的定义方式将很有可能影响未来对于档案的固有认知，有助于多层次、多形式、多载体呈现档案资源。

第二，社群档案的发展创新了档案学的研究方法。一门学科的研究方法与一门学科的范式是息息相关的。研究方法是范式理论的重要部分，是指引学者进行研究的路径和通道。研究方法的进步可能促成一种新范式的产生，新范式的产生可能更新学科固有的研究方法。社群档案的发展便是新范式出现带动研究方法进步的实例。

在社群范式出现前，档案学主要的理论范式，其预设逻辑是学者的价值中立，即学者应以客观、中立的态度进行研究，按照既有研究方法，以旁观者姿态对待研究对象。因此在既往档案学研究中，无论采取何种具体研究方法，其共同之处在于研究方法的预设前提是以非参与的态度，采用既有档案学理论研究档案现象。

社群档案研究标志社群范式下档案学研究的基本态度发生了转变。社群档案学者认为，以往的理论、方法在一定程度上与社群档案建设存在矛盾，社群档案建设因其产生背景、发展特征的特殊性，很难直接套用现有档案学理论。因此，档案学者应当放弃自己的专家、学者身份，摒弃既有档案理论，转变研究方法，由客观的旁观者转变为积极的参与者，采取融入式、沉浸式的研究方法，作为社群档案管理者的一部分，亲身参与社群档案建设的过程之中。已有的诸多实践体现了这一趋势，如加州大学洛杉矶分校与当地社群建立了合作的学术—社群关系，将专业学生置于社群环境之中，让其亲身参与社群档案活动。[②]这表明，社群范式逐渐接纳民族志的研究方法，通过参与观察、田野调

① 李孟秋:《我国社群档案建设的意义、困境与路径》,《档案学研究》2019 年第 2 期, 第 71~76 页。
② GILLILAND A. & FLINN A., *Community archives: What are we really talking about?* CIRN Prato Community Informatics Conference, 2013, pp.1–23.

查等途径把握研究对象全貌，对研究对象进行客观、全面的还原。[①]

5.6.3.2　实践意义

第一，实现公众需求与多样化利用。社群档案建设具有鲜明的服务导向与利用导向，主要面向社群成员与社会大众，提供档案展览、编研、学术利用等服务，实现社群档案与社会的对话，极大地推动了社群的社会认可。随着社会档案利用需求的攀升，档案馆的公共服务职能愈加凸出，社群档案建设为档案馆的工作转向提供了很好的借鉴与参考。档案馆应逐渐转变工作导向，树立服务意识，将提供利用服务作为档案业务流程的核心目标，实现档案资源的公众需求与多样化利用。

社群档案建设将推动档案工作向满足公众需求的方向发展，"满足公众需求"是指档案机构满足公众提出的内容多样性、途径复杂化的档案需求，促使档案机构从"面向机构"的封闭式服务到"面向公众"的开放式服务。[②] 在践行公众需求的过程中，档案馆需要明确两个概念，一为"公众"，二为"公众需求"。广义的"公众"作为社会组成部分，与特权阶级对立，特指共同拥有权利的无差别个体。"公众需求"，强调档案馆工作重心的转移，从服务于行政事务转向针对社会公众提供无差别的公共服务转变。

"多样化利用"是档案价值逐渐走向具体与多样的过程。如美国的犹太人档案馆保存着大量生活在美国的犹太人社群的历史记录，这不仅为犹太人保持了生活延续性，还为秉承相同信念和研究兴趣的学生与研究者提供了服务。[③] 具体来说，档案馆提供利用的形式由公众社会需求所决定。随着社会形态逐渐成熟，社会民主化程度逐渐提高，公众的自我意识、社会意识、民主意识逐渐觉醒，公众对于档案利用的需求趋向多样，档案馆不但为公众查询与参考信息提供便利，更参与到知识与智慧的传递、社会情感的维系、个人记忆的建构与社会公平正义的维护中。这标志着档案馆自我认知水平的提升，也是社会进步的标志。[④]

第二，推动全民建档。社群档案建设通过参与式的建档方法，鼓励社群成员广泛参与到社群建档的过程中，从而影响未来档案实践的发展走向。社群范式下公民将成为建档主体，全民建档时代即将到来。全民建档有利于实现信息平权、促进社会发展，也是时代发展的体现。从古至今，公民与档案的关系逐渐密切，档案的主要角色由国家统治

① 李孟秋：《我国社群档案建设的意义、困境与路径》，《档案学研究》2019 年第 2 期，第 71~76 页。

② 周耀林、赵跃：《面向公众需求的档案资源建设与服务研究》，武汉：武汉大学出版社，2017 年版，第 32 页。

③ 加小双：《档案资源社会化：档案资源结构的历史性变化》，杭州：浙江大学出版社，2019 年版。

④ 李孟秋：《我国社群档案建设的意义、困境与路径》，《档案学研究》2019 年第 2 期，第 71~76 页。

工具向社会公共资源转化。近年来，档案行为更是逐渐转向私域，公民意识到档案可以与自身生活相连接，成为记录生活的工具。全民建档的实现，以公民档案素养的提升与信息能力的增强为前提。

在社群档案的管理过程中，社群成员始终是最重要的因素，社群档案的创建与发展取决于社群意识觉醒、社群档案意识提升、主动收集既往档案资源与主动记录后续社群行动。例如，南非历史档案馆（South African History Archive）等社群档案项目均由社群成员发起，社群成员的参与起到决定性作用。

此外，社群档案建设过程中专业档案工作者的积极参与，为全民建档提供助力。全民建档是渐进发展、逐步推进的，其中，专业档案工作者的支持与帮助不可或缺。档案工作者本身具有过硬的专业素养与宣导档案工作的社会责任。随着档案价值的社会化拓展，专业档案工作者的身份定位逐渐向教练员与宣导员过渡，其作用愈加凸出，具体表现为"前端指引"与"过程向导"。[1]

5.7　档案情感价值

档案情感研究源于 20 世纪 90 年代人文社科领域出现的"情感转向"。"情感转向"标志着文化批评的一种新方式[2]，它使情感、情绪和感觉成为学术探究的合法对象，是文化研究中出现的一个跨学科的新方法、新理论。情感转向中的身份、机构、问责制、集体记忆、社群赋权等涉及社会公平正义的重要议题，为档案情感研究提供了重要的视角、理论工具和方法，也为更全面地概念化和重新诠释档案，并对档案收集、利用、鉴定、服务等方面公平正义的实现提供新的契机，从而促进跨学科对话，丰富档案学领域研究。[3]

西方对档案情感价值研究植根于其特定的政治与文化语境，与西方近年来种族群体抗争运动、倡导个性解放的多元文化观密切相关，主要基于社会公平正义伦理框架，聚焦于为特殊边缘群体建立社群档案，并强调社群档案背后的情感力量及对档案工作带来的实践意义；或从文化艺术创作角度出发，认为利用档案进行艺术创作时，档案具有情

---

[1] 李孟秋：《我国社群档案建设的意义、困境与路径》，《档案学研究》2019 年第 2 期，第 71~76 页。

[2] CIFOR M., *Affecting relations: Introducing affect theory to archival discourse.* Archival Science, 2016, 16（1），pp. 7–31.

[3] CIFOR M., *Affecting relations: Introducing affect theory to archival discourse.* Archival Science, 2016, 16（1），pp. 7–31.

感功能与情感价值。[①] 我国社会也逐渐具有后现代社会的特征：由于新旧事物相互撕裂、社会结构发生改变，农民工等社会弱势群体对情感的渴求愈加强烈，并逐渐反映在档案领域，阐释具有普遍意义的档案情感价值思想内涵也就成为必须。尤其是进入后现代社会以来，随着工具理性主义对人们情感剥削与压迫的加剧，学者们开始对理性主义给人们情感造成的负面影响进行反思与批判，逐渐关注主体的情感需求。艺术、工业文化遗产、建筑文化遗产等领域都对情感价值进行有益探索，肯定文化遗产给人们带来认同感这一重要情感价值。档案作为人类文化遗产大家族中的重要组成部分，档案展览和档案类电视节目对主体的情感也给予特别的关注，承认档案对主体具有情感价值。事实上，档案学领域中的档案价值论、档案记忆观、社群档案、档案多元论和社会学领域中的情感理论等，都涉及档案情感价值。学者们开始从社会层面探索档案多元化价值形态，关注档案形成的背景与流程，探讨档案背后的人文价值与意义，档案价值研究由"工具价值"转向"意义追求"，档案对主体所具有的情感价值逐渐凸显乃至被发现。换言之，档案情感价值产生有其深厚的实践背景和理论基础，是客观存在的。

5.7.1 档案情感价值的理论基础

档案情感理论的思想源于档案价值论、档案记忆观、社群档案、档案多元论、情感理论等。[②]

5.7.1.1 档案价值论

档案存在的最根本目的是为满足社会实践活动中主体的需要。情感是主体最具有灵性与活力的部分，档案满足主体多种多样的需要在一定程度上也包含满足主体的心理需求与情感需要。尤其是社会层面档案价值的发现，更证明档案对主体具有人文情感价值。随着社会实践的发展，以档案利用者、档案工作者为代表的档案主体对档案价值客体的认知深入到意义追求层面。档案事业逐渐从"国家模式"向"社会模式"转变。[③]学界对档案价值研究从局限于档案产生的范畴之内开始转变为"一只脚迈出去"向外看，即从社会实践及整个人类历史审视档案的价值，呈现出社会化的发展趋势。特别是自第十五届和第十七届国际档案大会召开以来，学者们从社会学视角考察档案在当代社会中的价

---

① LEMAY Y., *Archives et création: Nouvelles perspectives sur l'archivistique.* Archives，2013–2014，45（1），pp. 147–158.

② 魏丽维、李晶伟：《档案情感价值凸显的实践背景与理论依据》，中国档案学会编：《2019 年全国青年档案工作者学术论坛论文集》，北京：中国文史出版社，2019 年版，第 335~345 页。

③ 张斌、徐拥军：《档案事业：从"国家模式"到"社会模式"》，《中国档案》2008 年第 9 期，第 8~10 页。

值和意义，重点关注档案在社会生活、社会结构、社会发展、社会建构中的意义。比如，任宝兴提出档案"社会价值说"，认为档案价值形成于社会实践，档案价值的实质是形成者职能意义的客观反映。[①]露西安娜·杜兰蒂等在 2015 年《档案学大百科》（*Encyclopedia of Archival Science*）中认为，未来档案价值的研究将更加强调档案的背景和流程。[②]徐拥军认为，档案是一种承载社会记忆的工具与传递社会记忆的媒介，是建构社会记忆的不可替代要素。[③]档案主体对档案客体的认知从此前关注档案的"工具性价值"向关注档案的"意义追求"转变，开始关注到档案在人们情感意义构建中的重要价值。档案主体在寻求档案价值意义的过程中不仅注入情感，更充分肯定每份档案背后的情感价值，这引发档案主体思考如何更好地关注不同社会群体情感需求，发挥档案对主体所具有的情感价值，满足人们的人文性情感需求。

5.7.1.2　档案记忆观

档案记忆观可从两个方面证明档案对主体具有情感价值。第一，档案记忆观认为，档案在构建个体记忆、集体记忆、社会记忆乃至国家记忆过程中，会触发主体的根源感、认同感、身份感，深入到主体的情感世界，档案对主体具有情感价值。第二，档案本身并不等于是个体记忆、集体记忆、社会记忆或国家记忆，档案成为个体记忆、集体记忆、社会记忆或国家记忆的前提是，档案经过主体的情感选择、认知和认同。档案只有触发主体乃至社会成员共同的情感才有可能成为社会记忆。也就是说，在成为社会记忆的过程中，档案触发了主体的情感并为主体所认同，这也证明档案对主体具有情感价值。

此外，档案记忆观对探索档案情感价值的实践具有启示意义。档案记忆观不仅从理论上对档案、集体记忆与情感之间的关系给予揭示，更在实践上促使档案工作者重新审视自身角色定位，树立崇高使命感和价值感，关注档案对人们情感的作用，促使档案更好地满足社会公众的情感需求，从而实现档案情感价值。

5.7.1.3　社群档案

社群档案记录主体的特殊性和收集内容的私密性，赋予社群档案极为强烈的情感色彩。事实上，社群档案在很大程度上对社群主体发挥着情感作用，证明档案对主体具有情感价值。

---

① 任宝兴：《档案价值规律研究》，《档案学研究》2003 年第 6 期，第 11~15 页。
② DURANTI L. & FRANKS P. C. eds., *Encyclopedia of archival science*. Lanham: Rowman & Littlefield, 2015, p. 85.
③ 徐拥军：《档案记忆观：社会学与档案学的双向审视》，《求索》2017 年第 7 期，第 159~166 页。

第一，社群档案记录主体具有强烈的情感与身份认同渴望。西方社群档案的兴起与西方特定的政治哲学思潮、文化语境相关。20 世纪 60、70 年代，由于西方社会发展不平等及特殊的历史文化遗留问题产生了大批特殊边缘群体，比如黑人、移民。面对主流叙事机构忽略他们的表达与发声的现实，他们要求赋予自身形成、保存档案与记忆的权利，要求社群档案背后的情感记忆受到尊重，要求拥有捍卫社群留存情感记忆的权利。通过建立自己的社群档案来维系自身的社会记忆，获取身份认同感与根源感。"档案多元价值观注重从文化、社会记忆和身份认同的角度审视档案的价值，尊重边缘群体、小众人群保存自己的历史记忆的权利。"[①]

第二，社群档案主体具有共同的情感体验与情感联系。"社群是社会中拥有共同利益、共同经历或历史、共同道德价值观和共同期望的个体，通过血缘、地缘、社会关系和社会网络或特定社会组织所形成的集合体。"[②] 社群档案主体具有共同的社会背景和存档动机，社群档案也就具有共同的价值观，记录着社群主体较为一致的情感体验。

第三，社群档案收集的内容具有较强的私密性。社群档案不仅仅收集传统意义上个人及组织的文件，还收集极具个人情感色彩的档案资料，比如照片、电影、报纸、书信、徽章、艺术品。这些极具个人情感色彩的社群档案，对社群主体具有强烈的情感价值。

5.7.1.4　档案多元论

档案多元论是西方后现代主义思潮多元化的世界观与方法论在档案领域的拓展与应用。档案多元论对于研究档案情感价值具有以下启示。

首先，档案工作者应以更加开放包容的学术胸怀从多学科、多维度、多层次来看待档案价值，探索档案对不同主体价值意义的多种可能性，思索档案作为原始记录的凭证价值在多元化的社会环境下衍生出其他价值形态的可能性。"档案多元论强调以多元化的视角来判断档案的价值，除了传统地从档案来源、内容、时间、作者、外形等因素来判断档案价值，还应综合考虑档案工作新时代的多样化需求。"[③] 可以说，档案的本质属性是原始记录，但记录的本质是多元复杂的，在不同时空中同一组记录可同时具备不同的功能、作用与价值。档案多元论证明档案存在多种价值形态的客观事实。

其次，档案多元论凸显出档案的社会属性、文化属性。档案的凭证价值是档案工作者的职业自信所在，但档案工作者不能仅仅满足于被动的保管角色定位。档案工作者应

① 于海娟：《社群档案及其价值研究》，中国人民大学硕士学位论文，2016 年，第 33 页。
② 闫慧：《社群信息学：一个值得关注的新兴领域》，《图书情报工作》2010 年第 4 期，第 53 页。
③ 于海娟：《社群档案及其价值研究》，中国人民大学硕士学位论文，2016 年，第 33 页。

从档案价值实体——人类社会实践活动来思索档案所具有的社会属性与文化属性，探索档案对社会主体具有怎样的社会价值与文化价值。档案多元论为研究档案情感价值提供了一个发散性的思维路径和理论工具，具有较强的启发意义。

5.7.1.5　情感理论

自 20 世纪以来，随着资本主义理性世界诸多弊端的暴露，情感开始逐渐超出传统生理学、心理学、哲学等学科领域，进入社会学家的视野。20 世纪 70 年代，情感社会学作为一门独立的社会学科逐渐走向成熟，对情感理论的研究也日益体系化。目前，情感理论研究主要集中于三个议题，即情感的根源、情感的社会化和情感的社会后果。[①] 情感社会学者认为，情感产生于社会活动中，是社会结构和主体情感行动相互作用的产物。情感是一种社会现象，本质是"主观社会现实"。从本体论来说，情感处于人类存在的核心，是人的本性的基本要素；从认识论来说，情感具有社会现实性，是一种社会现实；从实践论来说，情感具有强烈的价值倾向，是一种社会行动。[②] 学者们将情感理论总结为：第一，情感是形成身体与世界之间关系的力量，反映了心理、身体和社会之间的相互关系。第二，情感对于个体与他人之间的联系至关重要，并告知我们在世界上的地位。第三，情感在我们日常生活中举足轻重，是权力构成、流通和动员的关键，更是形成社会关系、构成主体意义的重要媒介。第四，情感研究的核心问题——情感传递与情感共鸣，在群体行为中具有强大的塑造能力。

情感理论对档案情感价值的研究具有以下启示：第一，情感与档案之间存在联系，为档案触发人们情感提供依据。情感理论认为，情感是主体与外在社会结构、文化规范互动的产物，强调主体与外在世界之间的相互关系，具有社会性。而档案世界本质上是一个"人化自然"的世界，档案是人类在接受外在世界影响的同时，为满足人类社会运行管理的需要，不断对外在世界施加影响，进而创造出的这一可信度高的原始记录。情感与档案均强调在社会实践活动中主体与外在世界之间的相互关系，两者都涉及主体、客体、社会实践，两者存在某种关联，为档案触发人们情感提供依据。第二，情感认同与档案促进身份认同存在联系，为档案触发主体认同感、身份感提供依据，证明档案对主体具有情感价值。情感理论认为，情感是形成主体社会关系、社会地位、身份差异和主体意义的媒介，情感的不同直接影响主体是否形成情感认同。当人们对某一事物表现出兴奋、喜悦、肯定、赞同、追求等情感时，就产生了情感认同。在人们接触档案、构

[①] 王鹏、侯钧生：《情感社会学：研究的现状与趋势》，《社会》2005 年第 4 期，第 70~87 页。

[②] 郭景萍：《试析作为"主观社会现实"的情感——一种社会学的新阐释》，《社会科学研究》2007 年第 3 期，第 95~100 页。

建记忆时，如果对档案内容或载体持肯定态度，经过人们的情感选择与认可，人们就对档案产生了情感认同。情感认同的产生使人们自我替代档案中的角色，身临其境般地感受历史。在这一过程中自然地引发与档案中的角色相同的情感，产生情感共鸣。从这个意义来讲，档案能够触发人们认同感，对主体具有情感价值。

5.7.2 档案情感价值的基本观点

5.7.2.1 档案情感价值的含义

档案情感价值应充分融合"价值""档案价值""情感"三个概念的实质内核。哲学意义上的价值属于关系范畴，是事物客体在社会实践过程中对主体的作用和意义，档案价值就是档案（客体）对人们（主体）的有用性。档案具有多种价值形态，丁海斌等借鉴经验哲学的观点，提出档案的根本价值是"事实性经验价值"，即档案通过为人们提供一种原始符号记录性经验事实而获得经验价值，并为人们提供了解和追溯历史事实的特殊意义。[①]笔者将档案价值界定为：档案原始记录性所决定的事实性经验，在满足从事社会实践的活动主体的需要时产生的作用和具有的意义。而情感绝不只是对个体的一种心理表现，更多的是作为一种突破个人的关系存在，是文化社会化及参与社会结构所导致的条件化的结果[②]，是人类行动和人类经验的重要组成部分[③]。诸如自我身份认同感、归属感、集体感、荣誉感、责任感、羞耻感，都是人们在社会生活条件下所形成的高级情感。情感是人们与外在文化、社会结构相互作用而产生的创造人类与世界之间感受性体验的行动力量，本质是主观社会现实——"情感既包含个体意义的主观体验，又包含社会力量的现实性。"[④]

档案情感价值是对档案之于人们的情感价值判断，是档案对于人们情感的有用性与意义。从主客体说的角度，档案情感价值是指档案作为承载人类记忆的原始记录。当人们在社会实践活动中接触档案时，由于档案内容或载体的独特性，在外在社会文化情境的影响下，档案触发人们的情感变化，引起人们情感共鸣，成为激发人们社会行动的情感力量。档案之所以会对人们具有情感价值，其根源在于人们对档案原始记录性的信服与认同。简单来说，档案情感价值是档案事实经验之心理体验功能，是档案作为人们感

[①] 丁海斌、方鸣、陈永生主编：《档案学概论》，沈阳：辽宁大学出版社，2012年版，第72页。

[②] ［美］乔纳森·特纳、简·斯戴兹著，孙俊才、文军译：《情感社会学》，上海：上海人民出版社，2007年版。

[③] 文军：《西方社会学理论：当代转向》，北京：北京大学出版社，2017年版，第238页。

[④] 郭景萍：《试析作为"主观社会现实"的情感——一种社会学的新阐释》，《社会科学研究》2007年第3期，第95~100页。

觉对象的价值。人们在社会文化情境的影响下接触原始记录时，事实经验与人们情感产生某种心理上的联系，触发人们情感，进而产生建构人们情感世界的情感力量。

5.7.2.2 档案情感价值内涵的三维认知

（1）本体论维度：来源于原始记录本体，是一种关系范畴

从本体论维度揭示档案情感价值的内涵，即揭示档案情感价值的本原与实质。档案情感价值是档案价值的基本形态之一，根源于档案的"事实性经验价值"，实质是由档案的原始记录性所决定的。档案之所以能够触发、建构人们的情感源于档案作为原始记录本身所具有的公信力。当人们翻阅过去的档案时，寻求的是档案的可追溯性、唯一性、真实性，渴望获取的是以往的事实经验。"从信息理论和人类之所以保存、使用档案的心理根源及实践需求角度讲，档案实际上是人类追求信息的确定性、可靠性的产物，是社会实践必须有确定、可靠的信息支撑方能有效进行的现实需要的产物。"[①] 原始记录性决定了人们在接触档案时所产生情感的相对真实，在人类情感世界的构建中具有较大可信度和说服力。尤其在现代社会，除凭证价值、情报价值外，档案对人们所具有的情感价值也逐渐凸显出来。

档案情感价值是档案对主体所具有的情感价值认知问题，这实质上是一种价值关系范畴，涉及档案客体、档案工作实践、档案主体，是人们在社会活动中对档案价值的认知，是档案对人们所具有的情感作用。档案客体即档案情感价值根源于原始记录性所决定的事实经验。档案工作实践即档案管理的业务流程和技术方法。档案主体具有强烈的社会性，是多层次、多元化的，不仅仅是指档案工作者和档案利用者，还包括被档案内容记录当事人、档案形成者，以及社会公众等。

（2）认识论维度：聚焦于档案开发利用，是一种社会事实

从认识论维度揭示档案情感价值的内涵即阐释档案情感价值的存在方式及认识途径，揭示人们与档案、社会文化情境之间具有怎样的关系。法国社会学家埃米尔·涂尔干（Emile Durkheim）认为，情感是发生在社会层面的，具有社会性，是一种"社会事实"。他认为，集体情感是社会秩序之所以成为可能的关键所在，因此他将个人感情归结为集体感情，用集体感情来解释社会的整合和社会的秩序。[②] 情感作为一种非物质性社会事实，具有社会性，是主体与社会之间相互作用的产物。情感若想跃出主体进入到社会结构、社会关系中，势必受到社会文化、社会结构等影响进而形成集体性情感。情感实质上是主观社会现实，是一种社会事实。

---

① 冯惠玲、张辑哲主编：《档案学概论》，北京：中国人民大学出版社，2001 年版，第 7 页。

② 郭景萍：《涂尔干：整合社会的集体感情研究》，《学术论坛》2006 年第 3 期，第 129~133 页。

同理，档案情感价值的产生也需要经历从主体内部向外部显现的过程，涉及人们、档案与外在社会文化情境之间的关系。情感本来是非常私密的主观体验，为什么说档案对主体的情感价值具有社会性，是一种社会事实呢？档案情感价值实现的逻辑起点是在档案的开发利用阶段。只有当人们有机会接触、利用档案，才有可能唤起主体心理上的某种体验感受，触发人们情感。表面看来，由于人们过往经历的不同，触发的人们情感具有主观性、差异性。实际上，档案触发人们的情感是经过选择后的社会产物，是受社会文化、结构、制度等影响的。也就是说，档案主体情感是主体与社会文化情境交互的产物，在档案主体情感由内向外呈现的过程中，经历了情感的社会化。档案主体情感受外在社会文化、结构、制度等影响，内化为主体价值观念，进而了解外在社会对档案主体的角色期待，掌握各方情感需求，扮演合乎社会规范的情感角色。在这个过程中，档案主体情感由自然状态被外化为社会事实。

　　（3）方法论维度：由档案工作者所主导，是一种社会行动

　　从方法论维度揭示档案情感价值的内涵即提供实现档案情感价值的根本方法。任何情感总是超越个体的，总带有他人的意义，对他人与社会具有价值趋向，即是马克斯·韦伯（Max Weber）所讲的"社会行动"。[①]与奥古斯特·孔德（Auguste Comte）、埃米尔·涂尔干不同，马克斯·韦伯认为，基于实证主义研究社会科学无法解释"社会事实"背后的价值与意义。社会行动的本质是以他人的举止为取向的个人的行动，具有针对他人或社会的主观意义。[②]在韦伯关于社会行动的四个分类中，情感被视为社会行动的类别之一。[③]

　　档案对主体所具有的情感价值是一种社会行动，对外在社会具有现实改造的价值趋向。情感产生于人类主体与外在文化、社会结构相互作用的过程，具体表现为人类主体之于世界感受与体验的行动力量。档案情感价值具有价值倾向，并非仅仅表现为档案对主体的心理体验感受。档案情感价值的真正实现是在档案工作实践完成后，人们的情感通过档案工作实践被触发、激活而引发社会行动。从建构主义视角来说，档案情感价值不仅是一种社会事实，被动地承受外在社会文化、结构、制度等影响，赋予人们情感世界以主观意义，它还具有强烈的行动意向。人们通过在档案工作社会实践活动获得心理体验感受，形成社会行动力量，创造人们与外在世界之间的联系，对他人或社会具有价值与意义，进而建构社会现实和社会结构。而且，档案情感价值的实现主要由档案工作

①［德］马克斯·韦伯著，林荣远译：《经济与社会》，北京：商务印书馆，2004年版，第56页。
② 黄陵东：《人类行为解读：韦伯与哈贝马斯的社会行动理论》，《福建论坛（人文社会科学版）》2003年第4期，第58~65页。
③［德］马克斯·韦伯著，林荣远译：《经济与社会》，北京：商务印书馆，2004年版，第56页。

者所主导。档案主体关系网络折射的是档案主体关系所构成的网络结构。这要求我们在档案主体关系网络中，紧紧把握档案主体网络关系的中心节点，梳理档案主体内部网络结构，理清档案主体之间的相互关系。而档案工作者是档案情感价值实现的关键主体，处于档案主体网络关系的中心节点，牵一发而动全身。实现档案情感价值既需牢牢把握档案工作者这个关键主体，也要处理好档案工作者与档案内容记录当事人、档案形成者、档案利用者、社会公众等档案主体间的关系。

三个维度的档案情感价值认知揭示了档案情感价值的三个层次。从本体论维度，档案情感价值源于原始记录本体，是一种主体、档案客体、社会实践三者相互统一的关系范畴，揭示档案情感价值的根源与实质。从认识论维度，档案情感价值聚焦于档案开发利用，是一种社会事实，揭示档案主体情感受外在社会文化、结构、制度等影响。从方法论维度，档案情感价值的实现需立足于档案工作者，档案工作者以揭示档案情感价值作为社会行动，反作用于社会结构、文化、制度等，体现对社会现实改造的价值取向。档案情感价值的三个层次是逐级递进的：将档案情感价值置于档案价值关系范畴，从内在人们情感事实发展为外在社会情感行动，从自发性情感意识发展为自觉性情感力量，这一递进过程体现了档案情感价值的复杂性、动态性、深刻性。

5.7.3　档案情感价值研究的意义

档案情感价值的提出，一方面促进了档案价值、档案记忆观、社群档案、档案与身份认同等研究热点的融合，为档案学基础理论研究注入新活力，推动档案学的多元发展；另一方面为人们认识档案提供一个更加微观的视角，为客观朴实的档案倾注人文情感之魂，在实践中推动档案工作者更好地理清档案与社会之间关系，激发档案工作者的使命感，构建和谐有序的档案主体之间的情感关系，满足社会公众的情感需求。具体而言，档案情感价值启发档案工作者开发档案情感价值，加强档案与社会之间的情感关系，优化档案工作业务环节。比如，在档案收集阶段，应关注不同群体的情感需求，保存不同群体的情感记忆，适当扩大档案收集范围；在档案价值鉴定过程中，应承认并引入档案情感价值，仔细分析每份档案本身与形成者、被记录当事人、利用者、社会公众与权力制度之间的情感关系，加大对鉴定过程中不同阶段、不同主体的情感研究，在社会正义范式内重新诠释和扩大情感价值鉴定理论的核心维度，使档案价值鉴定更为科学合理；在档案开发利用阶段，应从制度上引导档案工作者自觉提供个性化、人性化的利用服务，挖掘利用者潜藏的情感需求，为其提供社会化档案成果。总之，档案情感价值赋予档案工作者一种"档案学的想象力"，使档案工作者焕发出一种"共情"并具备视角转化能力，促进档案、档案工作、档案工作者之间情感关系的和谐有序发展，激发档案工作者在维护人类真实性情感世界方面发挥更大作用，提升档案的社会影响力。

5.8 档案第五维度

档案第五维度是加拿大档案学者伊冯·勒梅及其团队率先提出的，是将档案文化创意开发纳入文件运动过程的观点。[①]档案第五维度是建立在文件连续体模型基础上的。文件连续体的前四个维度描述了文件运动的"产生—捕获—组织—多元记忆"过程，档案第五维度则是在原有文件连续体的四个维度的基础上叠加了一个新的维度——"探索"。"探索"维度主要描述对档案进行文化性、艺术性开发的过程。

5.8.1 档案第五维度的实践土壤与理论基础

5.8.1.1 档案文化创意产品开发是档案第五维度产生的实践土壤

21 世纪以来，知识经济快速发展，以创新驱动为核心的文化创意产业迅速崛起。据 2017 年联合国教科文组织、国际作者与作曲者协会联合会（International Confederation of Societies of Authors and Composers）和安永会计师事务所（Ernst & Young）共同发布的文化与创意产业报告显示：全球文化创意产业创造产值 2.25 万亿美元，超过电信业全球产值（1.57 万亿美元）。各国纷纷将发展文化创意产业作为提升国家经济硬实力与文化软实力的重要途径。

档案是珍贵的历史文化资源，是文化创意产品开发的重要源泉。各国档案文化创意产品开发在不断发展壮大。美国档案基金会（National Archives Foundation）2016 年年报显示，其在线商城一年实现 2 704 462 美元的销售额，总交易达 124 205 笔。瑞典斯德哥尔摩市档案馆利用其馆藏世界非物质文化遗产档案开发邮票、电影等文化创意产品，使档案馆成为城市名片。[②]

档案文化创意产品开发的兴起引发了人们在理论层面的思考。在现有的文件运动理论中，文件最终的归宿都是作为档案被永久保存，利用档案进行创作的实践并不在预设

---

① LEMAY Y. & BOUCHER M. P., *L'émotion ou la face cachée de l'archive.* Archives, 2010–2011, 42（2）, pp. 39–52.

② 王玉珏：《档案文化创意服务的理论与实践》，武汉：武汉大学出版社，2017 年版，第 10 页。

的路径里，这使得学界开始反思以往的文件运动理论，由此提出了文件连续体的第五个维度——"探索"。

5.8.1.2 文件连续体理论创新是档案第五维度提出的理论基础

文件连续体理论是在文件、档案管理的实践中，为适应由于电子文件的大量涌现而产生的一系列新情况，在文件生命周期理论的基础上提出来的。文件生命周期理论和文件连续体理论都是对文件运动过程和形态的研究，不同的是前者重在强调文件运动过程的阶段性和管理责任的转移，后者重在强调文件运动的持续性和管理责任的联动。

1997年，澳大利亚档案学者弗兰克·阿普奥德正式提出了文件连续体理论。文件连续体四维模型主要由坐标轴和四个维度构成。这四个维度是逐渐扩大、由微观到宏观的，表现出多要素、多维度的时空运动关系（如图5-4所示）。

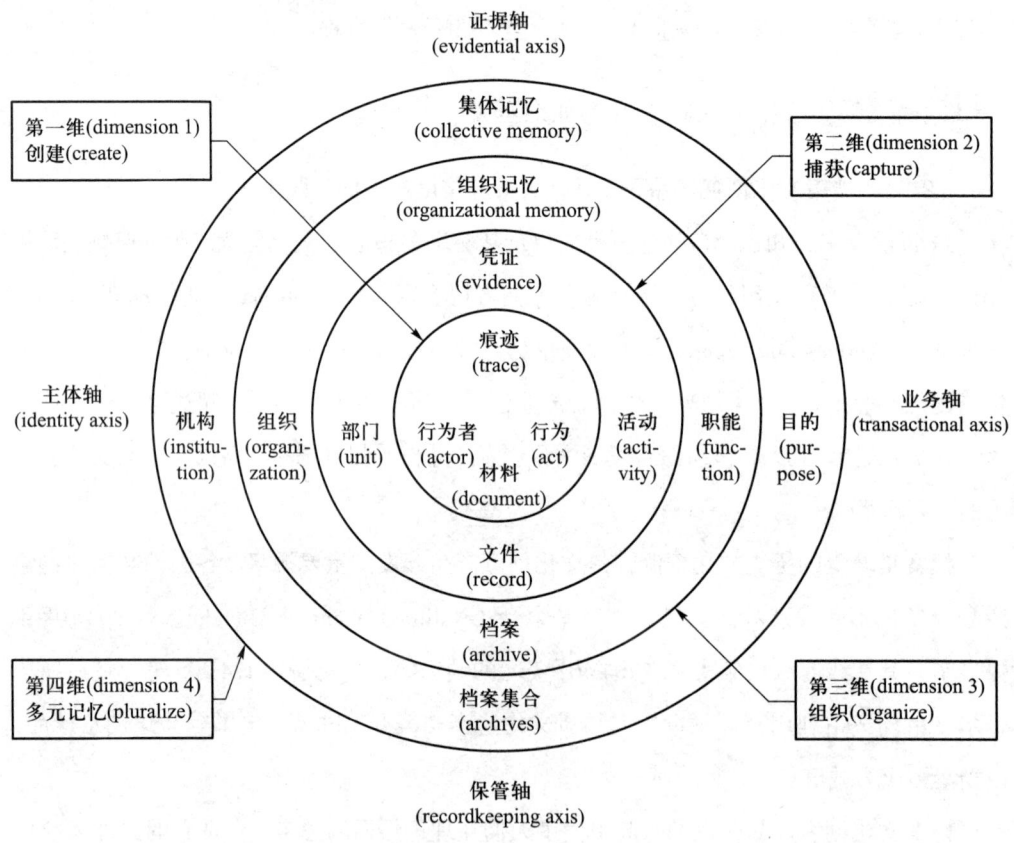

图5-4 文件连续体四维模型示意图 [①]

---

① UPWARD F., *Structuring the records continuum-part one: Postcustodial principle and properties*. Archives and Manuscripts, 1996, 24（2）, pp. 268-285.

文件连续体四维模型主要由主体轴（identity axis）、业务轴（transactional axis）、证据轴（evidential axis）、保管轴（recordkeeping axis）四个坐标轴及创建（create）、捕获（capture）、组织（organize）、多元记忆（pluralize）四个维度构成。"主体轴"解释文件产生、保管和运动过程中所有相关的自然人和组织，凸显文件形成主体在空间意义上文件运行中的关系和作用；"业务轴"阐述文件运动过程中的业务活动，揭示档案被创建并保存的原因，即解释文件是在何种业务活动中产生的；"证据轴"揭示文件从形成到保管具有哪些层面的证据性意义，分析文件和档案在不同的时间、空间、主体面前具有的不同层面的证据价值；"保管轴"说明文件从形成到保管的不同形态，以及从微观到宏观往复变化的文件（档案）的存在形式。

四个维度是由内而外的，体现了从创建、捕获、组织再至多元记忆，不断从微观走向宏观的过程。其中，（1）创建维：拟定或接受因职务工作而产生的档案。其描述文件运动的最小单元——单份文件的运行规律。活动主体根据业务要求形成材料，同时留存痕迹。创建维的活动主体是个人，反映的是具体的业务行为，表现出的价值形式为具体行为的轨迹。（2）捕获维：文件被添加到归档系统中，形成文件组合。它描述的是机构内部的某个部门，将机构单元在业务活动中形成的文件留存为证据。捕获维的活动主体是比个人稍大的机构内的部门，反映的是部门的业务活动，最后形成和留存的是部门具有凭据价值的证据。（3）组织维：文件组合被鉴定为永久保存，作为组织记忆的构成部分。其主要是指机构活动中反映业务和职能的、具有永久保存价值的档案，作为组织记忆来留存。（4）多元记忆维：描述的对象是社会层面的文件及其运行规律。那些永久保存的文件构成其形成者业务活动的证据，供内部和外部用户查考和利用。全社会各个机构出于各种目的将其形成的档案聚合为文件有机联系的档案集合，以保存和记录人类社会的集体记忆。[①]

这一理论的提出打破了文件生命周期理论的线性思维，扩宽了文件运动的研究视野。但是这也存在一定缺陷，例如，文件连续体四维模型中的第四个维度，被看成文件生命周期的最后一个阶段。但将档案作为社会记忆永久保存且被视为文件运动终点的观点，不能涵盖所有文件运动的轨迹，尤其是不能解释利用档案进行文化创意开发这一现象。现实中文件运动往往是多维度、错综复杂、循环往复而生生不息的。又如，档案利用者及社会对档案运动产生的影响是一种多向的、循环的过程，无法在文件连续体四维模型中得以体现。再如，文件连续体四维模型未能认识到档案的情感价值，以及基于情感价值而引发的利用

① 王玉珏、宋香蕾、润诗等：《基于文件连续体理论模型的"第五维度理论"》，《档案学通讯》2018 年第 1 期，第 24~29 页。

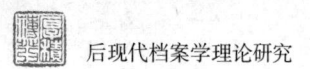

和开发活动。文件连续体四维模型的这些缺陷就为档案第五维度理论提供了成长空间。

5.8.2 档案第五维度理论的基本观点

5.8.2.1 档案第五维度理论的含义

勒梅教授及其团队所提出的档案第五维度，是指在文件连续体构造的四个维度的最外围，添加了又一个新的维度——"探索"。新维度出现的直接原因有两点。第一，文件连续体的前四个维度是从微观到宏观描述了文件从单个形成者到社会集体记忆的运动，但是随着时代变革，在实践中文件作为记忆保存并不是其归宿和运动的终点。文件可以在演进的过程中被当作档案永久保存，并将以不同的形式被使用，即档案"探索"。第二，除传统的档案价值外，关注档案可能存在的文化艺术价值及在利用档案进行创作中所激发的情感和记忆价值。传统的四个维度因未能涵盖档案的此类价值，所以不再适用于新环境。

档案第五维度是在文件连续体四维模型的基础上构建出来的，其主要的思想内容可以总结为三点：一是保管不是档案的终极目的，文件运动的生命链应该被延长至以创作为目的的档案"探索"；二是档案形成主体的范围扩大化，包括档案的"二次生成者"；三是档案与利用者存在互动关系，过去与未来存在互动关系。

档案第五维度脱胎于文件连续体，但又赋予文件连续体新维度和新元素，对于文件连续体模型的突破和创新主要体现在以下三个方面。第一，档案第五维度认为档案作为社会记忆永久保存并不是档案运动的终点，革新了对档案运动的认识，延长了档案的生命链。第二，档案第五维度拓展了档案价值。档案第五维度模型在构建坐标轴时，阐释并加入了档案的参考（reference）作用、使用条件（condition）、时间辩证性（dialectic）、情感（emotion）等在原有模型中未能体现的档案价值，拓宽了档案的价值内涵。第三，档案第五维度指出档案"探索"具有时间意义，档案与利用者存在互动关系、过去与未来存在互动关系。利用档案进行创作的主体范围得以拓宽。利用档案进行创作的过程及在此过程中所形成的作品，会由于在未来被用于创作的可能性，而与未来建立起潜在的联系。

5.8.2.2 档案第五维度的模型解读①

档案第五维度理论基于文件连续体理论，对利用档案进行创作及对档案情感价值和记忆价值探索的过程抽象化、理论化，从而在文件连续体的四维模型基础上产生档案第五维度——"探索"（如图 5-5 所示）。

---

① 王玉珏:《档案文化创意服务的理论与实践》，武汉:武汉大学出版社，2017 年版，第 58~61 页。

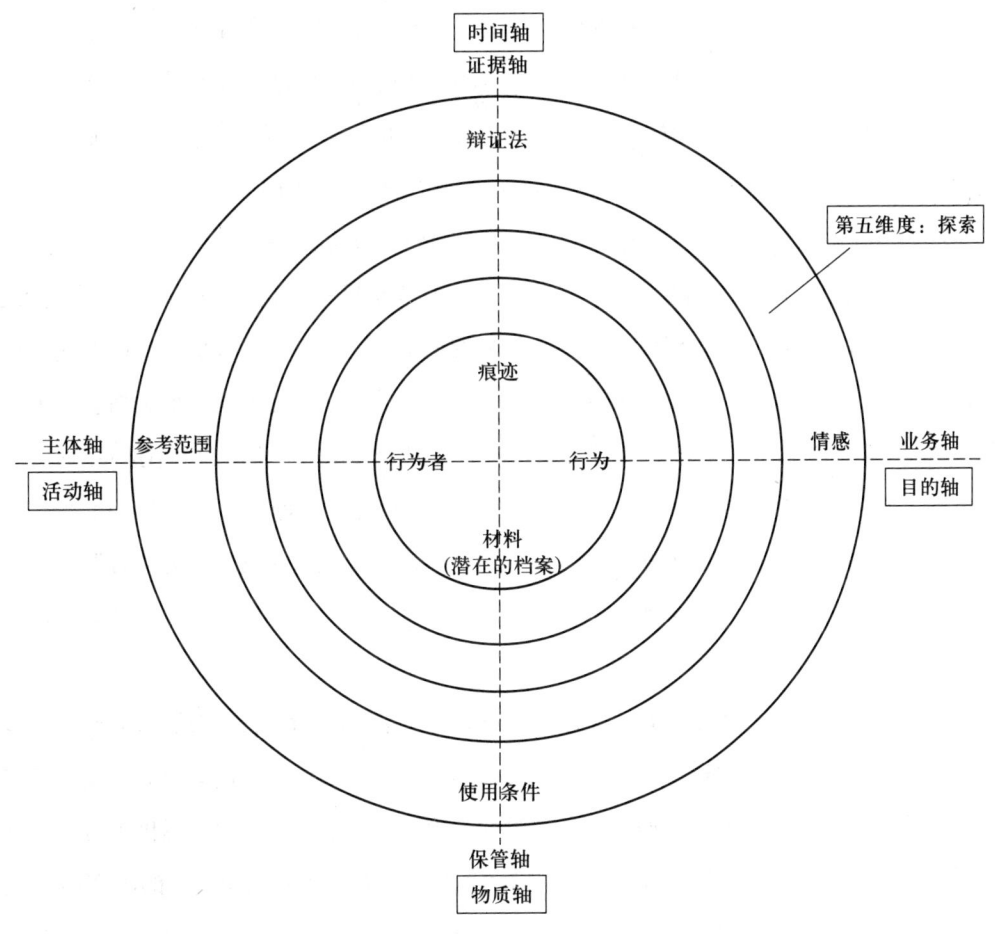

图 5-5　档案第五维度模型示意图 [1]

（1）四个坐标轴解读

"主体轴"描述的是文件及档案在运动过程中所涉及的主体，其"行为者"既包含文件形成者也包含档案利用者。文件连续体四维模型只关注了文件形成者对档案的作用，而忽略了档案利用者与档案的交互及其产生的作用。事实上，用户利用档案的过程对档案的价值具有重要影响。一方面，满足用户利用需求的档案，才是具有保存价值的档案；另一方面，用户利用档案的过程，会对档案本身的作用和价值产生反作用，尤其是利用档案进行创作的行为，使得档案带给利用者情感共鸣和记忆追溯的价值体验，引发利用者对档案情感价值的"探索"。这样的"探索"正是对文件连续体四维模型的拓展，将文件产生和运转的流程，从"产生"延伸到了"探索"，更加全面地考虑和纳入档案可能的

① LEMAY Y., *Archives et création: Nouvelles perspectives sur l'archivistique*. Archives，2013–2014，45（1），pp. 147–158.

运行轨迹和对档案运行产生影响的主体。在此意义上，"主体轴"转变为"活动轴"。

"业务轴"描述的是文件在运动中所参与和影响的业务活动。原有的文件连续体四维模型中，将文件作为档案被永久保存视为操作层面的终点，而档案第五维度则考虑到文件在永久保存阶段所引发的变化——档案"探索"，包括利用档案进行创作、开发文化创意产品等在内的对档案的探索性利用过程引发的档案新功能——"情感功能"。无论档案的利用体验是让人们感到悲伤还是愉悦，是惊叹或是反省；无论它满足当下需求，还是照亮前行方向，档案因其引发情感共鸣和唤醒记忆的能力而带给人们情感的变化。档案的情感和记忆功能一直以来并没有被档案学界和文件工作流程重视，但勒梅教授等人认为这是"档案的隐藏一面"[1]。档案不仅仅具有证据价值和情报价值，它们还具备通过利用者的查阅和利用档案进行创作的过程，"与过去的人和机构之间建立'情感'和'智慧'上的联系"[2]，从而引发"情感共鸣"的能力。[3] 因此，档案第五维度的"业务轴"重点关注的是档案利用过程中可引发感情共鸣和记忆唤醒的功能。在此意义上，"业务轴"转变为"目的轴"。

"保管轴"描述的是文件在运动过程中所经历的保存形态。在文件连续体四维模型中，文件的保存形态变化是"材料—文件—档案—档案全宗"的过程。档案第五维度则将归档的物质材料和地点纳入该模型，其最主要的原因，是由于当代艺术家提供了可以更好地识别、理解和解释档案的可能性。艺术家的视角启发我们重新认识档案的内容：物品、设备、背景及与公众的关系。档案利用是在一定环境中，通过与信息、科学、遗产和艺术持有者的对话进行的。这必然会影响档案含义的表达。同时，不能忽略公众在这个对话过程中的作用。公众并不是被动的信息接受者，许多关系都是在与公众的互动过程中事先被创建和结束的。事实上，公众自对文件进行识别和认识开始，对档案文件的贡献和其所获一样多。因此，利用的环境对档案工作的进程具有至关重要的作用。在这一背景下，"保管轴"转化为"物质轴"，其含义是档案作为物件构成的所有因素。[4]

"证据轴"主要关注的是档案作为"痕迹"的作用，即档案的凭证价值。档案的凭证价值，不仅仅是指档案对其形成者和社会利用者的作用，更有连接和贯穿历史、当下和未来的时间性的意义。瓦尔特·本雅明（Walter Benjamin）的"辩证的图像"理论，不

---

① LEMAY Y. & BOUCHER M. P., *L'émotion ou la face cachée de l'archive*. Archives, 2010-2011, 42 (2), pp. 39-52.

② JIMERSON R. C., *Archives and memory*. OCLC Systems & Services: International Digital Library Perspectives, 2003, 19 (3), pp. 89-95.

③ 王玉珏、宋香蕾、润诗等：《基于文件连续体理论模型的"第五维度理论"》，《档案学通讯》2018 年第 1 期，第 24~29 页。

④ 王玉珏、宋香蕾、润诗等：《基于文件连续体理论模型的"第五维度理论"》，《档案学通讯》2018 年第 1 期，第 24~29 页。

同于之前的历史观将时间视为线性的、连续的。他认为，过去的历史可被看作从整个历史连续体中剥离出来的独立的片段，必须把日常生活中的不同现象和要素从原始语境和历史连续体中抽离出来，才能解释事物的本质。之前的历史对于现实的我们而言像是碎片一般，我们需要去捕获相关的碎片，将它们置于现实的语境下才能凸显它们的意义和价值。[①] 王玉珏等人认为，这便是"辩证法"，加入了"辩证法"后，"证据轴"转化为"时间轴"。[②]

（2）前四个维度解读

档案第五维度充分认同文件连续体四维模型的四个维度，因此，在四个维度解读上较多贴近了文件连续体的释义。

第一维度：创建维，描述个人在业务操作中形成材料以留存痕迹的过程。

第二维度：捕获维，描述组织内的部门在业务活动中形成文件以留存为证据的活动。

第三维度：组织维，描述组织为履行职能将档案作为组织记忆保存的过程。

第四维度：多元记忆维，描述全社会各个机构将档案集合作为人类社会的集体记忆永久保存的过程。

（3）第五个维度——"探索"

"探索"一词在法语中的原词为"exploitation"。英语与法语颇具渊源，在历史上曾发生过借词运动，有大量重复词汇。该词语的拼写和含义亦在英语与法语两种语言间都保持相对一致。根据朗文在线词典，"exploitation"的释义主要有以下四种：第一，剥削（含贬义）；第二，开发、开采；第三，充分利用；第四，（不正当手段）利用。

这四个翻译方式都难以完整地描述档案第五维度的内涵。根据朗文在线辞典，"剥削（含贬义）""（不正当手段）利用"两种翻译方法都具有非常明显的贬义，因而也不适用。只有"充分利用"较为接近档案第五维度的内涵，但是也不全面，缺少对主体主动性的描述及对档案价值和情感的发掘过程描述。

档案第五维度既包含档案保管者对档案的开发和利用，也包含用户在利用档案过程中引发的档案的利用和（艺术）创作，可以说是一种充分挖掘档案价值、不断探索档案情感价值和记忆价值的过程。"挖掘"和"探索"这两个词都有充分利用的含义，也有对主体主动性的描述。但是，"挖掘"是一个由浅入深的过程，而"探索"是一个持续不断的过程。对于档案的价值和情感的发掘，不是由浅入深的，而是因为利用主体的丰富

---

① 纪逗：《历史的辩证意象——本雅明历史哲学思想的现实性》，《学术交流》2008年第8期，第1~4页。

② 王玉珏、宋香蕾、润诗等：《基于文件连续体理论模型的"第五维度理论"》，《档案学通讯》2018年第1期，第24~29页。

性而展现出创作结果的多样性的一个过程，就像是"一千个读者眼中有一千个哈姆雷特"一般，只要利用者能慧眼独具，那档案的创作开发便可永不枯竭、生生不息。因而，"探索"比"挖掘"更贴切。因此，将"exploitation"翻译为"探索"最为合适。

档案第五维度是在文件连续体四个维度的基础上，又构造出的"探索"维度。勒梅团队认为，构造"探索"维度的原因是档案的归宿不应该仅是作为社会记忆被永久保存，其终极目的应是运用档案进行创作并发掘档案的文化性、艺术性和情感价值，即以创作为目的的档案"探索"。换言之，档案第五维度——"探索"，是指将对档案进行艺术性、创意性开发的过程，并在文件连续体四维模型的基础上，加入了档案的"参考作用""使用条件""时间辩证性""情感"等在原有模型未能体现出的档案价值。

"参考作用"表现在档案是创作的源泉和灵感。用户在档案利用过程中对于档案内涵的追寻，成为用户创造内容和档案艺术性开发的前提。

"使用条件"描述的是档案被使用的环境。档案是社会的产物，社会越发展，社会文明程度越高，档案的管理方法、管理手段越高，档案利用政策的包容性、开放性越强，档案利用的积极性和运用档案进行创作的质量也会越高。

"时间辩证性"指的是对档案进行的"探索"具有时间意义，档案与利用者、过去与未来都存在互动关系。档案与利用者存在互动关系，主要指利用者理解档案内容并基于档案进行文化性、艺术性创作的过程。过去与未来存在互动关系，主要指档案因具有原始记录性而在一定程度上代表了过去，档案与利用者在"探索"中产生交互，使得档案所承载的过去与利用者的过去融合交织，档案的形成者与利用者跨越时空对话，并创造出通往未来的新记忆。这就形成了档案的"时间轴"。

"情感"指的是档案具有激发利用者情感共鸣的价值。档案的情感价值是唤醒和表达的双向感情。一方面，用户在利用档案时，会在内心唤起自己曾经经历过的场景，引发情感的交织；另一方面，在这样的感情被唤醒后，用户用文字、动作、线条、色彩、形状来传递这样的感情，使别人也能体验到同样的感情，由此形成的文学、艺术作品，实质上是人们内心情感发挥后的衍生品。而在未来，这些作品中相当一部分会被保存下来，便再次具有档案性质。

5.8.3　档案第五维度的理论价值与实践意义

档案第五维度的提出过程，是从档案文化创意开发实践中来又作用于实践的涵射过程，对档案学理论和档案工作实践都具有重要意义。

5.8.3.1 理论价值

档案第五维度的理论价值主要体现在以下三个方面。

第一，档案第五维度拓展了文件连续体理论。档案第五维度是对文件连续体理论的突破，颠覆了以往从形成者到社会的从小到大向外扩展的四个维度，引进了第五个维度——"探索"。换言之，文件进入非现行阶段末端时，并不意味着走向沉睡，而意味着它可以走向创意开发的起点。这一观点延伸了传统意义上的文件生命周期，扩充了文件连续体理论。

第二，档案第五维度发掘了档案情感价值和文化创意开发的可能性。档案第五维度回答了文件连续体理论无法回答的，隐藏在档案证据与参考价值背后的情感价值和激发创作想象的活动，更加清晰地阐释了档案的时间属性和记忆功能，为档案工作者参与社会构建的全过程提供了理论上可行性的论证和设计。

第三，档案第五维度是对实践现象的抽象和涵射，为当今档案文化创意开发的现象提供了理论支撑，促使档案工作者重新审视档案工作流程，挖掘隐藏在档案背后的多重价值。档案文化创意开发一直以来更偏向于艺术领域而非档案领域，其实践也游走于档案和艺术的边缘，没有找到扎实的档案学理论作为支撑。档案第五维度的出现可以为档案文化创意产品开发提供档案学理论的坚实后盾。

5.8.3.2 实践意义

档案第五维度具有如下实践意义：

第一，档案第五维度可以指导档案法规制度的完善。这些法规制度包括促进档案授权开发的法律、推动档案文化创意产品专利保护的制度、促成不同文化机构之间合作的机制。

第二，档案第五维度可以指导档案业务环节的创新。档案馆可以从有利于对档案进行"探索"的角度出发，对档案收集、鉴定、保管和利用等业务环节进行创新、拓展。

第三，档案第五维度可以指导档案开发利用与宣传效果的提升。例如，可以促进档案文化创意产品开发，实现档案增值；可以推动整合社会文化资源，加强跨界合作；有利于推动参与式档案利用、用户创造内容实践；有利于创新档案宣传方式，提高档案影响力。

第6章　后现代档案学理论的理论贡献与实践影响

后现代档案学理论将对档案学产生重要的理论贡献，也将对档案工作产生深远的实践影响。本章从对档案价值的重新认识、对档案工作属性的重新定位和对档案学理论的重新思考等方面分析后现代档案学的理论贡献，并从档案工作思想理念、档案工作对象、档案业务工作方法、档案机构职能定位、档案工作者角色等方面分析后现代档案学对实践的影响，从而为档案理论与实践创新提供指导和参考。

6.1　后现代档案学理论的理论贡献

6.1.1　对档案价值的重新认识

长期以来，档案被定义为人类活动过程中形成的副产品，作为"物质的文献""固化的信息""证据性文本"广泛存在于社会生活和大众视野中。在后现代档案学理论框架下，档案学者开始反思、批判传统的档案观念，不再只信奉"证据的神圣性"的档案信条，认识到档案不仅具有除证据价值之外的记忆功能，还是建构社会记忆不可替代的要素。[1] 同时，档案蕴含的情感价值不断凸显。档案"能够以具有共同的、普遍意义的感性

---

[1] 徐拥军：《档案记忆观的理论与实践》，北京：中国人民大学出版社，2017年版，第91页。

形式将人类在实践活动中形成的主体能力和本质力量凝固起来、固定下来并得以延续和传播，成为不同地域不同时空的人类活动相互联结的纽带"[1]。德国学者扬·阿斯曼（Jan Assmann）认为，文化有两项任务：一项是实现持续性，为每个个体和每一代人提供条件，使得他们不必从头再来；另一项是实现协调性，即通过创造同时性使交际成为可能。[2] 档案作为文化遗产大家族中的重要组成部分，势必会携带文化遗产持续性与协调性的两项社会功能的基因，发挥传承民族集体情感记忆、协调档案主体情感网络关系的社会功能。

随着数字时代的到来，信息失真、虚假新闻传播等事件的发生，进一步加剧了社会信任危机。在此背景下，电子档案作为具有证据属性且拥有较高社会信任度的特殊类型信息，在社会信任体系的建立过程中扮演着不可或缺的角色。档案机构作为收集、保管可信档案文件材料的专业场所，也可被视为一种信任中介，是帮助社会大众建立信任关系的桥梁与纽带。亚历山大·比尔里（Alexander Bieri）以德国部分区域私营企业和国家档案机构建立的信任合作关系为案例，提出基于彼此信任关系建立企业档案的合作管理策略，通过区域企业档案工作者的共同努力，确保区域经济发展历史的完整与真实。[3] 另外，后现代档案学理论将多元化社群的生存发展问题与档案紧密关联。社群档案扮演着帮助社群成员留存社群记忆、寻求社会认同及争取权利的重要角色。部分社群由于自身特征与广义社会所持价值观不一致，导致社群成员长期游离于主流社会之外，无法得到社会大众的认可和接纳。社群档案的内容记录与非主流叙事为主流社会乃至统治集体深入认知社群成员，并为其争取与普通公民无差别的权利提供契机。

6.1.2 对档案工作属性的重新定位

档案工作历来被视为服务于其他各类工作的支撑性、保障性工作。档案的后端性、有限性使得档案工作曾长期处于组织内"边缘工作"的范畴。在此背景下，档案工作理念也日显陈旧与老化。后现代档案学理论为档案工作属性的重新定位提供一种可能性，主要体现在以下两方面。

首先，后现代档案学理论彰显档案工作的服务属性。档案工作的服务职能通过提供档案利用服务、实现档案价值来履行。我国传统档案馆服务是"等客上门"的被动型服务，档案利用服务基本是在档案用户主动提出利用需求之后的反馈性活动，实质上封闭了档

---

① 孙德忠、王峰：《论社会记忆的历史类型》，《湖北社会科学》2006 年第 12 期，第 126~128 页。
② 冯亚琳、［德］阿斯特莉特·埃尔主编：《文化记忆理论读本》，北京：北京大学出版社，2012 年版，第 56 页。
③ BIERI A., *Crisis, credibility and corporate history*. Liverpool：Liverpool University Press，2015，p. 40.

案价值实现的众多途径，在一定程度上弱化了档案工作的服务属性。后现代档案学理论主张保存集体记忆，关注非主流群体的档案权利，发掘档案的多元价值，满足社会公众的情感需求，对档案进行创意开发与艺术创作。这有助于彰显档案工作的服务性，提升档案机构的社会影响力。

其次，后现代档案学理论深化档案工作的文化属性。档案第五维度主张在文件连续体四维模型的基础上，从"探索"维度强化档案的"参考作用""使用条件""时间辩证性""情感"等在原有模型中未能体现的档案价值。同时，通过延伸档案利用的活动链条，推进用户创造内容和档案艺术性开发，借助档案的"情感"价值激发社会公众的情感共鸣，提升社会凝聚力，丰富社会文化精神内核。档案机构逐渐开始以馆藏档案资源为依托，发掘档案内容蕴含的文化历史价值，并创作档案文化创意产品，传递特色档案文化的灵感源泉，提升档案利用服务的品质。

6.1.3　对档案学理论的重新思考

后现代主义思潮的核心在于质疑，质疑的力量源泉便是想象力。想象力并不是脱离实际的天马行空，而是立足于已有理论的适当重构。长久以来，档案工作在传统档案学理论的指导下以一种机械、固定的方式运行。随着后现代思潮的传播，后现代档案学理论催生对传统档案学理论的反思与创新。这在新全宗理论、宏观职能鉴定论的发展过程中体现得尤为深刻。

面对档案形成者变动剧烈、技术环境日趋复杂的现象，F. 杰拉尔德·汉姆首先提出了后保管思想。随后，特里·库克提出"后保管范式"，对全宗理论进行延伸式发展。新全宗理论区别于传统全宗理论以档案物理实体为对象，而是主张以"概念化"的眼光将全宗视为一种知识式的建构（intellectual construct）。全宗不再仅仅是档案馆中存放的一个物理实体，而是对一个个高层级或低层级物理实体的概念性总结描述，既包括对文件创建者的管理型、历史型、功能型特征著录，也包括对文件创建过程（元数据）的著录等。因此，全宗成为一个"整体"的概念，反映了一个文件创建者产生或积累一系列文件的有机过程，这些文件本身表现出基于共同的职能、活动、表现形式或者用途的自然统一。但是，尊重全宗原则或来源原则的内核仍然深植于新全宗理论之中。数字时代下，电子文件的迅速增长，跨地区、跨领域、跨机构协同业务活动的深度开展，改变了传统纸质档案环境下的档案理论与实践。新的全宗理论将对新型文件与档案管理提供应时的理论指导。

　　同时，后现代档案学理论为传统档案价值鉴定理论提供新的衡量指标。档案价值鉴定从文件的内容、来源、产生时间、外部特征等方面判断文件的现实价值和历史价值。然而，档案价值鉴定理论在具体实践过程常受到主导权力结构的利益主体的控制，其中，现实价值和历史价值衡量指标的设计忽略了对处于社会权力结构边缘位置的特殊群体和个人的关照，造成非主流社会人群存档话语权的缺失。而档案记忆观、档案多元论、档案正义论、社群档案理论都主张关注弱势群体、边缘群体，为其收集档案、保存记忆，从而为纠正上述偏差与弊病提供了理论指导，也催生了宏观职能鉴定理论。传统职能鉴定理论主张从文件产生机关的职能及其在政府机关体系中的等级地位出发评估档案文件的价值，聚焦于政府部门及国家层面的档案鉴定，但这一主张忽略了全社会系统层面的档案鉴定。在后现代档案学理论的影响下，宏观职能鉴定理论（社会分析与职能鉴定法、宏观鉴定战略）日益彰显其效用。宏观职能鉴定理论既主张将传统档案职能鉴定提升到更为广阔的社会背景下，将档案价值与社会发展紧密关联，从宏观的社会视角开展档案鉴定，又将着眼点拓展至文件形成者的社会职能、任务或活动，抽象的文件产生背景及其相互关联，重点关注档案形成过程中的权力关系。

6.2　后现代档案学理论的实践影响

6.2.1　档案工作思想理念的革新

6.2.1.1　从被动到主动：提升档案工作的服务属性

　　后现代档案学理论主张充分发挥档案工作的人文价值和社会价值。在此背景下，档案工作的工作理念逐渐由被动向主动转变，服务属性成为档案工作的立足点。传统档案工作的服务属性主要通过档案利用服务得以彰显。然而，在后现代档案学理论指导下，档案工作的服务属性渗透到档案管理业务各个环节，从档案收集、组织、保管到后期利用服务均有体现。

　　在档案记忆观的指导下，档案工作者逐渐认识到档案在社会记忆建构中的不可替代作用。他们通过积极开展多来源、多主题的档案采集工作，创新档案多元著录、多维展陈与多途径检索业务，完成社会记忆的素材择选、保存与呈现，以期为社会民众留下全面、真实、深刻的记忆素材，重构"过去"。后现代档案学理论使档案工作者逐渐认识到开发档案情感价值的重要性，通过优化档案工作业务环节、创新档案服务形式，加强档案与社会之间的情感关系，满足社会公众的情感需求；赋予档案工作者一种"档案学的想象力"，使档案工作者焕发出一种"共情"，并具有视角转化能力，激发档案工作者在维护人们真实性情感世界方面发挥更大作用，提升档案机构的社会影响力和参与度。档案工作服务属性的彰显有利于进一步提升档案馆的社会影响力，为我国公共文化服务创新发展提供助力。

6.2.1.2 从一元到多元：丰富档案工作的业务内涵

传统档案工作是基于文件生命周期而开展的一系列管理活动，涵盖档案形成、收集、整理、保管、鉴定、统计、利用等业务环节。在此背景下，档案工作具备管理类活动的规范性与流程性特点，这也决定了档案工作业务内涵主要是管理学视角下的一种探索与设定。当前，档案工作整体上呈现出一种"圈内繁荣"的景象，其原因在于档案工作业务内涵的常规性与局限性。在管理学单一学科视角下，档案工作的业务内涵难以出现新的实质性突破。

后现代主义思潮倡导以多维的视角和多元的概念来认识事物、解释世界，反对一个中心、一个文本、单一的概念和固化的结构。[1] 后现代档案学理论承袭后现代主义理念的精髓，也主张从多角度、多领域、多主体的范畴认知世界、改造世界，尤以档案多元论为代表。档案多元论是相对主义者或非主流的社区和国际化看法下的一种档案范式，反映多元视角下档案存在及其建构意图的多元特征，揭示出学术机构、官僚机构和个人在档案证据性文本和记忆留存意图方面的多样性，在社区视角及需求方面的差异性，在档案专业和学术发展的文化和法律构建方面的主体多元化。[2] 因此，档案工作者应从档案价值实体——人类社会的实践活动来思索档案的社会属性与文化属性，探索档案与各类社会主体之间的深层关联。从多学科、多维度、多层面解读档案的本质特征，凸显档案的社会属性、文化属性，重新定义档案工作的内涵，拓展档案工作可服务的领域和活动范围。[3]

6.2.1.3 从主流到边缘：拓展档案工作的服务对象

档案自产生时起便作为权力阶层维护自身权力、巩固统治地位的有效工具。从中国古代"石室金匮""敬天法祖"到现代社会档案为政府部门运转服务，档案工作的服务对象多是社会中的掌权者或主流群体。而处于社会权力结构边缘的群体却成为长期以

---

[1] 徐拥军：《档案记忆观的理论与实践》，北京：中国人民大学出版社，2017年版，第52页。
[2] 安小米、郝春红：《国外档案多元论研究及其启示》，《北京档案》2014年第11期，第16~34页。
[3] 李子林：《档案多元论在我国的研究与应用》，《档案学通讯》2017年第6期，第36~39页。

来档案机构和档案工作者忽视的对象，并逐渐成为社会发展进程中的"失语者"或"失忆者"。

后现代档案学理论主张以开放的、多元的视角认识社会事物，关注边缘、非主流的社会现象，打破主流观念的束缚和权力的制约。在此背景下，档案多元价值论主张"从文化、社会记忆和身份认同的角度审视档案的价值，尊重边缘群体、小众人群保存自己的历史记忆的权利"[①]。另外，社群档案理论重点关注非主流叙事下的个体需求与命运，维护非主流社群的书写与记忆权力，追求社会的和谐与包容，从而与传统档案学视角下的主流叙事体系交相呼应[②]，形成涵盖社会命运共同体的研究脉络，提升社会凝聚力与稳定度。在后现代档案学理论的指导下，过去档案工作为官方、主流群体服务的"潜意识"逐渐弱化，而面向更广泛的社会公众、特殊群体、个人服务的理念日益彰显。档案工作服务对象正在经历从主流到边缘的辐射式扩展。

6.2.1.4 从政府到社群：凸显档案工作的社会价值

行政性是全球各国档案工作的共性。德国的登记室制度、法国大革命后建立的公共档案馆等均体现出档案工作为政府部门行政效率提升、日常业务运转服务的目的和特点。当前，美国国家档案与文件署参与开放政府建设、澳大利亚国家档案馆参与政府信息治理，也是档案工作行政性在信息社会的延展。长期养成的工作惯性将档案工作局限在行政体系之中，档案工作的社会价值并未得到全面的认识和开发。后现代档案学理论主张从更广泛的社会背景、结构审视档案的多元价值，为更广泛的社会群体保存记忆、提供服务，有利于档案工作走出行政框架、进入社会领域。

6.2.1.5 从少数到多数：彰显档案工作的包容特质

在传统认知下，档案对于维系国家统治、进行社会教化起到重要的作用，理应由社会精英、专业化人才对其进行管理。如在古代中国，国家设立史官专掌档案；现在，英美等国建立档案职业资格制度。但是，如此设计，均将普通民众排除在档案工作者队伍之外。

而后现代档案学理论主张以包容性的态度，鼓励社会大众广泛参与到档案工作之中，从而使档案工作更加鲜明地反映社会需求与社会发展，促进档案工作的社会化。档案工作的包容性，旨在促进具有差异性的不同个体的全面参与，鼓励彼此之间的相互协作。[③]

---

① 于海娟：《社群档案及其价值研究》，北京：中国人民大学出版社，2016 年版，第 33 页。
② 李孟秋：《我国社群档案建设的意义、困境与路径》，《档案学研究》2019 年第 2 期，第 71~76 页。
③ 钱明辉、贾文婷：《国际社群档案包容性实践模式研究与启示》，《档案学通讯》2018 年第 4 期，第 40~44 页。

这一工作态度正是档案多元论"不将任何群体边缘化,尊重不同群体的多样性与特殊性"的进一步表现。而在实际工作中,社群档案建设鼓励参与式的工作方法,在档案收集、鉴定、保管与利用等业务环节吸引社群成员参与,使社群档案真正起到记录社群成员生活、反映社群成员诉求的作用。

6.2.2 档案工作对象范围的扩展

后现代档案学理论框架让档案工作对象的范畴不断扩展,从政府文件、官方档案到私人档案、社群记录再到社会组织自治档案(autonomous archives),档案工作不再只是政府、档案馆的分内之事,社会大众、特殊社群、各类行业组织均可参与到保存自身活动记录、管理自身档案的工作中。

第一,后现代档案学理论鼓励多来源档案资源的收集。随着社会认知的发展,档案资源结构逐渐优化,档案工作者打破既有资源结构的封闭性与保守性,在现有公共档案资源的基础上,将社会性档案资源作为馆藏资源结构的重要补充,互相融入、相得益彰,进一步体现出不同社会群体的利益需求。档案多元论尊重档案来源(形成)主体的多元化,以包容、开放、全面的眼光将多元的档案来源主体纳入档案收集工作范畴。档案馆在制定档案资源接收进馆计划时需从多面叙事、多社群及个人角度进行考虑。

第二,后现代档案学理论重视特殊类别档案资源的收集与保存。后现代语境下,档案不再只是客观记录职能活动的中立之物,同时承载着特定群体的珍贵记忆。这些特殊类别的档案在过去并不受重视,但是在多元诉求涌现的背景下,它们理应成为馆藏资源的重要组成部分。档案情感价值主张档案工作应重视对特殊群体情感需求的考虑,保存该类群体的情感记忆,适当扩大档案收集范围。以社会热点事件的利益相关群体为例,档案收集能为其留存相关记忆,保留较为完整、全面的证据线索,为未来该群体的情感追溯与回归提供文本、图像、音频等记录。在抗击新冠肺炎疫情的过程中,许多档案馆便将记录普通人抗疫英勇事迹的档案内容纳入收集范围,反映了全社会协同一心、共抗疫情的伟大精神。

第三,后现代档案学理论倡导多主体共同参与的工作模式。在后现代范式下,各具特色的档案实践早已打破人们对于档案工作的传统认知,既往约定俗成的工作模式被更新,专业档案工作者对于档案实践的强控制也被解除。因此,档案学者与社会力量呼吁他们放弃自己的权威力量,转而与其他社会主体一道共同参与档案工作,从而更全面地发挥档案价值。社群档案认为,专业档案工作者在实践工作中难免存在一定的短视与偏差,难以全面审视社群性档案工作，因此鼓励社群成员参与社群档案馆的运营，构建参与式社群档案管理模式。这一参与式的工作模式能够最大限度地发挥各主体的优势，兼顾各方的利益诉求。

第四，后现代档案学理论支持利用需求导向的档案工作。随着社会的进步和公民档案意识的提升，公众对于档案利用的需求也不断增强。档案馆应积极响应用户对于档案资源的多维度需求，为其提供信息查询、传递知识与智慧、维系社会公平正义、建构社会记忆。档案第五维度主张档案工作以预期档案利用需求为导向，基于预设档案用户的档案工作可以提高档案利用服务的针对性和有效性。档案馆、社会组织及非主流社群应更加注重特色档案、专题档案收集，将一些具有强烈的文学、艺术色彩的档案进行分类、组织、加工和妥善保管，为档案的开发利用夯实基础。

第五，后现代档案学理论主张覆盖从实体到虚拟的工作空间。后现代环境中，人们难以避免地迈入网络时代与信息化社会。在虚拟空间中，档案的信息化为传统实体管理带来巨大挑战，学者由此提出"超越保管"的构想，主张档案馆在现有馆藏的基础上，转变工作模式，将档案实体的保管责任转移至形成者。此外，逐渐普及的信息化基础设施也为社群建档带来便利，借助高质量的设备，便能够实现档案资源的数字化转化，大大减少实体保管带来的空间、经费、人力成本。而且，信息环境下不同群体自主自发的网络建档活动实现了对于权力控制的绝对性消解及民主性赋权。因此，档案工作者与社会力量均应适应信息化转向，构建档案实体工作空间与虚拟工作空间，实现档案工作的转型升级。

6.2.3 档案业务工作方法的变革

6.2.3.1 档案管理模式的创新

全球范围内地区冲突、社会动荡的加剧，致使社会中特定群体在经历快速而显著的变革时，会感到自己的身份正在失去，或是正在被忽视和边缘化。面对那些经历了巨大变革的社群，社群历史及档案组织会对他们自身的重新连接和社群稳固性起到重要作用。后现代档案学理论为档案工作业务方法的革新提供新的视角和思路。在此背景下，全球范围内的档案馆和档案工作者开始探索社群参与式的档案管理模式。

社群档案关注非主流叙事下个体需求与命运，追求社会和谐与包容，从而与传统档案学视角下的主流叙事体系交相呼应，形成涵盖社会命运共同体的研究脉络。社群档案追求与人民群众的精神文化需求在一定程度上达到契合，并能够支持普通民众的社群自治诉求，是公民增强政治参与、掌握自身话语权的保障。[①] 以英国 WISEArchive 在线档案馆为例，该档案馆为面向英国老年人群体的公共档案馆，对老年人群体关于他们的工作、生活进行访谈记录并在网站上提供利用；另外，允许从事农业、绘画及其他处于衰退或改变中的职业从业者记录自己的工作和生活，并通过相应的平台上传至档案馆终端，形成数字档案资料。社群愈发深层次地参与到档案馆资源收集、保存和利用活动中，在档案管理中扮演主导者的角色，这与传统档案机构、档案工作者主导的档案管理模式存在本质区别。英国剑桥郡社群档案网络（Cambridgeshire Community Archives Network）与当地档案馆、图书馆等合作，利用管理软件对当地 50 个社群档案组织进行关联与整合，保存社群的生活照片、文件及珍贵记忆。另外，社群参与式档案管理模式为新时期"档案赋权"提供有效路径，推动社群建档工作的开展，维护非主流社群公民建立和利用档案的权利，一定程度上调整了社会主流阶层与边缘阶层的话语权分配模式。

6.2.3.2　档案业务流程的突破

后现代档案学理论不但带动了档案管理模式的创新，更促使档案工作者与公众重新思考与反思现有档案业务流程，从多方面实现档案业务流程的突破与重构。

在档案收集环节，在现有馆藏资源结构的基础上，档案工作者进一步多来源、多层次、多维度地展开档案收集工作，使档案馆馆藏资源更为全面地反映社会发展历程。

在档案著录环节，著录的标准与规则都发生了变化。后现代档案学理论认为，在多个知识体系和多种记录形式共存的多元叙事时期，主流价值导向的国家档案著录规则已无法满足档案来源多样化、档案内容多元化、档案载体多样化的著录需求。传统开发模式下的档案著录工作的偏见主要表现在两个维度：档案著录规则的偏见和档案工作者个人价值观的偏见。[②] 因此，后现代环境下，档案著录将逐渐回归以公众视角为中心。在参与式的管理模式下，社会公众也能够参与到著录过程中，档案著录的规则将更多体现公众需求。

在档案鉴定环节，突出表现为档案鉴定标准的变化。随着信息技术的完善，档案鉴定的重点不再是档案的存毁，而是全面判断档案的利用价值，更好地发挥其作用。在后现代档案鉴定观下，档案对于国家治理的支撑价值不再是唯一标准，而是基于国家—社会—个人的三维互动，立足于广泛的社会利用需求，将社会主体视为档案价值鉴定的重要标准。这一标准的发展能够实现档案鉴定的视角转换，考虑社会公众与弱势群体的利

---

① 李孟秋：《我国社群档案建设的意义、困境与路径》，《档案学研究》2019 年第 2 期，第 71~76 页。

② 万恩德：《解构与重构：档案信息资源开发模式的后现代转型》，《档案学通讯》2018 年第 1 期，第 57~62 页。

益需求，达到国家功效与社会功效的平衡。

在档案开发利用环节，将实现由实体管理向内容管理的转变，一定程度上解除了特定档案信息对于实体的依附，有利于档案的远程利用，从而提升档案馆的服务能力。同时，档案馆的开发利用工作将进一步重视"公众需求"，重新梳理自身职责，逐渐增强自身的责任担当与社会服务意识，更好地发挥档案馆公共服务职能，满足广泛的社会需求。在利用维度上，以"多样化利用"为准则，通过信息沟通平台的建设，强化用户与档案馆的连接，从而更为清晰地了解、把握用户需求，满足用户的信息查考、记忆建构、文化体验等需求。

6.2.4　档案机构职能作用的拓展

以档案馆为核心的国内外档案机构在后现代档案学理论的影响下，逐渐发挥机构职能的先天优势，积极提升社会化服务的质量与水平。

6.2.4.1　档案馆成为社会记忆的宫殿

大卫·伊格曼（David Eagleman）在《生命的清单：关于来世的 40 种景象》中曾说过，人一生有三次死亡：第一次是当心脏不再跳动时，在生物学意义上他便死亡了；第二次是在葬礼上，所有认识他的人都来吊唁，在社会层面来说，他的社会地位就死亡了；第三次是在记忆层面，当最后一个记得他的人死亡后，所有与他相关的记忆全都灰飞烟灭，整个宇宙都不再与他相关。[①] 一个国家、一个民族、一个群体的死亡亦是如此。当关于这个国家、民族、群体的所有记忆都消亡，世人都将其遗忘之时，便意味着这个国家、民族、群体的死亡。档案的原始记录性能够防范人类因生老病死而造成记忆丢失的风险。从这层意义上来说，档案是记忆的可靠载体，拥有档案便意味着拥有记忆。

在后现代档案学理论指导下，档案馆由单纯的档案保管场所转变成"社会记忆宫殿"，在社会记忆建构过程中扮演着重要的角色。一方面，档案馆基于自身的社会信任度，可以帮助社会群体收集、保管相关档案文献；另一方面，档案馆立足丰富的馆藏进行开发利用，提高档案的社会传播力度和曝光度，帮助更多的民众了解社会发展的真相，还原随着时间流逝的社会记忆。例如，2012 年我国第一个农民工档案馆在哈尔滨成立，通过收集、整理、保存并展览农民工群体的档案记录，帮助社会重新建构中国社会主义现代化建设进程中这一特殊而庞大的社会群体生存与发展的珍贵记忆。

---

① ［美］大卫·伊格曼著，赵海波译：《生命的清单：关于来世的 40 种景象》，北京：中信出版社，2010 年版，第 46 页。

6.2.4.2　档案馆成为社会文化的宝库

在后现代档案学理论的指导下，档案馆逐渐意识到"文化职能"的重要价值和意义，要实现更大范围上的文化影响力，须着眼于传统档案利用服务之外的领域，进行档案文化创意开发，激发档案潜能，走进大众、贴近生活，只有这样才能更好地发挥档案的文化价值。近年来，档案馆积极寻求与文博单位、文化艺术机构、数字媒体服务商、社交媒体网站、文化创意设计公司等跨界合作，以项目合作或机构共建的形式充分调动和整合各方资源，开展档案文化创意服务，提升社会影响力度。美国国家档案馆为了纪念美国加入第一次世界大战 100 周年，于 2017 年推出"纪念第一次世界大战"（Remembering WWI）的应用程序，邀请档案馆用户参与到第一次世界大战相关图片、资料的收集中。同时，用户可以在应用程序中创建专题收藏、浏览和获取馆藏资源。档案馆吸收应用程序开发人员、社交媒体交互设计人员的专业知识，引入新的视觉再现方式创新档案利用服务形式。另外，该应用程序在设计和运行过程中广泛采纳教师、博物馆专家、数字人文研究者的意见，旨在满足各类档案用户的档案文化服务需求，并取得显著成效。[①]

6.2.4.3　档案馆成为社会情感的纽带

档案情感价值理论认为，人们在社会实践活动中接触档案时，受社会文化情境的影响会获得主观体验感受、情感共鸣、情感力量等。档案作为一种书写文化，是文化记忆的重要载体，背后承载着对意义的传承。意义只有通过传承才能保持其鲜活性……文本本身还不是传承的形式，只有当人们传播文本的时候，意义才具有现时性。文本一旦停止使用，它便不再是意义的承载体，而是其坟墓。[②]比如，在犹太民族第二圣殿被毁之后，犹太人开启了长达近两千年的流亡与迁移。颠沛流离的犹太民族持之以恒地对《塔木德》等经典文献读本进行不断的阐释与传播，激发起犹太民族强烈的民族自豪感与身份认同感，维系着犹太民族身份的延续性和持久的凝聚力。在后现代档案学理论的影响下，档案馆在履行机构职能的过程中开始更多地关注人文关怀和情感渗透的作用。我国综合档案馆借助档案服务和档案展览弘扬中华民族的传统记忆，使社会民众对民族历史有深刻的体验，增强民族归属感，传承中华优秀传统文化。浙江省档案馆"方言语音建档"项目采用现代化数字多媒体技术对方言重点区域进行全覆盖建档，形成浙江方言语音档案

[①] 兰鑫：《美国国家档案馆 APP 开发实践及其启示——以"Remembering WWI" APP 为例》，《档案与建设》2018 年第 11 期，第 26~29 页。

[②]［德］扬·阿斯曼著，金寿福、黄晓晨译：《文化记忆：早期高级文化中的文字、回忆和政治身份》，北京：北京大学出版社，2015 年版，第 89~90 页。

数据库，留住正在消逝的声音。[①]方言作为区域文明的承载体，是关联全国各地区居民之间情感的纽带。在工业化、城镇化过程不断消解差异性的社会环境下，该项目满足了人们对多样化情感记忆的需求。

6.2.5 档案工作者角色定位的变化

如果说档案是历史的镜子，是历史的真实记录，那么，档案工作者便是持镜人，帮助社会去追溯历史、重现记忆。后现代档案学理论为档案工作者角色定位提供新思路，高度的社会参与性、多元的价值观导向、维护社会公平正义成为新时期档案工作者面临的使命。

6.2.5.1 档案工作者成为社会记忆的建构者

随着我国地方档案机构采取"局馆分立"模式，档案馆作为文化事业机构的职能愈发凸显，其也相应承担着留存人民群众社会记忆的职能。因此，档案馆实质上可被视为社会记忆存储机构。从档案接收进馆到档案保管、利用和销毁的整个业务流程，档案工作者不仅具有管理和业务上的客观性与中立性，更具有社会和文化层面的主观性和情感性。档案工作者作为"文件生成者和文件存储机构之间、档案和用户之间、过去概念和现存文献之间的中介"，当在选择和鉴定把哪些文件放入"档案柜"内长期、永久保存时，其便已经有意识或无意识地参与到社会是"记忆"还是"遗忘"的建构中。受后现代社会记忆理论的影响，档案工作者逐渐清醒而深刻地认识到新时代自身角色定位的突破，努力实现由"被动的文件保管者"到"积极的社会记忆建构者"的角色转变。档案工作者应打破过去为官方叙事和社会权力主体记忆留存服务的档案业务模式，将档案业务工作置于更为广泛的社会背景下，打破档案、权力、记忆之间传统的组配方式，突破主流权力挟持下档案参与社会记忆建构的藩篱。

6.2.5.2 档案工作者成为文化服务的创新者

在后现代档案理论指导下，中外档案馆的社会文化职能愈发凸显，档案馆在社会文化建设与文化服务工作中的参与度和贡献度也呈现上升趋势。在此过程中，档案工作者既是档案文献的管理者与守护者，又是档案文化服务的创新者与开拓者。档案工作者基于档案用户的多元化，定制"特色"档案文化创意服务内容。[②]采取用户分层策略，构建各类档案文化创意服务模型，以"专题服务""定制服务"提升服务的用户满意度。针对

---

① 刘芸：《留住正在消逝的声音——浙江方言语音档案建设研究》，2016 年海峡两岸档案暨缩微学术交流会。
② 李子林、王玉珏：《档案多元论视域下档案文化创意服务研究》，《档案与建设》2017 年第 12 期，第 16~20 页。

历史研究者提供历史档案编研成品、历史事件"跨时空"再现等服务。针对学校等教育机构师生提供日常教学活动所需历史文献、名人手稿、军事地图等档案资源。例如，加拿大国家图书档案馆对馆藏照片档案进行开发，定期举办摄影名家展览，并以数字化形式将珍贵的照片档案放置于国家图书档案馆数字化平台上，便于文化艺术爱好者访问和获取，传播摄影艺术与文化魅力，提升档案馆文化创意服务价值。

6.2.5.3　档案工作者成为社会正义的维护者

南非著名档案学家凡尔纳·哈里斯是档案正义论的提倡者。他认为档案工作者应该是维护社会公平正义的记忆活动家。档案工作者在此过程中应充分意识到自身职能的转变，由被动的档案保管者向积极的社会正义维护者转型。另外，随着社群档案研究的深入，档案工作者开始思考自身对于社群档案发展的作用：首先，档案工作者出于可持续性的保存和利用需求的考虑，从档案管理的专业视角出发，在社群档案的建设过程中，帮助社群主体优化社群档案管理模式，纠正既往问题，保障社群档案资源的完整性与可靠性，实现社群档案资源的可持续发展和利用。其次，档案工作者应发挥专业自觉，保持自身专业敏感性，以实地调研等手段论证特定社群档案的潜在价值，并通过宣传、实地指引等方式辅助推进社群主体的身份觉醒，在社群建档的初始阶段提供专业意见，为社群维护自身权利提供证据性支柱，帮助社群记录生存、发展过程中遇到的不平等事件。[①]

6.2.5.4　档案工作者成为私人建档的指导者

随着社会发展，大众对于档案的需求愈发多元。除了查阅、利用档案，越来越多的人希望通过建立档案的方式记录自身及家族的发展历史，保存珍贵记忆。许多后现代档案学者也呼吁，职业档案工作者应该成为辅导员、宣传员、教练员，积极参与社会性建档工作。[②] 近年来，我国档案部门积极推动家庭建档活动。2010 年，沈阳家庭档案研究会开通了全国首家社会公益性家庭网站——家庭档案网。2014 年，中共中央办公厅、国务院办公厅印发的《关于加强和改进新形势下档案工作的意见》明确提出"支持有条件的家庭建立家庭档案"[③]。2018 年，江苏省家庭档案研究会成立。在美国，北卡罗来纳大学查佩尔山分校南部历史档案馆[④] 等也加强与社群档案馆的合作，将社群档案纳入自身资源体系，并为社群档案工作者提供专业指导，促进社群档案建设的可持续发展。档案

① 李孟秋：《我国社群档案建设的意义、困境与路径》，《档案学研究》2019 年第 2 期，第 71~76 页。
② [加拿大] 特里·库克著，李音译：《四个范式：欧洲档案学的观念和战略的变化——1840 年以来西方档案观念与战略的变化》，《档案学研究》2011 年第 3 期，第 81~87 页。
③ 《中共中央办公厅 国务院办公厅印发〈关于加强和改进新形势下档案工作的意见〉》，《中国档案》2014 年第 5 期，第 12~14 页。
④ 黄霄羽、陈可彦：《论社群档案工作参与模式》，《档案学通讯》2017 年第 5 期，第 89~94 页。

工作者跳出档案工作的固有藩篱，从传统的精英专家转变为档案建设的指导员和教练员，运用自身的专业素养与管理技能积极倡导并指导家庭建档、社群建档的发展，这有助于档案部门进一步拓展自身职能，加强与社会的联系，提升公众满意度。

　　总之，后现代档案学理论强调对传统档案概念、档案学理论观点的批判与超越，主张以差异性、多样性来解读档案，强调以包容性、多元性来探索档案现象。这为我国新时代档案学理论创新发展开出了一副"良药佳剂"，促进了传统档案工作思维方式的更新，也提供了与国际接轨的研究议题。当然，理念的提出仅是一个起点，它获得理论界的认可并在实践界得以应用还需要一段很长的历程，而这一历程不仅仅以时间为衡量标准，更多的仍是这些理念能真正为档案学研究留下哪些理论意义与实践价值兼具的真正"理论"，而非浅显的"理念"或"模式"。从此维度看，后现代档案学理论在我国还有漫长的发展道路要走。

第 7 章　当代中国语境下对后现代档案学理论的反思

　　作为推动学科发展的思想力量，对更多源自西方世界的后现代档案学理论既不能一味迎合，也不能盲目否定。在诠释一种新理论时，当立足于破与立的对立统一，使合理性继承与反思性批判相得益彰。理论只有彻底，才能说服人。从认识论角度而言，笔者结合当代中国语境对后现代档案学理论进行反思的目的，绝不是为了彰显后现代档案学理论的内涵谬误，而是为了以更加宽阔的眼界审视后现代档案学理论的思想全貌，并在运用理论指导实践时，对其观点进行分析、比较和鉴别，做到辩证取舍、择善而从。

　　后现代主义是在社会急剧发展变化的时代背景下产生并流行于西方世界的一种理论范式和社会思潮。这种以批判主义为核心的思维范式颠覆了西方传统的价值观秩序和话语方式[①]，让人类社会走向一个和以往截然不同的哲学理论、思维语境和价值取向。"彻底批判""全部否定""颠覆性变革""强调断裂、差异和冲突"等词汇无一不映射出后现代主义的激进立场。正如有学者指出的，"在对现代主义观念的批判中，马克思主义坚持了实践唯物主义的立场，而后现代主义则缺少坚实的理论支点，沉迷于语言与文化的分析；在对待现代性与后现代性的问题上，马克思主义坚持了辩证的分析方法，而后现代主义则从单一的、激进的视角出发，强调断裂、差异与冲突。不仅如此，在对资本主义生产关系和社会制度的批判中，后现代主义更显示出了理论上的贫乏和实践中的怯懦，最终成为一种软弱而虚伪的批判理论"[②]。

---

① 葛晨虹：《后现代主义思潮及对社会价值观的影响》，《教学与研究》2013 年第 5 期，第 96~103 页。
② 张劲松：《重释与批判：鲍德里亚的后现代理论研究》，上海：上海人民出版社，2013 年版，第 308 页。

虽然后现代主义因其时刻保持更新状态的思维理念和活跃且多元的思维方式而备受推崇，但其存在的问题不可忽视与回避。波林·玛丽·罗斯诺（Pauline Marie Rosenau）更是一针见血地抨击到，后现代主义热衷于批判、否定、解构和颠覆，却很少提出建设性的构想，他们的目标不在于提出一组替代性假说，而在于表明建立任何诸如此类的知识基础之不可能性。①这又回到了后现代主义的"不确定性"特质。

一方面，后现代档案学理论强调对理性主义档案观、科学主义档案观、机械主义档案观的批判与超越，强调档案理论从宏大叙事转向微观表达、从主流话语转向边缘声音、从权威建构转向权力解构，强调以差异性为核心的认识论、以多样性为核心的方法论，倡导建构档案多元论和后现代档案多元宇宙观。这些观点对于档案学理论在新时代的更新无疑是一副"良药佳剂"，促进了档案思维的解放，并为学界提供了源源不断的研究议题。另一方面，理念的提出仅是一个起点，它获得理论界的认可和实践界的承认需要一个漫长的过程。

总的来说，后现代档案学理论推崇"解构主义"，崇尚作为文本和话语的历史。这无疑给档案学研究和历史研究制造了一把双刃剑，既为丰富观察视角提供了思想启迪，也为消解价值共识带来了现实困惑。比如，在后现代档案学理论影响下，档案的原始记录性、真实完整性和整体价值性容易遭遇质疑，国家和民族依托档案凝固的集体记忆，在经由"话语"的不同解释后，容易遭受消解。对此，著名加拿大档案学家特里·库克曾批评道："他们一方面把档案仅仅看作是一种历史遗迹，认为档案是历史事实的歪曲记录，怀疑其真实性；另一方面，他们又常常引用、分析档案中记录的历史。这充分体现了后现代主义者对于文件或档案的矛盾的看法。"②

2021年7月6日，在庆祝中国共产党成立100周年大会之后，习近平总书记对档案工作作出重要批示，其中指出："档案工作存史资政育人，是一项利国利民、惠及千秋万代的崇高事业。……加强党对档案工作的领导，贯彻实施好新修订的档案法，推动档案事业创新发展，特别是要把蕴含党的初心使命的红色档案保管好、利用好，把新时代党领导人民推进实现中华民族伟大复兴的奋斗历史记录好、留存好，更好地服务党和国家工作大局、服务人民群众！"③习近平总书记的重要批示既为做好新时代档案工作提供了根本遵循，也彰显了档案工作的当代中国价值理念，即更好地"服务党和国家工作大局、

①［美］波林·玛丽·罗斯诺著，张国清译：《后现代主义与社会科学》，上海：上海译文出版社，1998年版，第5页。
②丁华东、倪代川：《论档案的社会记忆建构功能——以徽州历史档案为分析对象》，《档案管理》2010年第4期，第10~13页。
③《国家档案局印发〈通知〉要求认真学习贯彻习近平总书记对档案工作重要批示》，《中国档案》2021年第8期。

服务人民群众！"

正如此，我们也需要运用马克思主义唯物史观阐释档案现象。这有助于结合中国特殊的时空情境找到更切合中国档案事业发展的理论维度和价值方向。任何理论都是基于一定立场的观念形态，后现代主义档案学理论也不例外。马克思主义坚持人民立场照亮人类解放道路，而唯物史观是马克思主义的理论基石，是科学历史观和方法论的统一，其为我们对后现代档案学理论进行批判性反思提供了思想武器，有助于澄清后现代档案学理论中一些不符合具体国情的思想认识，破除阻碍中国档案事业发展的思想迷雾。在唯物史观审视下，后现代档案学理论一定程度上，具有反理性、反历史、反科学的唯心主义特征。

7.1　须警惕因突出不确定性导致的档案客观性的迷失

"不存在事实，只存在解释"，是某些后现代主义者的共识。基于此，一些后现代主义者认为，对给定的一个文本存在作出无限多层面解释的可能性。这样，字面意思和传统解释须让位于作者意图和读者反映。虽然这种理论主张某种程度上有助于打破本本主义、教条主义，但也使档案的客观性遭到了冲击，造成历史虚无主义者通过追求文本新解释来"重评历史"的现象。近年来，历史虚无主义者以唯心主义为指导，以揭秘历史档案为噱头，对一些红色经典和英雄人物进行戏说、丑化和否定，在社会上造成了极其恶劣的影响。比如，他们对于狼牙山五壮士、刘胡兰、雷锋等英雄人物进行质疑、否定和恶搞，致使档案承载的客观历史事实不断被消解，社会大众对档案评价与历史认知的价值观、是非观、正义观也不断被侵蚀。

显然，人们无法保证在对档案所包含的内容、观点进行叙述时，其成果依旧是纯粹还原历史的客观产物。实际上，在历史研究中历史学家也很难追求纯客观的历史认知，毕竟历史是过去时，既不能倒退也无法重演，所以历史结论难以避免地被烙上主观性印记。但这并不意味着，人们永远无法认清历史真相，因为历史事实与历史认知不同，历史事实是不以人的意志为转移的客观存在。正如习近平严肃正告日本某些政治组织和政治人物时指出的那样："事实就是事实，公理就是公理。在事实和公理面前，一切信口雌黄、指鹿为马的言行都是徒劳的。"[①] 因此，只要记录者的了解无误，档案的真实

① 习近平：《在纪念中国人民抗日战争暨世界反法西斯战争胜利 69 周年座谈会上的讲话》，北京：人民出版社，2014 年版，第 14 页。

性就无可怀疑。

此外，之所以强调档案承载的历史事实大多数是确定的，关键是因为档案是原始的历史记录，而不是事后编写的文字材料，故档案相对于图书、期刊、报纸等其他文献而言，更具原始性与准确性。而且，唯物辩证法告诉我们，关于历史认知的实践是一个能动的辩证过程。"在自然界和历史的每一科学领域中，都必须从既有的事实出发……不能构想出种种联系塞到事实中去，而要从事实中发现这些联系……。"① 这样一来，只要档案的记录足够翔实准确，对历史的解释终归可以汇集成一个最具说服力的历史结论，从而得到更为广泛的接受。

在多元文化价值激烈碰撞的今天，在网络碎片化知识盛行、历史人物事件逐渐远去的当下，应让人们通过档案的清晰记录全面认识国家发展的历史进程及其客观规律。让社会成员尊重历史、传承历史，是每个时代和国家的共同课题。不能受后现代主义影响，让人们产生档案都是主观形成的、都是权力构建的这种极端认识。在社会主义制度框架下，国家的档案无论形成还是利用都突出"以人民为中心"的价值观，本意都是追求实事求是的。正如此，档案育人在于其具备全面、直观、生动、形象等特点，与纯粹的说服教育和理论讲授相比，对人们更具说服力、吸引力与感染力。因而，只有通过档案让人们了解国家发展的"前世今生"，他们才会真正理解国家的方针政策和战略部署，真正把握国家发展的时代脉搏，真心持久地热爱祖国和社会，并以实际行动实现自身肩负的职责义务和使命担当。

7.2　须避免因倡导无中心意识导致的档案整体的碎片化

后现代主义热衷于追求差异性、分离性、碎片化，反对绝对性、整体性、同一性。后现代主义代表人物米歇尔·福柯认为，"档案是在特定时代用特定的话语描述下的产物，是受到权力作用下的产物。"② 在他看来，"档案是通过片段、区域和层次呈现出来，也就是在权力作用下，有选择地留存下来的。"③ 这使得档案作为历史真实记录的完整性与权威性被肆意消解。一些历史虚无主义者也进一步借助这一去中心化的

---

① 《马克思恩格斯文集》(第9卷)，北京：人民出版社，2009年版，第440页。
② 徐辛酉：《米歇尔·福柯档案思想的渊源及其当代实践》，《档案管理》2018年第4期，第20~23页。
③ 徐辛酉：《米歇尔·福柯档案思想的渊源及其当代实践》，《档案管理》2018年第4期，第20~23页。

逻辑立场，通过精心挑选或努力发掘一些碎片化的档案记录，来解构或虚构党史、国史，凸显出历史的非本质性和碎片化。例如，新媒体环境下，以个体和小众记忆为主的"揭秘"等栏目（节目）颇受追捧。有人以个人传记、日记、回忆录为史料研究历史，炒作中国共产党在革命、建设和改革的探索中正常的思想斗争，并以此得出了所谓的"新观点""新结论"，把党史说成是"阴谋史""整人史"。[①] 此外，历史虚无主义近年来在网络上"诋毁"英雄人物的做法，从对董存瑞舍身炸碉堡的所谓"更正"，到刘胡兰死因真相的"细节披露"，也无不是借助碎片化的档案来误读那些早已深入人心的英雄人物事迹。

而事实上，从宏观来看，档案的史料价值在于整体，而不在于单一；在于能够反映某个历史事实或者历史片段来龙去脉的档案集合，而不只在于某份档案。并且，档案整体不仅指档案内容的整体，还包括档案之间有机联系的整体。正如美国著名档案学家谢伦伯格所言，"档案工作者并不是在单份的基础上对待自己的工作，他不会拿起个别的一份信件、报告或其他某种材料的单件，就说它有价值。他要联系其他材料的单件，也就是说，要联系到产生该单件的那种活动的全部文献证据，才能对该单件的价值作出判断"[②]。可见，历史真实只有在档案的集合中方能找到答案。因此，借助档案还原历史真相，只有微观和宏观相互结合、部分与整体相互印证，才能客观准确地揭露历史的真实面目。反之，如果只注重细节考证，而忽视全面勾勒，其历史结论终将片面；如果只注重整体关联，而忽略片段总结，其历史叙事又难免信马由缰，空谈史实。

"灭人之国，必先去其史"，历史越是久远，档案越不能丢，这是根本。有了档案，党的历程、国家的历程才能够真实地再现，这些是我们党和国家宝贵的思想财富。档案工作者肩负着"为党管档、为国守史、为民服务"的神圣职责，必须要在关键时候，能为了国家利益和民族气节，利用档案，亮剑而出。针对新媒体环境下历史虚无主义的卷土重来，迫切需要档案部门勇于担当、敢于亮剑。要知道，历史研究不是靠热情和主观愿望，而是靠事实和对事实的了解。所以澄清谬误、明辨是非，最有力的证据就是历史档案。档案部门必须针对泛滥的错误思潮作出有力回应，主动担负起"让历史说话，用史实发言"的责任，要用铁的事实来批判历史虚无主义。档案的"亮剑"行为是一种正能量爆发，是档案真凭实据的彰显，这将让一切伪思想、伪言论在档案铁证面前都不堪一击。

---

① 周进：《历史人物研究与历史虚无主义批判》，《红旗文稿》2018 年第 17 期，第 28~30 页。
② 桑毓域：《档案与文件的历史联系与历史检索》，《中国档案》2004 年第 5 期，第 38~40 页。

7.3 须警惕因推崇解构主义导致的档案叙事的游戏化

以反传统、反现代为旨趣的后现代主义特别强调语言和思想的自由嬉戏。米歇尔·福柯认为，"历史是一个需要无限建构的过程，历史学家可以凭借自己的想象力对它进行解释和再解释，而且，我们的分析范畴、假设、模式和比喻文体等形式本身就构成了我们意欲阐明的历史内容"[①]。在他看来，不存在客观有效的过去，只存在话语与文本的关系，一切历史文本都不过是现实语言的囚徒，这暗示着依托档案文本的真实叙事根本不存在。后现代档案学家埃瑞克·卡特拉进一步指出，在对档案内容的解读与背景的重新界定中，档案只不过是权力的工具。[②] 因此，在后现代主义看来，档案文本背后的真相都只不过是由话语建构出来的。

从档案学的角度出发，文本的真实性与事实的客观性并不构成必然联系，而且相较于今天，更不应该只见现象不见本质。利用档案叙事，必须对档案的"产生背景、生产意图及其所体现出的行为逻辑进行深度考察"[③]，这样才能求得对档案的充分理解、阐释和运用。如恩格斯所言，"即使只是在一个单独的历史事例上发展唯物主义的观点，也是一项要求多年冷静钻研的科学工作，因为很明显，在这里只说空话是无济于事的，只有靠大量的、批判地审查过的、充分地掌握了的历史资料，才能解决这样的任务"[④]。可见，在利用档案叙事时，绝不能轻率从事、任意解构，而应该基于实事求是的态度，对档案认真研究、分析、鉴别，并对其进行一番去粗取精、去伪存真、由此及彼、由表及里的思索，这样，档案所反映的内容才最能符合客观历史实际。

"本固而枝荣，根深而叶茂"，档案既是中华文明的真实见证，也是维系民族文化的根脉。让珍贵无比的档案来叙事，是发出"中国声音"直接、及时和有效的方式之一。对此，应当主动避开后现代档案学理论叙事的游戏化倾向，而更多借助档案讲述真实的中国故事。要通过档案准确勾勒出中国故事发生、发展、演进的整体过程，进而使中国故事能在基于客观事实的基础上以最生动、最形象、最准确的逻辑阐释打动世界。

---

① 徐拥军、熊文景：《后现代主义档案观批判——基于历史唯物史观的视角》，《思想教育研究》2019 年第 5 期，第 81~85 页。

② 闫静、徐拥军：《后现代档案思想对我国档案理论与实践发展的启示——基于特里·库克档案思想的剖析》，《档案学研究》2017 年第 5 期，第 4~10 页。

③ 丁华东：《论档案记忆的真实性和客观性》，《档案管理》2012 年第 6 期，第 24~26 页。

④《马克思恩格斯选集》（第 2 卷），北京：人民出版社，2012 年版，第 9 页。

7.4 须避免因主张多元价值观导致的档案文本意义的颠覆

后现代档案学理论认为，一切传统意义上的崇高的事物和信念都是从话语中派生出来的短暂的产物，不值得"真诚""严肃"地对待，所谓价值和意义不过是研究者对文本内容的主观阐释和意义重构。根据这种逻辑，档案叙事容易被误解为充斥的是一个又一个谎言，是史学家编织的一个又一个虚构的故事，人们无法借助档案再现和还原历史。

马克思主义创始人在批判历史唯心主义时，就曾强调要"始终站在现实历史的基础上，不是从观念出发来解释实践，而是从物质实践出发来解释各种观念形态……历史不是作为'源于精神的精神'消融在'自我意识'中而告终的"①。重温马克思、恩格斯当年对德国哲学家费尔巴哈和施蒂纳的深刻批判，对我们认识后现代档案学理论与历史虚无主义的本质仍具有重要的指导意义。作为历史真实记录的档案往往是与民族群体的发展历程和发展需求息息相关的，是民族精神的积淀和文化特性的代表，是该民族群体在特定自然、经济、社会、文化环境中独具创造力的标识。从档案中人们能进一步透视新时代国家认同、民族认同、文化认同的历史线索和现实依据，获得心灵深处同其所同、异其所异，纵有源流、横有所属的信息基础。

需要明确的是，档案是理解历史的基础，没有档案，历史记忆就将摇摇欲坠，档案对我们的经历、认知、叙述予以证实，档案就是我们的历史记忆。② 因此，批判后现代主义档案学理论，增强与历史虚无主义斗争的自觉性、主动性和有效性，最根本的是要坚持运用马克思主义唯物史观认识档案、运用档案，在坚持客观性、规律性、整体性原则基础上充分发挥档案的价值与作用。"明镜所以照形，古事所以知今"，浩瀚而宝贵的档案财富既是人类总结昨天的记录，又是人类把握今天、创造明天的向导。通过档案挖掘、梳理、揭示我们党的历史规律和现实经验，包括某些教训，是唯物史观视域下发挥档案价值和功能的基本要求。

7.5 须避免因强调积极建构导致的档案职业公信力的消解

档案记忆观是后现代档案学理论中最重要且相对比较成熟的理论。档案作为记忆的

---

① 《马克思恩格斯文集》(第 1 卷)，北京：人民出版社，2012 年版，第 172 页。
② 丁华东、余黎菁：《论特里·库克的档案记忆思想》，《档案管理》2014 年第 6 期，第 6~9 页。

一种形式，一种保存过去事件、活动和业务的媒介，是记忆的重要载体，能跨越时空保存个人或社会记忆的某些方面，并成为个人或社会获取力量和身份认同的重要来源。当然，由于不是所有的事件都会被记录，也不是所有的记录都会被保存，档案也承担着"遗忘"的角色，不管刻意的遗忘还是无意的遗忘。因此，档案馆虽被视为记忆保存的场所，但同时预示着遗忘和记忆缺失。许多学者主张档案工作者成为社会记忆的积极建构者。但是"积极""建构"就意味着主观、偏见。这无疑影响着档案的真实性、客观性。而维护历史面貌、求真存实是档案工作的核心理念和档案工作者的价值追求。失去真实性、客观性，档案职业的公信力将大打折扣。整个历史就是一种选择，甚至是偶然性的选择。[①]而历史学家再以当下的需求和利益化的价值观加以诠释，以至于留给后人面目全非的"记忆"。如果档案工作者再掺和进这种选择和诠释的过程中，恐怕于人类社会和自身职业发展都不是一件幸事。谁的档案，谁的历史，谁的记忆，谁的故事应该被保存？由谁保存？如何保存？为谁利用？如何利用？这些都将是决定档案与社会记忆、集体记忆之间关系的持续性挑战。而对于档案工作者来说，正如弗朗西斯·布劳因（Francis X. Blouin）所告诫的，"必须更多地意识到他们在文件生成者和文件保管机构之间，在过去记录和当下记录之间的中介者角色。"[②]这种意识能让档案工作者具有更多的自我意识，更注意记录其各项档案业务工作的过程，确保其工作流程的透明。这样，档案工作者或许能更好地从所谓的"中立"和"非中立"的困惑解放出来，做到超然。

对于档案与社会正义理论，也存在类似质疑。社会正义的概念在现有文献中存在诸多分歧，例如约翰·罗尔斯以平等享有权利为正义，亦有他者以资源最优分配为正义，因此很难从中提炼出对于社会正义的共性认知。档案与社会正义理论鼓励档案工作者主动参与维护社会正义，然而也有学者质疑这一主张超越了档案工作者既有的"保管员"身份。如果过于强调档案工作者的社会正义责任，那么可能对档案形成者的利益造成影响，档案工作者的专业权威也会遭受质疑。另外，如何避免权力对于社会正义的影响，如何保证档案工作有持续动力致力于实现社会正义，都是有待解决的问题。档案工作者应以客观态度看待这些问题，才能理性对待社会正义诉求，从而真正提升专业价值。

同样，档案作为原始记录，其根本价值是凭证价值，是具有高可信度的信息记录。捍卫社会的真实性与确定性，也是档案工作者最引以为豪的职业自信所在。社会对档案

---

①［法］C. 诺加雷著，沈丽华译：《信息技术对档案和档案工作的影响》，国家档案局、中央档案馆编：《第十三届国际档案大会文件报告集》，北京：中国档案出版社，1997 年版，第 227 页。

② BLOUIN F. X., *Archivists, mediation, and constructs of social memory.* Archival Issues. 1999, 24（2），pp. 101–112.

最根本的需求是期望其保持客观中立，为人们提供最真实的凭证。尽管档案情感价值源于凭证价值，是一种客观存在的社会事实，但由于档案情感价值本身具有的复杂性和多样性，承认看起来不是那么确定的档案情感价值是否会在一定程度上削弱客观中立的档案证据价值，是否会削弱档案及档案职业的公信力，是否会消释档案工作者求真存实的价值追求呢？正如一些学者认为，"感情可以作为科学的对象，但不能作为科学真理的标准"[①]"只有在认识中排除情感因素，保持价值中立，才能获得真理性认识"[②]"档案情感价值是一个非普遍且不确定的论断，而一些研究者夸大了其地位。在理论研究方面，一些研究者主观拔高了其理论地位，甚与学界公认的二元价值，即凭证价值和参考价值并列论之，这种对档案学传统理论的贸然冲击，可能难以获得广泛认可"[③]。承认档案对人们所具有的情感价值绝不是对档案真实客观性的否定，维护历史原貌、求真存实依然是档案工作的核心理念和档案工作者矢志不渝的价值追求。我们应该承认档案情感价值的客观存在，处理好"价值中立"与"价值关联"之间的关系，推动档案情感价值的实现。要在档案情感"价值中立"与"价值关联"之间寻得平衡，须做到"双管齐下"，在思想观念与制度规范两方面均应保证档案情感价值的适度运用。一方面，在思想观念上，运用档案情感价值要自觉接受整个档案共同体的监督与评价，确保档案情感价值在可接受的适当领域内加以运用，不被盲目夸大，造成情感失范，加剧档案价值新旧理论之间的矛盾与对立。另一方面，以制度规范形式确保档案情感价值被应用时的透明公开。档案工作者应该认识到，档案情感价值源于原始记录性，涉及档案形成者、档案内容记录当事人、档案保管者、档案利用者等多元主体情感关系，具有强烈的价值驱动倾向。实现档案情感价值，要求在档案形成、收集、保管、利用等各环节，自觉将档案对人们所具有的情感价值以制度规范形式呈现、固化下来，并记录档案情感价值实现的全过程，即"把该做的事情写下来，按照写下来的去做，将做的结果记录下来"。推进程序透明，方可能在档案情感"价值中立"与"价值关联"之间寻得平衡。

此外，档案第五维度也值得探讨。例如，在文件连续体的四个维度基础上加入"探索"维度以后，档案工作应该怎么具体开展？以"探索"为目的的档案工作，会怎么向其源头追溯，甚至怎么影响档案的形成过程？这会不会成为具有另一种目的性的"前端控制"？档案工作者基于明确的"探索"利用目的（例如艺术创作）有意识地保管某些档案，会

①［法］埃米尔·迪尔凯姆著，胡伟译：《社会学方法的规则》（第2版），北京：华夏出版社，1999年版，第28页。

②［德］马克斯·韦伯著，李秋零、田薇译：《社会学科方法论》，北京：中国人民大学出版社，1999年版，第95页。

③ 王玉玲：《审度逻辑：对"档案情感价值"研究相关论断的质疑》，《档案学通讯》2018年第6期，第40~43页。

不会是一种"危险"的行为？这是不是档案工作者该为之、可为之的工作？

过分强调档案工作者积极甚至主动建构档案，可能削弱抑或消解档案工作者作为客观证据、记忆保管者的职业公信力，从而损害整个档案事业的价值基石。基于此，一方面，人们只有在认识和掌握客观规律的基础上，才能达到认识世界和改造世界的目的。这意味着尊重档案事业发展客观规律是发挥档案工作者主观能动性的前提。另一方面，人的需要、利益是历史发展的重要动力，自觉能动性是人与动物的重要区别。档案是"死"的，但人是活的，在尊重档案事业发展客观规律的基础上要充分发挥档案工作者的主观能动性。凡事过犹不及，我们不能从一个极端走向另一个极端。

总之，档案记录了中华文明在历史长河中悠久灿烂的发展历程，也记载着中国共产党曾在内忧外患时开天辟地的壮举。这些"书写往事的档案资源"充分证明中国文化的优越性，说明中国道路的坚实性。当代中国语境下，发挥档案功能应着重研究如何借助档案坚定中国特色社会主义道路自信、理论自信、制度自信、文化自信。档案部门应不辱使命，乘势而上，以历史的眼光、时代的眼光、世界的眼光考察研究档案蕴含的经验、教训与启示。这要求档案部门充分利用互联网、大数据等现代信息技术手段，整理好那些看似杂乱无章、没有内在联系的档案，从中归纳梳理出既合规律性又合目的性的内容。只有对档案内含的历史发展规律思考越深入、认识越科学，才越能给治国理政中遇到的各种问题提供参考和借鉴，从而不断把中国特色社会主义事业推向前进，在实现全面建设社会主义现代化国家的新征程中作出自己的贡献。

参 考 文 献

一、中文图书

［1］［美］T. R. 谢伦伯格，黄坤坊等译. 现代档案——原则与技术［M］. 北京: 档案出版社，1983.

［2］［美］阿尔温•托夫勒著，朱志炎、潘琪、张焱译. 第三次浪潮［M］. 北京:生活•读书•新知三联书店，1984.

［3］姚蒙. 法国当代史学主流——从年鉴派到新史学［M］. 香港:三联书店（香港）有限公司，1988.

［4］周雪恒主编. 中国档案事业史［M］. 北京: 中国人民大学出版社，1994.

［5］［美］罗伯特•艾克斯罗德著，吴坚忠译. 对策中的制胜之道——合作的进化［M］. 上海: 上海人民出版社，1996.

［6］王铭铭. 村落视野中的文化与权力:闽台三村五论［M］. 北京:生活•读书•新知三联书店，1997.

［7］［英］安东尼•吉登斯著，胡宗泽、赵力涛译. 民族—国家与暴力［M］. 北京:生活•读书•新知三联书店，1998.

［8］［美］波林•玛丽•罗斯诺著，张国清译. 后现代主义与社会科学［M］. 上海:上海译文出版社，1998.

［9］［美］大卫•雷•格里芬编，王成兵译. 后现代精神［M］. 北京:中央编译出版社，

191

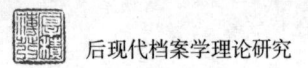

1998.

[10] 韩玉梅、黄霄羽主编. 外国档案管理 [M]. 北京: 中国人民大学出版社, 1998.

[11] 陈力丹. 舆论学: 舆论导向研究 [M]. 北京: 中国广播电视出版社, 1999.

[12] [英] 安东尼·吉登斯著, 田禾译. 现代性的后果 [M]. 南京: 译林出版社, 2000.

[13] [法] 让·博德里亚尔著, 王为民译. 完美的罪行 [M]. 北京: 商务印书馆, 2000.

[14] 冯惠玲、张辑哲主编. 档案学概论 [M]. 北京: 中国人民大学出版社, 2001.

[15] [美] 斯蒂芬·贝斯特、道格拉斯·凯尔纳著, 陈刚等译. 后现代转向 [M]. 南京: 南京大学出版社, 2002.

[16] [德] 西美尔著, 陈戎女、耿开君、文聘元译. 货币哲学 [M]. 北京: 华夏出版社, 2002.

[17] [英] 安东尼·吉登斯著, 文军、赵勇译. 社会理论与现代社会学 [M]. 北京: 社会科学文献出版社, 2003.

[18] [法] 米歇尔·福柯著, 刘北成、杨远婴译. 规训与惩罚: 监狱的诞生 [M]. 北京: 生活·读书·新知三联书店, 2003.

[19] [法] 米歇尔·福柯著, 谢强、马月译. 知识考古学 [M]. 北京: 生活·读书·新知三联书店, 2003.

[20] [法] 埃德加·莫兰著, 陈一壮译. 复杂性理论与教育问题 [M]. 北京: 北京大学出版社, 2004.

[21] [美] 道格拉斯·凯尔纳、斯蒂文·贝斯特著, 张志斌译. 后现代理论: 批判性的质疑 [M]. 北京: 中央编译出版社, 2004.

[22] [德] 马克斯·韦伯著, 林荣远译. 经济与社会 [M]. 北京: 商务印书馆, 2004.

[23] 胡鸿杰. 中国档案学的理论与模式 [M]. 北京: 中国人民大学出版社, 2005.

[24] 李良荣. 新闻学导论 (修订版) [M]. 北京: 高等教育出版社, 2006.

[25] [美] 沃尔特·李普曼著, 阎克文、江红译. 公众舆论 [M]. 上海: 上海人民出版社, 2006.

[26] [德] 哈拉尔德·韦尔策编, 季斌、王立君、白锡堃译. 社会记忆: 历史、回忆、传承 [M]. 北京: 北京大学出版社, 2007.

[27] 韩震、董立河. 历史学研究的语言学转向: 西方后现代历史哲学研究 [M]. 北京: 北京师范大学出版社, 2008.

[28] 陈蕴茜. 崇拜与记忆——孙中山符号的建构与传播 [M]. 南京: 南京大学出版社, 2009.

［29］马克思恩格斯文集（第9卷）［M］．北京：人民出版社，2009．

［30］［法］阿尔弗雷德•格罗塞著，王鲲译．身份认同的困境［M］．北京：社会科学文献出版社，2010．

［31］［法］雅克•勒高夫著，方仁杰、倪复生译．历史与记忆［M］．北京：中国人民大学出版社，2010．

［32］丁华东．档案学理论范式研究［M］．上海：世界图书出版公司，2011．

［33］马克思恩格斯文集（第1卷）［M］．北京：人民出版社，2012．

［34］马克思恩格斯选集（第2卷）［M］．北京：人民出版社，2012．

［35］［英］乔治•奥威尔著，文敏译．1984［M］．杭州：浙江文艺出版社，2012．

［36］高宣扬．后现代：思想与艺术的悖论［M］．北京：北京大学出版社，2013．

［37］张劲松．重释与批判：鲍德里亚的后现代理论研究［M］．上海：上海人民出版社，2013．

［38］习近平．在纪念中国人民抗日战争暨世界反法西斯战争胜利69周年座谈会上的讲话［M］．北京：人民出版社，2014．

［39］丁华东．档案与社会记忆研究［M］．北京：人民出版社，2016．

［40］郭慧云．论信任［M］．重庆：西南师范大学出版社，2016．

［41］徐拥军．档案记忆观的理论与实践［M］．北京：中国人民大学出版社，2017．

［42］周耀林、赵跃．面向公众需求的档案资源建设与服务研究［M］．武汉：武汉大学出版社，2017．

［43］加小双．档案资源社会化：档案资源结构的历史性变化［M］．杭州：浙江大学出版社，2019．

二、外文图书

［1］JENKINSON H.，A manual of archive administration including the problems of war archives and archive making［M］．Oxford：Clarendon Press，1922．

［2］SCHELLENBERG T. R.，Modern archives：Principles and techniques［M］．Chicago：The University of Chicago Press，1975．

［3］FOUCAULT M.，Language，counter-memory，practice：Selected essays and interviews［M］．New York：Cornell University Press，1977．

［4］LUHMANN N., Trust and Power［M］. Chichester: John Wiley, 1979.

［5］LYOTARD J.-F., La condition postmoderne: Rapport sur le savoir［M］. Paris: Minuit. 1979.

［6］HASSAN, I. The dismemberment of orpheus: Toward a postmodern literature（2nd edition）［M］. Madison: University of Wisconsin Press, 1982.

［7］LYOTARD J.-F., The postmodern condition: A report on knowledge［M］. Minneapolis: University of Minnesota Press, 1984.

［8］HASSAN, I., The postmodern turn: Essays in postmodern theory and culture［M］. Columbus: Ohio University Press, 1987.

［9］GANE M. ed., Baudrillard live: Selected interviews［M］. London: Routledge, 1993.

［10］DERRIDA J., Archive fever: A Freudian impression［M］. Chicago: The University of Chicago Press, 1996.

［11］BASTINA J. A., Owning memory: How a Caribbean community lost its archives and found its history［M］. Westport: Libraries Unlimited, 2003.

［12］HARRIS V., Archives and justice: A South African perspective［M］. Chicago: Society of American Archivists, 2007.

［13］RIDENER J., From polders to postmodernism: A concise history of archival theory［M］. Duluth: Litwin Books, 2009.

［14］GILLILAND A., Conceptualizing 21st-century archives［M］. Chicago: Society of American Archivists, 2013.

［15］DURANTI L. & FRANKS P. C. eds., Encyclopedia of archival science［M］. Lanham: Rowman & Littlefield, 2015.

［16］SABBAGH C. & SCHMITT M. eds., Handbook of social justice theory and research［M］. New York: Springer, 2016.

［17］GILLILAND A., MCKEMMISH S. M. & LAU A. J., Research in the archival multiverser［M］. Clayton, Victoria: Monash University Publishing, 2017.

三、中文论文

［1］方谷.《家庭档案及其管理》即将出版［J］. 四川档案, 1988（1）.

［2］贺善侃.从逻辑主义到历史主义：逻辑的与历史的统一［J］.学术月刊，1996（1）.

［3］［加拿大］特里·库克著，刘越男译.电子文件与纸质文件观念：后保管及后现代主义社
会里信息与档案管理中面临的一场革命［J］.山西档案，1997（2）.

［4］冯俊.从现代主义向后现代主义的哲学转向［J］.中国人民大学学报，1997（5）.

［5］刘宗碧.多元论：现代主义与后现代主义的区别［J］.攀枝花大学学报，1998（3）.

［6］刘啸霆.后现代认识论述评［J］.哲学动态，1998（8）.

［7］陆阳.后现代主义对档案学理论的影响［J］.档案管理，1999（2）.

［8］彭运石.从"机械主义科学"到"人本主义科学"——马斯洛心理学方法论探微［J］.
吉林大学社会科学学报，1999（2）.

［9］蔡拓.后现代主义评析［J］.理论与现代化，1999（8）.

［10］胡瑞珩、刘卫平.从信息保管者到知识管理者：谈特里·库克的"后保管模式"［J］.
档案与建设，1999（11）.

［11］傅荣校.欧美国家档案价值鉴定理论发展趋势探论［J］.档案与建设，1999（12）.

［12］吴江华.电子环境下档案价值鉴定［J］.档案管理，2000（1）.

［13］杜小真.德里达的解构主义［J］.首都师范大学学报（社会科学版），2000（3）.

［14］王萍.后现代主义对电子文件鉴定理论的影响［J］.湖南档案，2000（4）.

［15］吴江华、万坚军.超越现代——评介特里·库克《电子文件与纸质文件观念：后保管及
后现代主义社会里信息与档案管理中面临的一场革命》［J］.档案与建设，2000（4）.

［16］王萍.对档案价值理论的后现代审视［J］.档案管理，2000（5）.

［17］张世林.档案具有法律效力吗？——兼与刘家真、李军商榷［J］.档案学通讯,2001（2）.

［18］徐珂.后现代主义的主要思想理论和成就述评［J］.北京社会科学，2001（3）.

［19］［加拿大］T.库克著，李音译.铭记未来——档案在建构社会记忆中的作用［J］.档案
学通讯，2002（2）.

［20］程世礼.评罗尔斯的正义论［J］.华南师范大学学报（社会科学版），2002（5）.

［21］迪莉娅.从后现代主义看文件连续体理论与后保管模式——电子环境下西方档案学理论
发展的新思维观［J］.山西档案，2003（2）.

［22］任宝兴.档案价值规律研究［J］.档案学研究，2003（6）.

［23］刘北成.后现代主义、现代性和史学［J］.史学理论研究，2004（2）.

［24］中国城建档案代表团.第十五届国际档案大会及其学术动向［J］.城建档案,2004（5）.

［25］陈忠海.档案馆应该保存什么样的社会记忆［J］.档案管理，2005（2）.

［26］王静、王萍.后现代:开启档案学新纪元——评介特里·库克以后现代思想诠释档案学[J]. 档案管理,2005(4).

［27］陈一壮.试论复杂性理论的精髓[J].哲学研究,2005(6).

［28］王静、王萍.评特里·库克以后现代思想诠释档案学[J].档案与建设,2005(7).

［29］薛匡勇.现代档案观研究[J].档案学通讯,2006(2).

［30］郭景萍.社会记忆:一种社会再生产的情感力量[J].学习与实践,2006(10).

［31］孙德忠、王峰.论社会记忆的历史类型[J].湖北社会科学,2006(12).

［32］靳颖.后保管时代档案学理论适应性探讨[D].杭州:浙江大学,2007.

［33］徐拥军.档案后保管范式与知识管理[J].档案学通讯,2008(2).

［34］陆阳.权力的档案与档案的权力[J].档案学通讯,2008(5).

［35］卫奕.论档案编研与社会记忆的构建[J].档案学通讯,2008(6).

［36］张斌、徐拥军.档案事业:从"国家模式"到"社会模式"[J].中国档案,2008(9).

［37］王学文.新时期家庭档案初探[D].济南:山东大学,2009.

［38］丁华东.档案记忆观的兴起及其理论影响[J].档案管理,2009(1).

［39］任汉中.档案馆社会化服务的理论探讨[J].档案管理,2009(3).

［40］蔡定剑.公众参与及其在中国的发展[J].团结,2009(4).

［41］王协舟.中国档案学的价值取向[J].档案学通讯,2009(5).

［42］马智鑫、刘东红.试论档案服务社会化的内涵、主体和范围界定[J].云南档案, 2009(6).

［43］郎需颖.美国公众史学运动简论[D].上海:复旦大学,2010.

［44］何嘉荪、史习人、章燕华.后保管时代档案学基础理论研究——简评文件构成要素论[J]. 档案学研究,2010(1).

［45］丁华东、倪代川.论档案的社会记忆建构功能——以徽州历史档案为分析对象[J].档 案管理,2010(4).

［46］闫慧.社群信息学:一个值得关注的新兴领域[J].图书情报工作,2010(4).

［47］成伯清.社会建设的情感维度——从社群主义的观点看[J].南京社会科学,2011(1).

［48］汤黎华.档案学的想象力——评特里·库克的后保管模式[J].山西档案,2011(1).

［49］艾娟、汪新建.集体记忆:研究群体认同的新路径[J].新疆社会科学,2011(2).

［50］丁华东.论档案与社会记忆控制[J].档案学通讯,2011(3).

［51］[加拿大]特里·库克著,李音译.四个范式:欧洲档案学的观念和战略的变化——

　　　1840 年以来西方档案观念与战略的变化［J］.档案学研究，2011（3）.

［52］潘未梅.宏观鉴定实践的先驱——荷兰 PIVOT 项目研究［J］.档案学通讯，2011（5）.

［53］闫金立.哈尔滨市建立第一个农民工档案馆［J］.兰台世界，2012（1）.

［54］李佩仑.后现代主义与档案学:从德里达、福柯到特里·库克［J］.档案学通讯,2012（2）.

［55］彭洲飞.后现代的"反本体论"与"以人为本"的实践本体论——对后现代主义和马克
　　　思主义哲学本体论特征的对比考察［J］.理论导刊，2012（2）.

［56］蔡娜.重大事件档案管理机制研究［J］.档案学通讯，2012（3）.

［57］冯惠玲.档案记忆观、资源观与"中国记忆"数字资源建设［J］.档案学通讯,2012（3）.

［58］韩若画,论档案与信任的关系［D］.北京:中国人民大学，2013.

［59］葛晨虹.后现代主义思潮及对社会价值观的影响［J］.教学与研究，2013（5）.

［60］任汉中.档案起源:人类记忆的一次嬗变［J］.湖北大学学报（哲学社会科学版），
　　　2013（6）.

［61］王浦劬.国家治理、政府治理和社会治理的含义及其相互关系［J］.国家行政学院学报，
　　　2014（3）.

［62］安小米、郝春红.国外档案多元论研究及其启示［J］.北京档案，2014（11）.

［63］冯惠玲.当代身份认同中的档案价值［J］.中国人民大学学报，2015（1）.

［64］加小双.当代身份认同中家族档案的价值［J］.档案学通讯，2015（3）.

［65］何嘉荪、马小敏.德里达档案化思想研究之一——从档案概念说起［J］.档案学通讯，
　　　2015（4）.

［66］陈建.中国档案学的政治性格研究［J］.档案学通讯，2015（5）.

［67］于海娟.社群档案及其价值研究［D］.北京:中国人民大学，2016.

［68］加小双、安小米.数字档案资源建设中的参与式图景［J］.档案学研究，2016（2）.

［69］何嘉荪、马小敏.后保管时代档案学基础理论研究之四——档案化问题研究［J］.档案
　　　学研究，2016（3）.

［70］曲春梅.解构与重建:后现代背景下对档案职业公信力的思考［J］.档案学通讯，
　　　2016（3）.

［71］谭雪.常德日本细菌战档案公开——社群范式下档案如何推动社会公正与和解进程［J］.
　　　档案学研究，2016（3）.

［72］陈家业.关于档案部门公信力的调查研究及启示［J］.北京档案，2016（9）.

［73］徐辛酉.档案社会控制功能研究［J］.档案学通讯，2017（1）.

［74］沈欣瑜.档案鉴定现代性探析［J］.档案学通讯，2017（3）.

［75］闫静.中西碰撞·学术激荡·思想交融［J］.外国档案，2017（4）.

［76］黄霄羽、陈可彦.论社群档案工作参与模式［J］.档案学通讯，2017（5）.

［77］闫静、徐拥军.后现代档案思想对我国档案理论与实践发展的启示——基于特里·库克档案思想的剖析［J］.档案学研究，2017（5）.

［78］李子林.档案多元论在我国的研究与应用［J］.档案学通讯，2017（6）.

［79］谭必勇、陈珍.社群档案视域下公共档案资源体系的多元化建设路径——以澳大利亚国家档案馆"强制收养历史项目"为例［J］.档案学研究，2017（6）.

［80］徐拥军.档案记忆观的理论基础［J］.档案学研究，2017（6）.

［81］徐拥军.档案记忆观：社会学与档案学的双向审视［J］.求索，2017（7）.

［82］李孟秋.开放数据环境下英国、美国、新西兰数字档案资源再利用的特点及其启示［J］.浙江档案，2017（8）.

［83］洪泽文、徐拥军.乡村记忆工程建设的问题与对策——以浙江省慈溪市乡村记忆工程为例［J］.浙江档案，2017（11）.

［84］翟楠、耿越、吴霜等.公众参与框架下的美国公民档案员项目研究［J］.兰台世界，2017（11）.

［85］李子林、王玉珏.档案多元论视域下档案文化创意服务研究［J］.档案与建设，2017（12）.

［86］王露露.档案信任论［D］.北京：中国人民大学，2018.

［87］万恩德.解构与重构：档案信息资源开发模式的后现代转型［J］.档案学通讯，2018（1）.

［88］王玉珏、宋香蕾、润诗等.基于文件连续体理论模型的"第五维度理论"［J］.档案学通讯，2018（1）.

［89］陈忠海、宋晶晶.档案治理：理论根基、现实依据与研究难点［J］.档案学研究，2018（2）.

［90］魏扣、李子林、张嘉禾.国外档案馆应用社交媒体开展公共服务实践及其启示［J］.档案学通讯，2018（2）.

［91］李晶伟.档案情感价值研究［J］.山西档案，2018（4）.

［92］闫静.1949 至 1966 年的中国档案学——作为一门独立学科的创建［J］.档案学通讯，2018（5）.

［93］李子林.国外档案多元论的发展及其启示［J］.档案学研究，2018（6）.

［94］魏丽维、李晶伟、管清潆.档案情感价值研究述评［J］.档案与建设，2018（6）.

［95］李子林、王玉珏、龙家庆.数字人文与档案工作的关系探讨［J］.浙江档案,2018（7）.

［96］李晶伟.档案情感价值的内涵与特征［J］.北京档案,2018（11）.

［97］周进.历史人物研究与历史虚无主义批判［J］.红旗文稿,2018（17）.

［98］李孟秋.社群档案研究进展与趋势［J］.中国档案研究,2019（1）.

［99］谢丽、冯惠玲、马林青.转型身份认同过程中档案的功用——以中国农民工群体为例［J］.档案学通讯,2019（1）.

［100］徐拥军、张臻、任琼辉.我国档案管理体制的演变:历程、特点与方向［J］.档案学通讯,2019（1）.

［101］桂美锐、李爱华.新范式下档案文献编纂的公众参与模式探析［J］.档案与建设,2019（2）.

［102］加小双.论档案资源结构的历史性变化［J］.档案学通讯,2019（2）.

［103］李孟秋.我国社群档案建设的意义、困境与路径［J］.档案学研究,2019（2）.

［104］徐拥军.省级档案机构改革的特点、影响与展望［J］.求索,2019（2）.

［105］丁海斌.谈档案学研究方法的层次、体系与基本原则［J］.北京档案,2019（3）.

［106］祁天娇、李子林、孙嘉睿.多元视域下档案学教育与研究新范式的探讨:基于AERI十年回顾与启示［J］.档案学通讯,2019（3）.

［107］冯惠玲、加小双.档案后保管理论的演进与核心思想［J］.档案学通讯,2019（4）.

［108］闫静、徐拥军.后现代档案学理论的思想实质研究［J］.档案学研究,2019（4）.

［109］何玉颜.论"档案共同形成者"的概念与内涵［J］.档案与建设,2019（5）.

［110］加小双、徐拥军.档案与身份认同:背景、内容与影响［J］.档案学研究,2019（5）.

［111］徐拥军、熊文景.后现代主义档案观批判——基于唯物史观的视角［J］.思想教育研究,2019（5）.

［112］徐拥军、熊文景.档案治理现代化:理论内涵、价值追求和实践路径［J］.档案学研究,2019（6）.

［113］闫静、王露露.悖论式发展:后现代档案学理论的现状与局限［J］.北京档案,2019（7）.

［114］谢微.江浙沪皖推进民生档案查档"一网通办"［J］.档案与建设,2019（9）.

［115］徐拥军、李子林、李孟秋.后现代档案学的理论贡献与实践影响［J］.档案学通讯,2020（1）.

［116］邢慧.后现代主义在当代我国档案学理论与实践中的价值体现［J］.浙江档案,2020（3）.

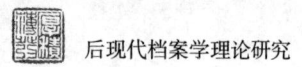
［117］徐拥军、李孟秋．再论档案事业从"国家模式"走向"社会模式"［J］．档案管理，
　　　　2020（3）．

四、外文论文

［1］HAM F. G., The archival edge［J］．The American Archivist，1975，38（1）．

［2］WARNER R. M. & BLOUIN F. X., Documenting the great migrations and a century of
　　　ethnicity in America［J］．The American Archivist，1976，39（3）．

［3］MONTALTO N. V., The challenge of preservation in a pluralistic society［J］．The
　　　American Archivist，1978，41（4）．

［4］O'HARA D., The romance of interpretation：A "postmodern" critical style［J］．
　　　Boundary 2，1980，8（3）．

［5］LYOTARD J.-F., Retour au postmoderne［J］．Magazine Litteraire，1985，（225）．

［6］JANMOHAMED A. & Lloyd D.,Introduction：Toward a theory of minority discourse［J］．
　　　Cultural Critique，1987，6．

［7］KELLNER D., Marx and the disillusionment of Marxism reviewed by Walter L.
　　　Adamson［J］．The American Historical Review，1987，92（2）．

［8］STOTYN K., Planning committee on descriptive standards, rules for archival
　　　description［J］．Philosophical Studies，1988，53（2）．

［9］HORN D. E., The development of ethics in archival practice［J］．The American
　　　Archivist，1989，52（1）．

［10］FOOTE K. E., To remember and forget：Archives，memory and culture［J］．The
　　　American Archivist，1990，53（3）．

［11］BROTHMAN B.,Orders of value：Probing the theoretical terms of archival practice［J］．
　　　Archivaria，1991，32．

［12］WACQUANT L. J. D., Connerton Paul：How societies remember［J］．Revue
　　　Franaise De Sociologie，1991，32（4）．

［13］BROTHMAN B., The limits of limits：Derridean deconstruction and the archival
　　　institution［J］．Archivaria，1993，36．

［14］DODGSON M., Learning，trust，and technological collaboration［J］．Human

Relations, 1993, 46 (1) .

[15] VON HAGEN M. The archival gold rush and historical agendas in the post-Soviet era [J] . Slavic Review, 1993, 52 (1) .

[16] MACNEIL H., Archival theory and practice: Between two paradigms [J] . Archivaria, 1994, 37.

[17] COOK T., Leaving archival electronic records in institutions: Policy and monitoring arrangements at the National Archives of Canada [J] . Archives & Museum Informatics, 1995, 9 (2) .

[18] HEALD C., Is there room for archives in the postmodern world? [J] . The American Archivist, 1996, 59 (1) .

[19] BLOUIN F. X., Archivists, mediation, and constructs of social memory [J] . Archival Issues, 1999, 24 (2) .

[20] COOK T.,Archival science and postmodernism: New formulations for old concepts[J]. Archival Science, 2001, 1 (1) .

[21] KETELAAR E., Tacit narratives: The meanings of archives [J] . Archival Science, 2001, 1 (2) .

[22] RIBEIRO F., Archival science and changes in the paradigm [J] . Archival Science, 2001, 1 (3) .

[23] MITRA A., Marginal voices in cyberspace [J] . New Media & Society, 2001, 3 (1) .

[24] JOHNSTON I., Whose history is it anyway? [J] . Journal of the Society of Archivists, 2001, 22 (2) .

[25] MÖLLERING G., The nature of trust: From Georg Simmel to a theory of exectation, interpretation and suspension [J] . Sociology, 2001, 35 (2) .

[26] COOK T., Fashionable nonsense or professional rebirth: Postmodernism and the practice of archives [J] . Archivaria, 2001, 51.

[27] HARRIS V., The archival sliver: Power, memory, and archives in South Africa [J] . Archival Science, 2002, 2 (1–2) .

[28] HEDSTROM M., Archives, memory, and interfaces with the past [J] . Archival Science, 2002, 2 (1–2) .

[29] SCHWARTZ J. M. & COOK T., Archives, records, and power: The making of

参考文献

modern memory [J] . Archival Science, 2002, 2 (1–2) .

[30] COOK T. & SCHWARTZ J. M., Archives, records, and power: From (postmodern) theory to (archival) performance [J] . Archival Science, 2002, 2 (3–4) .

[31] KETELAAR E., Archival temples, archival prison: Modes of power and protection [J] . Archival Science, 2002, 2 (3–4) .

[32] JIMERSON R. C., Archives and memory [J] . OCLC Systems & Services: International Digital Library Perspectives, 2003, 19 (3) .

[33] GILLILAND A. & MCKEMMISH S., Building an infrastructure for archival research [J] . Archival Science, 2004, 4 (3–4) .

[34] KETELAAR E., Sharing: Collected memories in communities of records [J] . Archives and Manuscripts, 2005, 33 (1) .

[35] DEODATO J., Becoming responsible mediators: The application of postmodern perspectives to archival arrangement & description [J] . Progressive Librarian, 2006, 27.

[36] FLINN A., Community histories, community archives: Some opportunities and challenges [J] . Journal of the Society of Archivists, 2007, 28 (2) .

[37] GILLILAND A., LAU A. & LU Y. et al., Pluralizing the archival paradigm through education: Critical discussions around the Pacific Rim [J] . Archives and Manuscripts, 2007, 35 (2) .

[38] HINES S., Post-postmodernism and the archive: Uncertain identities and "forgotten" legacies [J] . Afterimage, 2007, 35 (3) .

[39] SHILTON K. & SRINIVASAN R., Participatory appraisal and arrangement for multicultural archival collections [J] . Archivaria, 2007, 63.

[40] JIMERSON R. C., Archives for all: Professional responsibility and social justice [J] . The American Archivist, 2007, 70 (2) .

[41] BUTLER B., "Othering" the archive—From exile to inclusion and heritage dignity: The case of Palestinian archival memory [J] . Archival Science, 2009, 9 (1–2) .

[42] FLINN A., STEVENS M. & SHEPHERD E., Whose memories, whose archives? Independent community archives, autonomy and the mainstream [J] . Archival Science, 2009, 9 (1–2) .

［43］HARDIMAN R., En mal d' archive：Postmodernist theory and recordkeeping［J］. Journal of the Society of Archivists，2009，30（1）.

［44］EVANS J., MCKEMMISH S. M. & REED B., Making metadata matter：Outcomes from the clever recordkeeping metadata project［J］. Archives and Manuscripts, 2009，37（1）.

［45］BASTIAN J. A., Flowers for homestead：A case study in archives and collective memory［J］. The American Archivist，2009，72（1）.

［46］GREENE M. A., The power of archives：Archivists' values and value in the postmodern age. The American Archivist，2009，72（1）.

［47］ROBINSON E., Touching the void：Affective history and the impossible［J］. Rethinking History，2010，14（4）.

［48］WATERTON E & SMITH L., The recognition and misrecognition of community heritage［J］. International Journal of Heritage Studies，2010，16（1-2）.

［49］GRIFFIN M., Postmodernism, processing, and the profession：Towards a theoretical reading of minimal standards［J］. Provenance, Journal of the Society of Georgia Archivists，2010，28（1）.

［50］WHITE K. L. & GILLILAND A., Promoting reflexivity and inclusivity in archival education, research, and practice［J］. The Library Quarterly，2010，80（3）.

［51］HARRIS V., Jacques Derrida meets Nelson Mandela：Archival ethics at the endgame［J］. Archival Science，2011，11（1-2）.

［52］GILLILAND A., Neutrality, social justice and the obligations of archival education and educators in the twenty-first century［J］. Archival Science，2011，11（3-4）.

［53］COOK T., "We are what we keep；we keep what we are"：Archival appraisal past, present and future［J］. Journal of the Society of Archivists，2011，32（2）.

［54］MONKS-LEESON E., Archives on the internet：Representing contexts and provenance from repository to website［J］. The American Archivist，2011，74（1）.

［55］The Archival Education and Research Institute（AERI）& Pluralizing the Archival Curriculum Group（PACG），Educationg for the archival multiverse［J］. The American Archivist，2011，74（1）.

［56］NAKATA M., Indigenous memory, forgetting and the archives［J］. Archives and

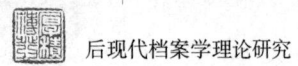

Manuscripts，2012，40（2）.

[57] LEMAY Y. & KLEIN A., Mémoire, archives et art contemporain［J］. Archivaria, 2012，73.

[58] CARON D. J. & KELLERHALS A., Archiving for self-ascertainment, identity-building and permanent self-questioning: Archives between scepticism and certitude［J］. Archival Science, 2013, 13（2–3）.

[59] COOK T., Evidence, memory, identity, and community: Four shifting archival paradigms［J］. Archival Science, 2013, 13（2–3）.

[60] CASWELL M., On archival pluralism: What religious pluralism（and its critics）can teach us about archives［J］. Archival Science, 2013, 13（4）.

[61] DUFF W. M., FLINN A. & SUURTAMM K. E. et al., Social justice impact of archives: A preliminary investigation［J］. Archival Science, 2013, 13（4）.

[62] WAKIMOTO D. K., BRUCE C. & PARTRIDGE H., Archivist as activist: Lessons from three queer community archives in California［J］. Archival Science, 2013, 13（4）.

[63] MCKEMMISH S. & PIGGOTT M., Toward the archival multiverse: Challenging the binary opposition of the personal and corporate archive in modern archival theory and practice［J］. Archivaria, 2013, 76.

[64] CASWELL M., Toward a survivor-centered approach to records documenting human rights abuse: Lessons from community archives［J］. Archival Science, 2014, 14（3–4）.

[65] HARRIS V., Antonyms of our remembering［J］. Archival Science, 2014, 14（3–4）.

[66] CASWELL M., Seeing yourself in history: Community archives and the fight against symbolic annihilation［J］. The Public Historian, 2014, 36（4）.

[67] BATTLEY B., DANIELS E. & ROLAN G., Archives as multifaceted narratives: Linking the "touchstones" of community memory［J］. Archives and Manuscript, 2014, 42（2）.

[68] EVANS J., MCKEMMISH S. & DANIELS E. et al., Self-determination and archival autonomy: Advocating activism［J］. Archival Science, 2015, 15（4）.

[69] STRAUSS A., Treading the ground of contested memory: Archivists and the human rights movement in Chile［J］. Archival Science, 2015, 15（4）.

[70] NGOEPE M. & MAKHUBELA S., "Justice delayed is justice denied": Records management and the travesty of justice in South Africa［J］. Records Management

Journal, 2015, 25（3）.

［71］TESAR M., Ethics and truth in archival research［J］. History of Education, 2015, 44（1）.

［72］CIFOR M., Affecting relations: Introducing affect theory to archival discourse［J］. Archival Science, 2016, 16（1）.

［73］TOUGH A. G., Thinking about and working with archives and records: A personal reflection on theory and practice［J］. Archives & Records, 2016, 37（2）.

［74］PUNZALAN R. L. & CASWELL M., Critical directions for archival approaches to social justice［J］. The Library Quarterly, 2016, 86（1）.

［75］HOLAHAN C., Rummaging in the dark: ECCO as opaque digital archive［J］. Eighteenth-Century Studies, 2021, 54（4）.

参考文献

术 语 索 引

（词条后页码为该词在书中首次出现的页码）

后　记

2010 年，我在敬爱的导师冯惠玲教授的引导下，开始关注档案与社会记忆问题，此后，我先后参与了一些城市记忆工程的研究与实践项目，并于 2017 年出版专著《档案记忆观的理论与实践》。从档案记忆观切入，我走进了更宏观的研究领域——后现代档案学理论。近年来，我指导团队成员完成了《当代身份认同中家族档案的价值及开发研究》(2014 届硕士加小双)、《档案与信任研究》(2018 届硕士王露露)、《档案情感价值理论研究》(2018 届硕士李晶伟)、《档案"第五维度研究"》(2018 届硕士宋香蕾)、《社群档案建设对档案理论与实践的影响》(2019 届硕士李孟秋)、《传统村落记忆的情境建构型保护路径研究》(2019 届硕士洪泽文)、《档案正义论》(2021 届博士熊文景) 等与后现代档案学理论相关的学位论文，并与他们合作发表了一些相关的学术论文。在指导研究生撰写这些有些"新潮"、较具难度的论文过程中，我也对后现代档案学理论中有关档案与社会记忆、档案与身份认同、档案与信任、档案情感价值、社群档案等研究主题有所涉猎。

对后现代档案学理论涉猎愈深，我愈感到后现代主义将深刻改变档案学理论与档案工作实践，并促使档案学理论进入后现代范式，从而推动档案工作实现创新发展。无论我们知道还是不知道，当代档案人的思想、观念之中无处不体现后现代主义的倾向或元素。无论我们喜欢还是不喜欢，当代档案工作的方方面面都处在不断的解构与建构之中。

对后现代档案学理论涉猎愈广，我愈感到后现代档案理论仍在成长、发展之中，其内容相当纷繁和散乱，远未成熟和体系化，而且其表述相当晦涩难懂，给人似是而非之感。我为此着迷、困惑、矛盾。于是，2018 年我整理所在团队的前期成果，以"后现代档案学理论研究"为题申请并获得教育部哲学社会科学研究后期资助重大项目立项。本书即是该项目的最终研究成果。

本书是我的团队成员共同努力的结晶。全书的撰写分工如下：

全书框架设计、统稿：徐拥军

第 1 章：徐拥军

第 2 章：王露露

第 3 章：徐拥军、李孟秋

第 4 章：闫静、徐拥军

第 5 章各节依次为：徐拥军、加小双、王露露、李孟秋、李子林、李孟秋、李晶伟、宋香蕾

第 6 章：李子林、李孟秋、徐拥军

第 7 章：徐拥军、熊文景

此外，卢思佳、张晨文、柴兴转、郑晓丹帮助我校对了文稿。

感谢我的团队成员，年轻的他们是如此的聪明睿智、勤奋好学，又对档案学充满敬意与自信。他们代表了中国档案学的未来。

由于本人才疏学浅又懒惰散漫，加上时间仓促（纯属借口），本书难免存在诸多错误和不足之处。恳请学界同人批评指正，不胜感激。

徐拥军

2021 年 10 月 9 日于人大信息楼